손기철 교수의 실내식물 힐링법
실내식물 사람을 살린다

Horticultural Healing

손기철 교수의 실내식물 힐링법

실내식물 사람을 살린다

손기철 지음
(건국대학교 보건환경과학과 명예교수)

중앙생활사

또 비유를 베풀어 가라사대 "천국은 마치 사람이 자기 밭에 갖다 심은
겨자씨 한 알 같으니, 이는 모든 씨보다 작은 것이로되 자란 후에는 나물보다 커서
나무가 되매 공중의 새들이 와서 그 가지에 깃들이느니라."
(마13:31-32)

Here is another illustration Jesus used: "The Kingdom of Heaven is like a mustard seed
planted in a field. It is the smallest of all seeds, but it becomes the largest of garden plants
and grows into a tree where birds can come and find shelter in its branches."
(Matthew 13:31-32)

개정판 들어가는 말

이 책이 발간된 지 어언 10년이 지났다. 이 책 내용이 일반에게 소개된 후 그동안 식물이 인간의 삶과 환경에 미치는 영향에 대한 관심은 폭발적으로 늘어났고, 관련된 연구는 많지는 않지만 꾸준히 지속되어져 왔다.

그 결과로 식물에 대한 관심이 단순한 먹거리나 취미생활 정도를 넘어 문화적, 치료적, 사회적 측면에까지 폭과 깊이를 더해 왔으며, 이제는 흩어져 있던 단편적인 내용들이 취합되어 새로운 학문 영역을 차지하기까지 되었다.

실제로 현재는 이러한 식물-인간-환경 관계지향적 연구를 바탕으로 식물-환경과의 관계에 있어서는 식물-미디어-컨테이너를 이용한 실내환경조절 시스템과 같은 상업적 제품이 여러 개 상품화되어 판매되고 있다. 또한 식물-인간의 관계에 있어서는 '원예치료'라는 학문적 분야가 자리매김을 했으며, 정신생리적, 심리학적, 재활치료적, 사회복지적 연구와 더불어 2,000여 군데의 단체, 기관, 센터 등에서 원예치료사들이 활동하고 있다.

한편, 인간-환경 분야에 있어서는 식물을 이용한 친환경적 생태주거, 저에너지 및 탄소저감 주거시설에 대한 많은 연구와 사례들이 발표되고 있다.

그동안 이 분야에 대한 연구가 깊지 않고, 제대로 소개된 책도 없어 이 책이 식물관련 전공자 뿐만 아니라 다양한 분야의 연구자들에게 새로운 아이디어와 개념을 주게 되었다. 감사하게도 이 책은 일본어, 중국어, 대만어로 번역 출판되었다.

이번에 나오는 개정판은 그동안 새롭게 연구된 사실을 첨가함으로써 식물-인간-환경의 관계의 폭을 보다 넓히고, 특별히 원예활동의 신체 건강유지와 운동에 미치는 영향에 대해서도 기술하였다. 또한 PART 02에는 원예치료 분야의 최근 논문을 첨가함으로써 관심있는 독자들이 보다 더 깊은 내용을 볼 수 있도록 하였다.

이 분야에서 연구된 내용은 일시적인 유행을 따르는 것이 아니라 삶의 질을 추구하는 인간의 삶을 생각할 때 앞으로 더 중요시되고 각광받을 것이라 생각된다. 이 책에 제시된 과학적 증거를 기초로 식물을 삶의 다양한 부분에 적용함으로써 풍성한 삶을 누리는 독자들이 되시기를 진심으로 기대한다.

특별히, 오랜 세월 동안 이 책 내용의 대부분을 함께 연구하였고, 개정판의 수정에도 도움을 준 송종은 겸임교수(건국대 농축대학원), 류명화 박사, 조문경 박사, 그리고 박신애 연구전임교수(건국대 보건환경과학과)에게 진심으로 감사를 드리며, 이 책이 그들 삶의 열매 중 귀중한 일부분이 되기를 소망한다.

끝으로, 이 책의 소중함을 아시고 지속적으로 관심을 가져주신 중앙생활사 김용주 사장님께 감사를 드린다.

손기철

초판 들어가는 말

식물-인간-환경을 포괄적으로 이해하는 것이 늘 관심의 대상이었다. 그것도 단순히 취미나 여가 차원이 아니라, 학문적 관점에서 자연을 인식하고 최첨단 기술을 접목해 새로운 눈으로 그 관계를 탐구해보고 싶었다.

필자가 속한 대학이 1996년도 거점연구소로 지정되면서 '실내식물을 이용한 실내환경조절'에 대한 연구가 시작되었고, 1997년에는 《원예치료》라는 책을 동료 연구자와 함께 국내에서 처음으로 발간하면서 원예치료에 대한 연구가 본격화되었다. 그후 의학분야의 연구자들과 교제하면서 식물과 인간 분야에 대해 관심의 폭을 넓힐 수 있었다. 최근 들어서는 환경부 연구과제를 수행하면서 식물과 환경 분야를 좀더 심도 있게 연구할 수 있었다.

"식물은 있어도 좋고 없어도 좋은 존재가 아니라 우리 삶에서 가족과도 같은 존재이다"라는 것이 평소 지론이다. 왜냐하면 식물은 단순히 의식주와 같은 생리적 삶을 충족해주는 존재일 뿐 아니라, 생명과의 교제와 자아실현과 같은 사회적 삶, 그리고 아름다움과 영혼의 풍요로움과 같은 '삶의 질'을 높여주는 가장 귀중한 존재이기 때문이다. 그런 의미에서 "현대인의 몸과 마음의 질병은 녹색을 잃어버린 채 살아가기 때문에 생긴 것이다"라는 것이 필자의 생각이며, 이에 대한 해답을 추구하는 것이 평생 연구가 될 것이다.

최근 들어 실내환경오염 문제가 대두되면서 그 대책에 어느 때보다도 관심이 높다. 왜냐하면 도시인은 대부분 밀폐된 아파트나 사무실에서 하루를 보내고 있고, 실내에 있는 가구나 설비, 자재들이 천연물이 아니고 화학물질로 만들어져 오염물질을 심각하게 내뿜고 있기 때문이다. 결과적으로, 우리는 멋진 건물 안에서 삶을 즐기는 것이 아니라 단지 바이오필터(biofilter) 역할만 할 뿐이다.

식물이 우리 삶을 풍요롭게 해준다는 사실은 삼척동자도 다 알고 있다. 그런데도 식물을 더 적극적으로 활용하지 않는 이유는 무엇일까? 아마도 대부분 경험에서 나온 것이지 과학적 증거가 부족하기 때문이 아닐까 생각한다. 실제로 이 분야에 대한 연구는 미개척 상태다.

평생 식물만을 연구한 사람으로서 식물-인간-환경의 관계를 조사하면 할수록 그 상생원리에 놀랄 뿐이다. 앞으로도 좀더 좋은 첨단장비를 가지고 접근하면 식물의 다양한 유용성과 중요성이 점점 더 확연히 드러날 것이라고 굳게 믿고 있다.

그동안 여러 경로와 매체로 '식물의 유용성'과 '식물을 이용한 실내환경 조절', 그리고 '원예치료' 등에 대한 문의가 수도 없이 많았다. 그럴 때마다 항상 연구자로서만 답하다 보니 '더 이해하기 쉽게 설명하고, 또 일반인이 직접 활용할 수 있도록 해야 하는데' 하는 아쉬움이 있었다. 마침 실내환경의 중요성에 대한 인식이 그 어느 때보다 높은 요즘, 일반인에게 식물의 유용성과 활용방법을 취미 차원에 더하여 기능과 건강 차원에서 알릴 필요가 있다고 판단되어 이 책을 집필하게 되었다.

이 책은 어떤 체계하에 집필한 것이 아니라 지금까지 알려진 연구결과를 독자가 알기 쉽게 정리했고, 많은 부분은 필자가 연구실에서 직접 실험한 결과를 토대로 기술했다. 또한 일반인을 위해 기술하였지만 관심 있는 분들이 참고할 수 있도록 참고 문헌을 제시하였다.

끝으로, 이 책을 집필하는 데 직·간접적으로 도움을 준 모든 분들께 감사드린다. 무엇보다도 이 분야 연구를 함께 한 제자들에게 감사한다. 그들의 노력과 열정이 없었다면 식물의 중요성에 대한 이해는 아직도 미미했을 것이다. 또한 의학분야의 동료연구자들, 이러한 연구를 수행할 수 있도록 연구비를 지원한 건국대, 충북대 RRC, 교육부, 학술진흥재단, 환경부, 선인장연구소, 원예연구소, 그리고 (주)픽업헬스에도 감사드린다. 특히, 어려운 가운데서도 출판을 쾌히 승낙해주신 중앙생활사에게 감사드린다.

손기철

Contents

개정판 들어가는 말 • 6
초판 들어가는 말 • 8
실내에 식물이 반드시 필요한 이유 15가지 • 15

PART 01 식물-인간-환경

새로운 패러다임에서 본 실내식물 • 18

식물의 기능성을 이해하기 위한 기초 생리 • 22
- 식물과 환경 • 23
- 광합성 • 24
- 호흡 • 27
- 증산작용 • 28
- 잎을 통한 물질의 흡수와 이동 • 29
- 이차대사산물 • 31

실내공기질 악화의 주범은? • 32
- 실내공기질 악화에 미치는 요인들 • 32
- 실내공기오염과 건강 • 35
- 식물을 이용한 실내공기 정화 • 39

'새집증후군'을 치유하는 식물들 • 42
- 휘발성 유기물질을 제거하는 특별한 식물들 • 42
- 어떤 식물을 얼마나 두면 좋을까? • 44
- 포름알데히드의 천적 식물들 • 44
- 식물의 제거능은 얼마나 지속될까? • 46
- 생체방출물질 제거 • 47
- 실내식물이 병원 환자에게 위험한가? • 47

실내의 고농도 이산화탄소 제거하기 • 50

실내에 식물을 두면 밤에는 해롭지 않을까? • 55

밤에 이산화탄소 잡는 특수식물, 선인장과 다육식물 • 57
- 어떤 선인장과 다육식물이 좋은가? • 59
- 작은 선인장으로 야간에 이산화탄소를 제거할 수 있을까? • 60

실내공기청소기, 녹색식물 • 64

식물은 담배연기도 제거할까? • 68
- 실내식물이 곰팡이 포자를 증가시키는가? • 69

실내식물은 CO, SO_2, NO_2, NH_3도 제거한다 • 71

오존 잡는 식물들 • 74

공기 비타민(음이온)을 내뿜는 식물, 산세베리아 • 78
- 식물에서 음이온이 발생할까? • 79

냉·난방 및 가습·제습 겸용 바이오필터 • 81

친환경 공기청정기, 녹색식물 • 87

기분이 좋아지게 하는 실내식물 • 90

정신건강에 도움을 주는 녹색식물 • 94
- 녹색식물은 인간의 정신을 맑게 한다 • 94
- 그렇다면 녹색만이 최고인가? • 97
- 머리를 맑게 하는 식물이 따로 있나? • 99

정신분열증(조현병) 환자 치료에 효과적인 녹색식물 • 101

정신생리에 영향을 주는 꽃꽂이 스타일 • 104

피로회복제, 녹색식물 • 106
- 컴퓨터 작업시 눈의 피로와 어깨결림을 완화해주는 녹색식물 • 106

식물을 둘 때는 반드시 꽃도 함께 • 110

잘 쓰면 명약, 잘못 쓰면 독이 되는 에센셜 오일 • 113

기억력과 집중력을 높이는 편백향 • 116

유해 전자파를 차단하는 실내식물 • 118

교실에 식물을 두면 • 122
- 초등학교의 예 • 122
- 고등학교의 예 • 125

실내에 식물을 두고 싶은데… • 129

식물과 새로운 만남, 베란다에서 실내로 • 135

새로운 문화, Built-in 벽면정원 • 138

실제로도 그럴까? • 143

치유 및 회복을 위한 원예활동 • 147
- 만성질환 예방을 위한 원예활동 • 147
- 식물을 가꾸면 근력도 좋아지고 손의 힘도 좋아져요 • 153
- 꽃꽂이만으로도 근육과 관절 운동이 된다 • 154
- 치매 예방을 위한 식물 가꾸기 • 158

PART 02 건강을 생각하는 원예치료

건강을 생각하는 원예치료 • 172
- 건강한 삶이란? • 172
- 원예치료와 심신의 건강 • 173
- 원예치료의 역사 • 173
- 원예치료의 특징 • 174
- 원예치료의 적용과정 • 176
- 원예치료사란? • 177
- 원예치료의 효과 • 179

원예치료와 뇌졸중 환자 • 181
- 뇌졸중이란? • 181
- 원예치료로 심리적인 안정 찾기 • 182
- 원예치료로 인지기능 향상시키기 • 183

원예치료와 정신분열증(조현병) 환자 • 187
- 정신분열증(조현병)이란? • 187
- 원예치료로 사회 적응력 키우기 • 188

원예치료와 지적장애 • 193
- 지적장애란? • 193
- 원예치료로 사회·심리·정서적 행동 향상과 부적응 행동 감소 • 194
- 원예치료로 준비하는 직업재활 • 195

원예치료와 노인 • 199
- 노인이란? • 199
- 원예치료로 노인의 신체적 기능 퇴화를 늦춘다 • 200
- 원예치료로 삶의 질을 높인다 • 203

원예치료와 치매노인 • 206
- 치매란? • 206
- 원예치료로 치매노인의 사회 적응력 강화 • 207

원예치료와 아동 • 211
- 아동은? • 211
- 아동의 주의집중력을 기르자 • 212

원예치료와 청소년 • 217
- 청소년과 스트레스 • 217
- 원예치료는 스트레스를 줄인다 • 218

PART 03 기능성 실내식물 15가지

기능성 실내식물 15가지 • 224
1. 관음죽 • 226
2. 네프롤레피스 • 228
3. 대나무야자 • 230
4. 드라세나 • 232
5. 벤자민 고무나무 • 234
6. 산세베리아 • 236
7. 선인장 및 다육식물 • 238
8. 스파티필름 • 240
9. 싱고니움 • 242
10. 아이비/헤데라 • 244
11. 시서스 • 246
12. 인도고무나무 • 248
13. 파키라 • 250
14. 황야자 • 252
15. 꽃이 있는 분화식물 • 254

실내에 식물이 반드시 필요한 이유 15가지

① 실내의 공기오염물질(휘발성 유기화합물질, 오존, 일산화탄소, 이산화탄소, 질소산화물, 아황산가스)을 정화한다.

② 실내 먼지나 공기 중 미생물이 감소된다.

③ 여름철에는 냉방, 겨울철에는 난방 및 가습기 역할을 한다.

④ 전기제품과 같은 유해 전자파를 발생시키지 않는다.

⑤ 음이온을 발생하므로 건강유지에 효과적이다.

⑥ 식물에 따라서는 휘발성 물질(phytoncide)을 방출하므로 진정·살균작용을 한다.

⑦ 식물을 볼 때 알파파가 증가하고 델타파가 감소되므로 정신생리를 향상시킨다.

⑧ 피로와 스트레스를 감소시키며, 심신을 안정시킨다.

⑨ 작업능률을 향상시키고, 바이탈 사인을 정상화시킨다.

⑩ 선인장 및 다육식물을 둠으로써 실내의 야간 이산화탄소량을 감소시킬 수 있다.

⑪ 아늑하고 본능적으로 그리워하는 고향과 같은 분위기를 준다.

⑫ 녹색 건축재료(green materials) 및 소품 역할을 한다.

⑬ 심신의 건강을 위한 레저활동으로 최적이다(녹색의 애완동물).

⑭ 부작용이 없고 가격 대비 효과가 뛰어나다.

⑮ 관리비가 들지 않으며, 설치와 해체가 간단하다.

PART 01 식물-인간-환경

Horticultural Healing

새로운 패러다임에서 본 실내식물

오늘날 생활주변의 '환경의 질'은 최악이라고 해도 과언이 아니다. 더욱이 환경을 보호하기 위한 모든 노력이 오히려 우리가 추구하는 '삶의 질'을 위협하는 이카루스(Icarus)적 패턴을 낳고 있다는 점에서 미래에 대한 불확실성은 눈덩이처럼 불어난다. 이런 시점에서 지구환경의 밑바탕을 이루는 녹색식물의 중요성을 다시 한 번 인식하는 것은 매우 중요하다고 생각한다.

지금까지 사무실이나 주거환경 안으로 식물을 들여놓는 것은 단지 미적·디자인적 측면에서만 고려되었다. 즉 처음부터 식물을 실내에 들여놓기로 계획하기보다는 모든 시설과 설비가 끝난 후 조경 수단의 하나로, 또는 개인의 취향이나 기호 차원에서 이루어졌다. 왜냐하면 식물은 살아 있는 '녹색 건축재료'로 인간에게 아름다움과 정서적 안정을 주기 때문이다.

최근 들어 고급 식당, 라운지, 스포츠클럽, 백화점, 공공 사무실, 건물 내 중앙 홀 등 품위 있고 수준이 높은 건물일수록 다양하고 멋있는 식물이 있는 것을 볼 수 있다. 그러나 좀더 깊이 생각해보면, 식물을 실내에 들여놓는 것은 녹색에 대한 모든 인간의 본능적인 그리움의 발로가 아닌가 생각한다. 이것은 과학이나 종교 측면 모두에서 설명이 가능한데, 진화론이든 창조론이든 최초 인간의 삶은 동산(garden)에서 시작되었기 때문이다.

한편, 오늘날 현대인은 실내에서 생활하는 시간이 점차 늘어나면서 '병든건물증후군(sick building syndrome)' 또는 '새집증후군(sick house syndrome)'으로 몸살을

앓고 있다. 이 증후군이 발생하는 주원인은 냉·난방시 발생하는 공기오염물질, 열관리를 효율적으로 하기 위해서 실내를 밀폐시키는 데서 오는 공기순환의 부족, 그리고 건축이나 장식에 사용하는 자재에서 나오는 물질 때문이다.

최근 들어 밀폐된 실내에서의 삶의 질을 높이기 위해 에어컨, 히터, 가습기, 공기청정기, 음이온 발생기를 설치하는 등 많은 노력을 기울이고 있다. 그러나 사용하고 있는 이러한 제품들의 부작용을 알고 있거나, 식물로 이러한 제품을 대신할 수 있다는 사실을 아는 사람은 별로 없다.

다행히 요즘에는 식물을 단순히 의식주 해결의 수단으로만 생각하는 대상 지향적 사고방식에서 벗어나 식물-인간-환경을 관계지향적으로 생각하여 식물을 이용한 주거환경의 조절, 심신의 치료와 재활, 그리고 삶의 질을 높이려는 노력이 이어지고 있다.

이러한 분야는 '식물-인간-환경 관계지향적 학문'으로 불린다. 그 연구방향과 범위가 아직도 제한적이고 학제간 통합적 인식이 부족한 상태지만 이미 결과가 상당히 축적되었다. 현재 폭발적으로 성장한 원예치료(horticultural therapy)도 이러한 관계지향

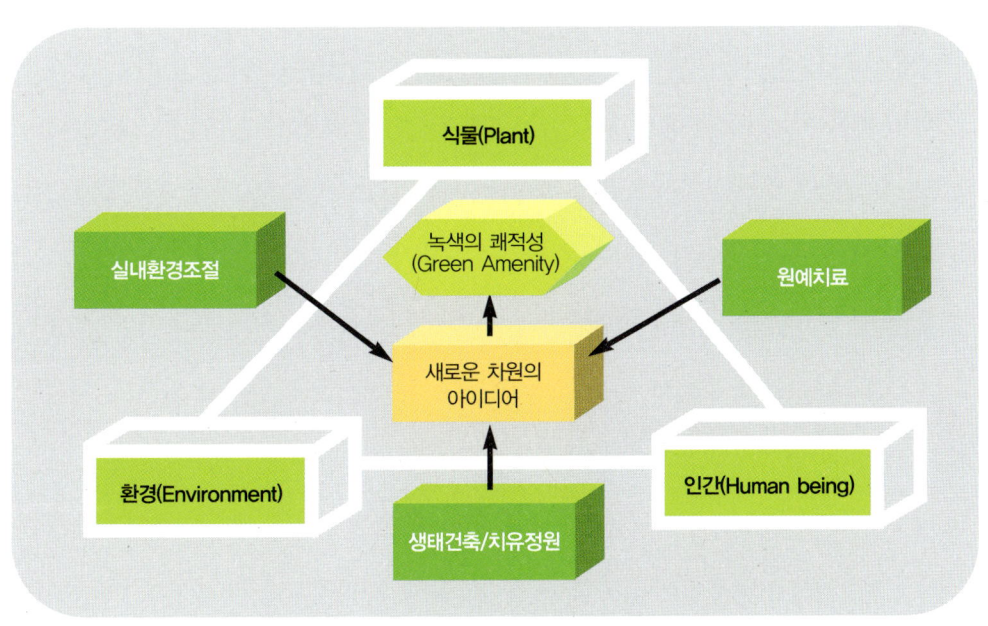

식물-인간-환경 관계지향적 학문과 새로운 연구분야

적 학문의 결과로 나온 것이다.

실제로 증산작용이 좋은 식물의 경우 실내면적의 약 5~10% 정도만 두어도 겨울철에는 습도를 20~30%까지 높일 수 있으며, 여름철과 겨울철 실내온도를 약 1~3℃ 정도 떨어뜨리거나 올릴 수 있다.

실내공기 오염물질을 분석해보면 약 300개가 넘는 다양한 휘발성 유기물질(VOCs : volatile organic compounds)이 발견된다. 이러한 물질은 대부분 독성이 있어서 어떤 물질은 발암성이 있고 어떤 물질은 돌연변이를 유발하기도 한다. 그러나 단순히 실내식물(주로 관엽식물)을 거주지에 배치하고 적절히 관리하는 것만으로도 경제적이면서도 효율적으로 실내오염물질을 제거할 수 있다는 사실이 밝혀졌다. 더욱이 최근 연구결과에서 실내식물은 실내 미세분진, 오존, 이산화탄소의 양을 조절하거나 유해전자파 중 전기파를 감소시키는 데도 매우 효과가 있는 것으로 밝혀졌다.

한편, 원예활동은 단지 인간의 육체뿐만 아니라 감정과 정신에도 영향을 많이 미친다. 식물을 볼 때 뇌파를 측정해보면, 뇌의 전두엽과 좌측 측두엽 부위에서 델타파가 감소되고 후두엽 부위의 알파파가 증가되어 단순히 식물을 보는 것만으로도 치료 효과가 있는 것을 알 수 있다.

더욱이 창밖으로 식물을 볼 수 있는 입원실에 입원한 수술 환자와 단순히 건물만을 볼 수 있는 입원실에 입원한 환자의 회복 과정을 비교해보면, 두통, 아픔, 간호사에 대한 불평, 회복기간 등 모든 면에서 식물을 본 환자의 상태가 나은 것으로 나타났다.

또한 식물을 이용해 다양한 원예활동을 하면서 심신을 치료하고 회복하는 '원예치료'는 대체의학으로서 재활과 물리치료의 새로운 수단으로 인식되고 있으며, 다양한 사회적·치료적·교육적 프로그램을 통하여 임상에 적용되고 있다.

이제 과거에 생각한 것처럼 식물을 단순히 진화가 덜 된 하찮은 생명체에 불과하기 때문에 인간을 위해서 마음대로 해도 되는 것이라고 생각해서는 안 될 것이다. 과학이 발달하고 학문이 통합되어 전체를 보면 볼수록 식물과 인간은 공존해야 한다는 사실을 확인할 수 있다. 식물-인간-환경에 대한 관계지향적 학문이 발달되면 될수록 나무를 보되 숲을 보지 못하는 어리석음을 줄일 수 있을 것이다. 관계지향적 관점은 삶에 대한 새로운 차원의 조망을 가능하게 할 것이며, 이 관점이야말로 21세기를 살아가는 우리가 추구하는 '삶의 질'을 높여주는 '녹색 쾌적성(green amenity)'의 핵심이 될 것이다.

오늘날 많은 현대인이 심신의 불균형과 질병으로 고통 받고 있는데, 이것은 바로 녹색을 잃어버린 채 살아가기 때문이다. 집 안과 밖에서 항상 원예생활의 즐거움을 누리자. 왜냐하면 원예생활이야말로 바로 심신을 치유하는 것이며, 에덴동산을 회복하는 첫 걸음이기 때문이다.

식물의 기능성을 이해하기 위한 기초 생리

현대의 주거공간은 점점 더 작아지고 삶의 질은 점점 더 제한되는 반면, 실내에 머무는 시간은 점점 길어지는 현상을 고려할 때, 실내식물과 교제하는 것이 최상의 자연회복이며, 창조적 표현이고 정신적 여유일 것이다.

실내식물과의 교제는 예술과 과학의 양면적 특성을 동시에 지닌다고 할 수 있다. 즉 실내에 두는 식물체의 다양한 색깔, 형태, 질감뿐만 아니라 용기 및 식물의 배치 등은 심미적인 만족감을 주는 일종의 예술이다. 한편 이러한 즐거움을 얻기 위해서 필요한 실내식물 관리 및 유지, 그에 따른 다양한 원예치료적 효과와 주거환경조절은 과학에 속한다고 볼 수 있다.

어떤 식물체와 그 원산지 환경의 관계는 실내환경에 그대로 적용될 수 없다. 따라서 빛, 온도, 수분, 습도, 공기, 토양, 병충해 등과 같은 환경과 식물에 대한 기본적인 지식을 바탕으로, 실내환경을 변화시키거나 식물체를 적응시키는 방법을 습득해야 한다. 실제로 실내식물을 관리하는 것이 쉽지는 않지만, 그렇다고 반드시 어떤 재능을 가진 전문가만이 관리하고 즐길 수 있는 것은 절대 아니다.

식물을 구입해서 집 안에 두고 기르는 동안, 식물의 구조와 생리, 재배 및 관리 그리고 식물과 환경의 관계에 대한 지식을 점차 습득하면 할수록 식물과 함께 하는 즐거움이 더 커질 것이다. 그러나 가장 중요한 것은 식물에 대한 사랑이다. 애정어린 관심이야말로 어렵다고 느끼는 모든 과학적 지식을 즐거움으로 바꿔주기 때문이다.

식물과 환경

선인장과 같은 다육식물을 제외하고는 대부분의 관엽식물 자생지는 추운 겨울이 없는 열대 또는 아열대지방으로, 고온 다습한 환경에서 잘 자라는 습성이 있다. 따라서 실내에서 식물을 관리할 때는 무엇보다도 관엽식물의 고유 생육환경이 실내환경과는 매우 다르다는 것을 염두에 두어야 한다. 실제로, 실내환경은 저광도, 건조한 공기, 그리고 계절에 따라 지나치게 높거나 낮은 온도로 특징지을 수 있을 것이다.

관엽식물은 상당한 내음성을 가지고 있으나, 빛이 어느 정도 있는 곳에서 관리하는 것이 무난할 것이다. 한편, 음지를 필요로 하는 관엽식물은 강한 광선을 받으면 해를 입게 되는데, 일소현상이 대표적이다. 이 현상은 강한 광선하에서 잎이 타는 것으로 식물체를 햇볕이 드는 창가 바로 옆에 두었거나 밖에 놓았을 때 발생하기 쉽다. 그러나 반대로 크로톤, 고무나무, 피닉스, 헤데라와 같은 식물은 강광일수록 아름다운 잎색을 만드는 경우도 있다.

관엽식물은 대부분 열대나 아열대산이므로 고온 다습한 조건이면 생육이 왕성하다. 한편, 우리나라는 사계절 기후 때문에 관엽식물이 연중 생육하기에는 부적당한 환경조건이다. 그러나 대체적으로 볼 때 주거나 사무를 보는 환경 내의 공기온도는 관엽식물의 생육에 적당하다고 볼 수 있다. 극소수의 예외는 있지만, 18~27℃ 범위에서 가장 잘 생육한다. 문제는 월동인데, 특히 사무실의 경우는 퇴근 후 그리고 실내의 경우 하루 중 최저온도가 되는 새벽녘 시간대(4~6시경)에 적절한 보온이 필수적이다.

한편, 겨울철에는 상대습도가 30%가 채 되지 않는 날이 많기 때문에 식물체를 건강하게 유지하기 위해서는 실내 상대습도를 높여주는 것이 필수적이다. 그러나 실내의 다른 환경이 양호하다면 겨울철에도 식물에게 주기적으로 물을 주므로 식물의 증산작용을 이용해 실내 상대습도를 조절할 수 있을 것이다. 특히 식물은 자정작용(주위의 상대습도에 따라 증산작용을 스스로 조절하는 능력)을 하기 때문에 일종의 가습기 역할을 할 수 있다.

한편, 토양에는 다양한 미생물이 존재하는데, 이러한 미생물은 대부분 토양 내 무기물을 방출시키고, 식물과 공생하여 식물이 이용할 수 있는 영양분을 만들거나 또는 생물체 내의 유기화합물을 분해하거나 토양에 들어온 환경유해물질을 해독하는 작용을 하기도 한다. 식물뿌리가 퍼져 있는 영역인 근권부는 가용한 양분으로 다른 토양보다 더 많은 미생물이 존재한다. 즉 뿌리 또는 죽은 뿌리 세포에서 방출된 많은 유기물질은 미생물의 영양분으로 제공된다. 이때 식물뿌리에서 배출된 물질들은 선택적으로 작용하여 어떤 그룹의 미생물들은 활성화시키는 반면 다른 그룹의 미생물들은 억제한다. 따라서 식물의 종에 따라 근권부에 서식하는 미생물의 종류가 달라진다.

만약 토양 내로 흡수된 실내공기 오염물질을 분해하여 자신의 에너지원으로 활용하는 미생물이 서식하기에 좋은 근권부를 가진 식물종을 선발한다면 실내 공기정화에 엄청난 효과를 볼 수 있을 것이다. 결과적으로 식물과 미생물의 협력적인 관계는 식물의 생존뿐만 아니라 사람과 다른 생물체가 공존할 수 있는 건강한 환경을 창조하는 데 매우 중요한 역할을 수행한다고 볼 수 있다.

●● 광합성

식물체에서 녹색으로 보이는 부분은 그 부위의 세포 속에 엽록체(chloroplast)가 있기 때문이며, 이곳에서 광합성(photosynthesis)이 일어난다. 광합성은 공기 중의 이산화탄소와 토양 내 물이 빛에너지를 이용하여 엽록체 내에서 탄수화물과 산소를 만드는 과정이다.

식물은 잎 뒷면에 주로 있는 기공이라는 작은 구멍으로 대기에서 이산화탄소를 흡수한다. 한편, 식물 뿌리는 토양에서 수분을 흡수하여 식물 전체로 이동시킨다. 그러나 실제로 식물체가 이용하는 수분은 극히 일부분이며, 수분은 대부분 잎의 기공을 통해서 증산된다. 잎에는 엽록소와 다른 색소가 있는데, 이러한 색소는 광원에서 빛에너지를 흡수하고, 이 에너지는 광계에서 물분자를 산소와 수소로 분열시키는 데 사용된다. 이러한 명반응의 결과, 식물체는 이산화탄소를 고정시키는 데 필요한 에너지(ATP)와 강한 환원제(NADPH)를 만들게 된다. 한편, 이 반응의 부산물로 발생하는 산소는 기공을 통하여 대기로 방출된다. 그리고 명반응에서 만들어진 에너지와 환원제는 암반응(dark

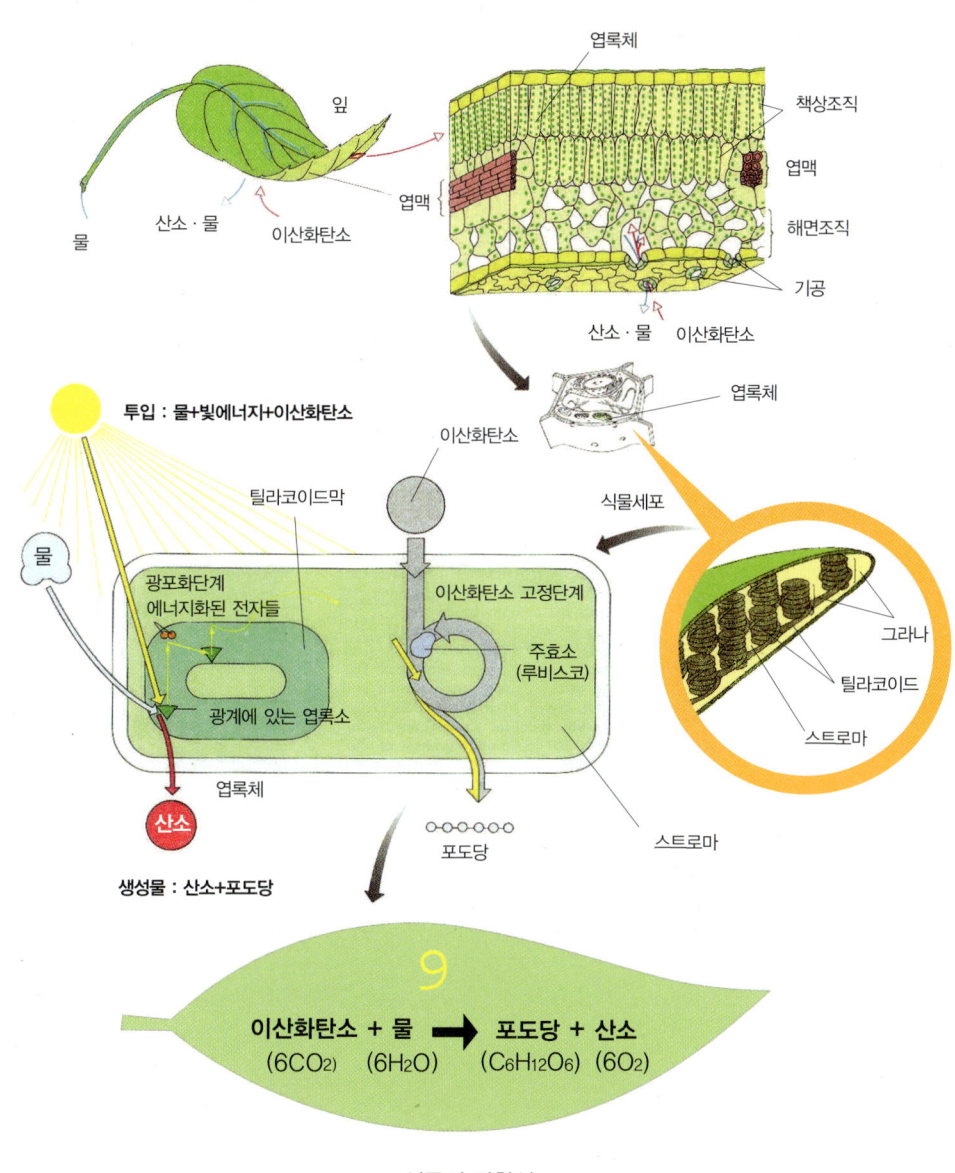

식물의 광합성

reaction)이라고 하는 복잡한 화학반응에 사용되며, 그 결과 수소와 이산화탄소가 당으로 전환된다.

엽록체 안에는 스트로마(stroma)라는 진한 액체가 들어 있고, 그곳에 얇은 원판 모양의 막으로 된 주머니들이 정교하게 배열되어 있는데 이를 틸라코이드(thylakoid)라고 한다. 틸라코이드가 집중적으로 쌓여 있는 부분을 그라나(grana)라고 하는데, 바로 이 부분에서 명반응이 일어난다. 반면에 이산화탄소를 고정시키는 암반응은 스트로마 내에 있는 일련의 효소들이 진행시킨다. 광합성으로 생성된 당은 식물의 형체를 이루는 다양한 조직과 삶에 필요한 수많은 화학물질의 골격과 이를 합성하는 데 필요한 에너지원으로 사용된다.

다양한 환경요소가 식물체 잎의 기공개폐에 영향을 미치는데, 이에 따라서 식물체가 광합성을 하는 패턴도 달라진다. 예를 들면 식물은 대부분 일출 때 기공이 열려서 광합성을 시작하며 날이 어두워지면 기공이 닫히고 광합성도 중단된다. 그리고 낮 동안에는 광합성과 호흡이 동시에 일어나지만 밤에는 호흡만 일어나게 된다. 이러한 식물을 보통 C_3 또는 C_4 식물이라고 하며, 온대성 식물 및 아열대성 식물이 대부분 여기에 속한다.

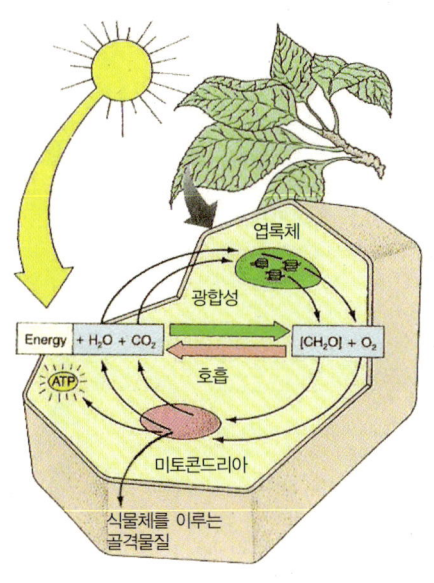

생화학적으로 볼 때 광합성과 호흡은 정반대로 작용한다. 광합성은 빛에너지를 이용하여 이산화탄소와 물을 탄수화물과 산소로 만들지만, 호흡은 반대로 탄수화물과 산소를 이용해 에너지와 골격을 만들고, 부산물로 이산화탄소와 물을 방출한다.

식물의 광합성과 호흡

한편, 선인장이나 다육식물들은 CAM이라는 다른 패턴으로 증산작용과 광합성을 한다. 원산지의 특성상 낮 동안에 기공을 열면 광합성은 가능하지만 그 대신 엄청난 양의 수분이 동시에 소실되기 때문에, 이들 식물들은 밤에만 기공을 열고 이산화탄소를 축적하여, 증산을 통한 수분소실을 최소화한다.

결과적으로 이런 식물들은 보통의 식물들과는 달리 낮 동안에는 기공을 열지 않고 전날 밤에 축적한 이산화탄소를 이용해 광합성을 한다. 물론 호흡은 앞에 기술한 식물들과 동일하게 주·야간으로 계속한다.

●● 호흡

호흡(respiration)은 광합성으로 만들어진 당이 산소와 결합하여 생물학적 에너지와 열을 방출하는 일종의 연소과정이다. 즉 호흡은 생물체 내에서 극도로 잘 통제되고 체계적으로 진행되는 산화과정이다. 이 과정은 과도한 열의 빠른 축적 없이 천천히 진행된다는 점에서 자연 연소와는 다르다.

호흡하는 동안에 흡입된 산소는 당과 결합하여 산화되면서 생육에 필요한 생물학적 에너지(ATP)와 거대분자(핵산, 단백질, 지질, 탄수화물)의 골격물질을 만들게 된다. 이러한 호흡과정의 결과로 다시 수분과 이산화탄소가 최종산물로 남게 된다. 이 중 이산화탄소는 기공을 통하여 식물체 밖으로 배출된다.

그러나 낮 동안에는 호흡률에 비해 광합성률이 월등히 높기 때문에 기공을 통해서 방출되는 산소량이 훨씬 많게 된다. 한편, 광선이 없는 밤 동안에는 광합성 없이 호흡만 일어나기 때문에 소량의 이산화탄소가 배출된다.

●● 증산작용

식물 잎에 존재하는 기공을 통한 수분방출은 증산(transpiration), 토양표면을 통한 수분방출은 증발(evaporation)이라고 하는데, 이 둘을 합쳐서 증발산이라고 한다. 기공을 제외한 잎 표면의 왁스층 큐티클은 수분방출을 억제하기 때문에 수증기, 산소, 이산화탄소 그리고 다른 가스는 대부분 기공을 통해서 흡수되거나 방출된다. 이 작은 통로는 대개 잎의 아랫면에서 많이 발견되며, 개폐를 조절하는 공변세포로 둘러싸여 있다.

식물체 주위의 토양이 건조해지면 뿌리에서 수분을 흡수하기가 어려워지므로 공변세포는 기공을 닫고 수분손실을 최소화한다. 특히 외부의 온도가 높거나 상대습도가 낮을 경우 이러한 현상은 더 신속히 일어난다. 결과적으로, 식물이 뿌리에서 흡수하는 수분보다 더 많은 수분이 증산작용으로 방출되면 식물체는 시들게 된다.

우리가 실내식물로 이용하는 식물은 대부분 열대 우림에서 서식하는 것이기 때문에 대체로 실내와 같이 빛이 별로 없는 곳에서도 광합성을 많이 할 수 있게 적응되어 있

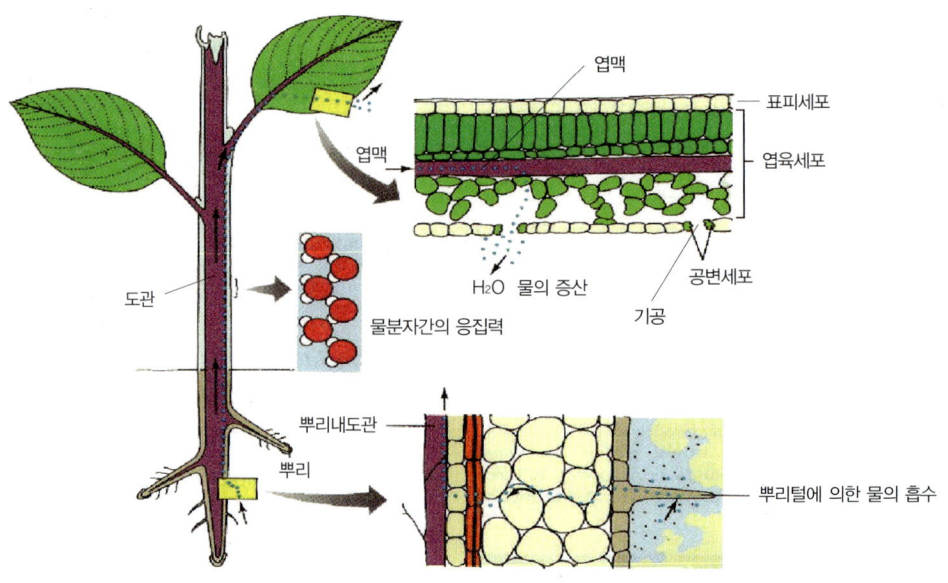

식물체 내에서 물의 이동과 증산작용

다. 이것이 바로 실내환경에서도 식물이 생존할 수 있는 이유다. 또한 이러한 식물은 대부분 증산율도 높다.

증산작용이 진행되면 수분이 뿌리 주변의 토양에서 식물의 뿌리를 통해서 위쪽으로 빠르게 이동하면서 신선한 실내공기는 토양표면을 통해 안쪽 뿌리 주변으로 끌어 당겨진다. 이때 공기 중에 있는 산소가 토양 내로 들어오게 되고 식물체의 뿌리나 토양 미생물은 정상적으로 호흡을 한다.

비록 미세환경에서 일어나는 것이지만 식물이 증산작용을 통해서 공기흐름을 일으키는 능력은 실내식물이 실내공기 오염물질을 제거하는 것을 돕는다는 면에서 매우 중요하다. 건물 내부의 공기상태는 대개 건조하기 때문에, 실내식물의 증산작용이 활발하면 할수록 오염물질이 있는 상부의 공기를 근권부로 이동시키는 데 도움을 줄 것이며, 근권부에 존재하는 토양 미생물들은 이러한 오염물질을 대사적으로 분해하여 자신의 영양분과 에너지원으로 전환시키게 될 것이다.

●● 잎을 통한 물질의 흡수와 이동

식물의 잎은 생명체에게 필요한 산소를 생산할 뿐만 아니라 식물과 근권부 토양 미생물의 건강을 유지하는 중요한 역할을 한다. 또한 잎은 이산화탄소를 흡수하고 여러 가지 화학물질을 식물의 한 부분에서 다른 부분으로 이동시키는 데도 중요한 일을 한다. 이동(translocation)이라는 용어는 식물 각 부위로 물질을 운반함을 의미한다.

식물체 내의 이동은 두 가지 통도조직인 목부(xylem)와 사부(phloem)를 통해서 이루어진다. 목부는 뿌리에서 식물의 잎으로 무기물과 물을 운반하는 중요한 기능을 한다. 한편 광합성으로 만들어진 당과 다른 물질은 사부를 통해서 식물의 잎에서 모든 비녹색 세포나 조직으로 운반된다.

대기에서 근권부로 이동된 유기물질은 식물체 주위에 있는 토양 내 미생물의 수와 종류에 영향을 미치는 것으로 밝혀졌다. 이러한 사실은 실내공기 내 휘발성 유기물질이 잎으로 흡수된 다음 줄기와 뿌리를 거쳐 근권부로 이동되거나, 또는 증산작용 때문에 토양 내로 직접 빨려 들어가 그곳에 있는 근권부 토양 미생물에게 분해된다는 것을 의미한다. 한편, 대기에서 식물에 흡수된 몇몇 유기물질은 토양 내 미생물의 작용없이도 식물체 내의 생물학적 과정에 따라 제거되기도 한다.

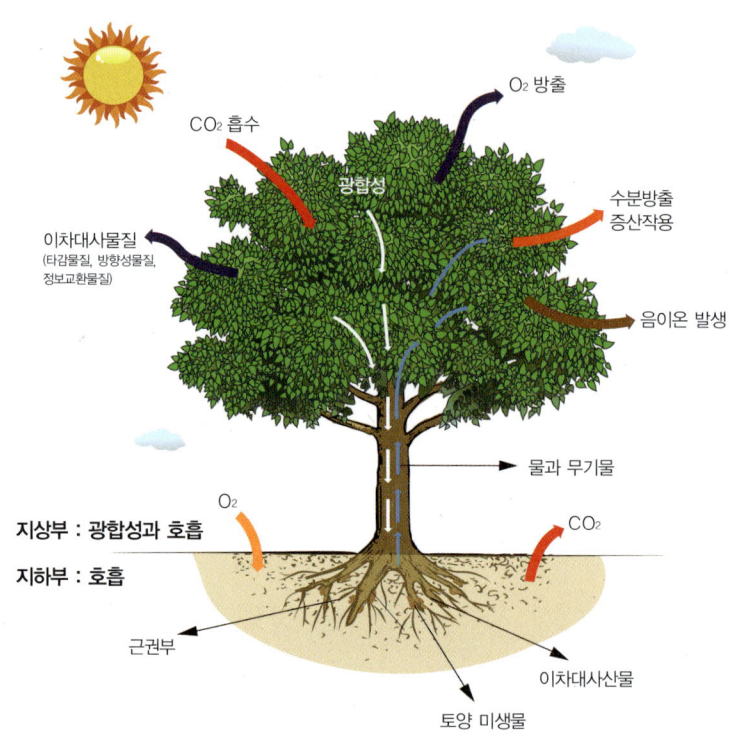

식물과 환경

이차대사산물

　식물이 생명을 유지하는 데 가장 기본적이고 필수적인 물질 외에 나머지 화학물질을 통틀어 이차대사산물(정보화학물질 : infochemicals)이라고 한다. 이차대사산물은 잎이나 줄기에서 만들어지거나 식물 뿌리에서 분비된다. 과거에는 이러한 이차대사산물을 식물체가 방출하는 쓰레기 정도로 생각했지만, 최근 들어서는 이차대사산물이 '환경인식' '정보교환' '다른 생물체와 교제'에서 가장 중요한 물질인 것으로 밝혀졌다.

　예를 들면, 이러한 물질 중 일부는 다른 식물과 경쟁을 줄이거나 세균, 해충, 동물에게서 자신을 보호한다. 몇몇 식물은 테르펜(terpene)이라는 휘발성 물질을 분비하는데, 이 물질은 주위 다른 식물의 발아나 뿌리생장을 억제하거나 반대로 다른 식물의 생장을 촉진하는 타감물질(allelopathy)로 작용하기도 한다.

　흔히 숲 속에서 삼림욕을 즐길 때 들이마시는 것도 바로 식물에서 나오는 테르펜물질이다. 이러한 물질을 통틀어서 피톤치드(phytoncide)라고 하는데, 심신 안정, 살균, 진정 효과가 있다. 최근 연구결과를 보면, 이러한 피톤치드는 실내공기 오염물질을 제거하는 데도 효과가 있다고 한다. 더욱이 인간에게 중요한 생약성분 중 상당수는 이러한 식물의 이차대사산물로 만든 것이다.

　결론적으로, 식물은 광합성, 호흡, 증산작용, 물질의 이동 등을 통해서 자신의 생명을 유지할 뿐만 아니라 다른 생명체에게 에너지와 산소를 공급하고, 또한 주위의 환경이나 미생물들과 끊임없이 교제하며 서로 도움을 주고받고 있다. 따라서 우리가 이러한 식물의 생리 및 생태환경에 대해서 깊이 이해하면 할수록 식물을 더욱 유익하게 활용할 수 있을 것이다.

실내공기질 악화의 주범은?

시내 도처에 설치된 대기오염 경보판은 사람들에게 대기오염의 심각성과 그 피해를 직접 알려준다. 그러나 실내공기오염이 실외보다 훨씬 더 심하다는 사실을 아는 사람은 드물다. 실제 연구에 따르면 실외보다 실내 대기오염이 적게는 수십 배에서 많게는 수백 배까지 높다. 특히 인공 및 합성 건축재를 많이 사용한 새집일수록 그러한 경향은 더하다.

미국 환경청(Environmental Protection Agency)에서는 국민 건강에 가장 큰 위협이 되는 다섯 가지 요인 중 하나로 실내공기오염을 꼽았다. 오늘날 산업화된 사회에서 살고 있는 사람 대부분이 생활의 90% 이상을 실내에서 한다는 것을 생각해보라. 심각한 정도를 지나서 실내공기질(indoor air quality)이 삶의 질(quality of life)을 결정짓는다 해도 과언이 아니다.

●● 실내공기질 악화에 미치는 요인들

실내 거주 시간의 연장

과학의 발달은 현대인의 삶의 패턴을 급격히 변화시켰다. 과거에는 실외에서 보내는 시간이 상당하였지만, 지금은 무선통신, 컴퓨터와 인터넷이 발달해 업무를 대부분 책상에서 해결하므로 실내에 있는 시간이 점점 더 길어지게 되었다. 실제로 직장 근무시간,

이동시간, 재택시간을 생각한다면 하루의 90% 이상을 실내에서 지내게 된다. 따라서 실내환경은 과거 어느 때보다 삶에 더 결정적인 영향을 미치게 되었다.

에너지 절약문제

전세계적으로 실내공기질 문제는 1970년대 초 에너지 위기 이후에 확산되기 시작했다. 석유수출국기구(OPEC : Organization of Petroleum Exporting Countries)는 1973년에 산업화된 국가에 대해 석유수출을 금지한다고 선포했다. 그 결과, 각국에서는 에너지 효율을 극대화하고 에너지 소비를 줄이기 위해 건물을 최대한으로 밀폐시켜 신선한 공기교환을 감소시키는 방향으로 건설정책을 선회했다.

대부분의 건물과 주택들은 냉·난방에 필요한 연료소비를 최소화하기 위해서 가능한 한 단열하였고, 이러한 일은 정부에서 적극 장려했다. 에너지를 절약하기 위한 건물의 밀폐와 단열이 결국 실내공기질을 악화시키는 원인이 되었다.

충분하지 않은 환기와 습도 조절

환기(ventilation)는 신선하지 않은 실내공기를 신선한 실외공기와 희석해서 실내공기오염을 줄인다. 일정 수준의 환기는 실내 습기, 열, 악취를 제거하기 위해서 필요하며, 더욱이 인체의 안정을 위해서도 꼭 필요하다. 따라서 에너지가 과도하게 소비되지 않는 한 충분한 환기는 균형적인 삶을 위해서 매우 중요하다. 그렇지 않으면 인체에 심각한 질병을 일으키게 된다.

호흡기 감염은 대부분 제대로 작동되지 않는 공기조절 시스템 때문에 일어난다. 예를 들면 가정에 있는 공기청정기도 규칙적으로 에어필터를 교환해주지 않으면 문제가 생긴다.

낮은 상대습도도 실내공기질 악화와 관련이 있다. 쾌적감을 주는 건강한 습도는 35%에서 65% 사이인데, 우리나라의 겨울철 습도는 흔히 이 수준 아래로 떨어진다. 추운 겨울 공기는 대개 건조한데, 가열시스템이 작동되면 상대습도는 더욱 낮아지고 공기는 더

욱더 건조해진다.

실내공기가 건조한 상태에서는 인체 내 점막이 공기로 운반되는 화학물질의 공격을 받는 것에 더 민감해지므로 염증을 쉽게 일으킨다. 겨울 동안 잦은 감기, 알레르기, 천식 등이 발생하는 것은 낮은 상대습도 때문이다.

한편 70% 이상의 지나친 습도 또한 실내공기질을 악화시킨다. 이 수준의 습도는 가구와 전기제품에 곰팡이 피해를 일으킬 수도 있고, 건물 거주자의 건강에도 문제를 일으킬 수 있다. 중앙난방이나 에어컨 시스템은 공기 중의 수분을 제거하는 제습작용이 있지만, 낮은 습도를 높여줄 수 있는 작용은 없다.

실내에서 휘발성 유기물질의 방출

최근 들어 실내 건축재료와 가구 등의 재질에 상당한 변화가 일어났다. 가정이나 사무실에서는 천연재료를 거의 사용하지 않고, 대부분 석유화학물질과 화학접착제로 만든 제품을 사용한다. 이러한 합성화학 재질에서는 휘발성 유기물질(VOCs)이 발생하는데, 이것이 실내공기오염의 주원인이 되고 있다.

주요 배출원은 건축자재, 카펫, 접착제, 청소용품, 방향제, 화장품, 흡연 등이며, 포름알데히드, 벤젠, 톨루엔, 클로로포름, 아세톤, 스틸렌 등을 포함하여 적게는 200가지에서 많게는 500가지 이상의 물질이 검출되고 있다.

우리가 사용하는 대부분의 가전제품에서도 상당량의 휘발성 유기물질이 방출된다. 실제로 실내공기 오염물질 중에서 휘발성 유기물질은 실외보다 실내가 수백 배 이상 높은 것으로 나타났다. 특히 환기를 안 하거나 닫혀 있는 실내에서는 그 농도가 매우 심각한 수준에 이르고 있다.

한편 밀폐된 공간에서는 인간을 포함한 생물체에서 방출되는 휘발성 물질도 오염의 원인이 된다. 생물체의 물질대사 작용의 결과 밖으로 방출되는 휘발성 유기물질들을 생체방출물(bioeffluents)이라고 하는데, 인체에서는 아세톤, 에틸알코올, 메틸알코올,

에틸아세테이트(ethyl acetate)가 주로 방출되는 것으로 밝혀졌다.

요약하면, 실내공기질 악화의 네 가지 주요 원인은 ① 실내 거주시간의 연장, ② 밀폐된 건물과 충분하지 않은 환기, ③ 실내가구 및 설비 등으로부터 방출되는 휘발성 유기물질, ④ 사람을 포함한 생물체에서 방출되는 생체방출물들이다. 결과적으로 실내공기질을 고려하지 않은 현재의 건축물은 우리 건강에 엄청난 피해를 주고 있는 것이다.

●● 실내공기오염과 건강

실내공기오염은 무엇을 말하는 것일까? 실내공기오염(indoor air pollution)이란 실내환경이 물리적·화학적·미생물학적인 유해물질에 노출되는 것을 말한다. 여기서 실내환경이란 가정이나 사무실뿐만 아니라 실내작업장, 공공건물, 병원, 학교, 지하시설물, 상가 등으로 매우 광범위하다. 현대 도시인은 일상생활의 90% 이상을 이러한 실내에서 하게 되므로 실내공기오염은 결코 가볍게 넘길 수 있는 문제가 아니다.

미국 환경청은 실내공기오염 때문에 생기는 의료비용과 노동생산성 감소 피해가 1년에 610억 달러(우리 돈으로 약 732조 원)가 넘는 것으로 보고했다. 실제로 환경청은 1990년 보고서에서 미국 대도시 지역의 전반적인 대기환경 수준이 개선되고 있지만 폐암발병환자나 어린이 천식환자 수는 오히려 증가하고 있다고 했다. 우리나라도 1996년 통계청의 자료에 따르면 생활수준이 향상되었는데도 폐암환자나 어린이 천식환자 수가 꾸준히 증가하고 있는 것으로 나타났다.

실내공기오염 문제의 대표적인 예로 새집증후군을 들 수 있다. 이 증후군은 1983년에 최초로 명명된 이래 하나의 독립된 질환으로 인정받고 있으며, 실내에서 생활하는 사람들에게 질병이 발생할 특별한 원인이 없는데도 나타나는 여러가지 증상 등을 일컫는다. 대부분 실내오염물질이 주원인인 것으로 밝혀지고 있다.

실내오염물질 분석연구에 따르면 다양한 오염물질이 존재하며(표 1 참조), 그 중 300개가 넘는 다양한 휘발성 유기물질이 발견되었다. 이는 실외에서 발견되는 것보다 실내에서, 특히 새로 지은 건물에서는 적게는 수십 배, 많게는 수백 배 이상 검출되는 것으로 밝혀졌다.

대체로 각각의 물질은 아주 적은 양으로 존재하지만 수많은 물질이 복합적으로 발생할 때는 부가적인 효과를 나타내 인체에 치명적인 해를 입힌다. 또한 어떤 물질은 발암성이 있거나, 돌연변이를 유발하기도 한다. 이러한 물질은 페인트, 카펫, 접착제, 화장실 용기 세제, 세척화합물, 캐비닛, 실내장식, 직물류, 전화, 전기케이블, 담배연기, 패널, 화장품, 옷, 플라스틱 건물장식, 파이프, 사무기기, 종이 등 실내에서 발견되는 소재 대부분과 물질에서 나타난다.

이러한 오염은 점막 자극, 눈 자극, 두통, 악취, 피부 자극 및 발진, 기침, 인후통, 숨이 참, 미각 이상, 현기증, 피로, 메스꺼움, 알레르기, 천식 등과 같은 '병든건물증후군' 또는 '건물관련질병(building-related illness)'을 유발하며, 흔히 이러한 물질에 장기간 노출된 사람들은 집중하는 데 어려움을 겪는다. 일반적으로 이와 같은 증상은 근무시간 외인 밤이나 주말에는 나타나지 않지만 에너지 절약을 위한 밀폐형 신축건물일수록 증상이 심각하게 나타나는 것으로 알려졌다.

우리나라도 지하역사, 지하도상가, 여객자동차터미널 대합실, 공항 여객청사, 항만종합여객시설 중 여객청사, 도서관, 미술관, 박물관, 종합병원, 실내주차장, 아동복지시설, 노인복지시설, 신규공동주택을 포함한 총 27개 시설을 대상으로 실내공기질을 조사한 환경부 보고서(2001)에 따르면, 일산화탄소, 이산화탄소, 포름알데히드, 휘발성 유기물질, 라돈, 병원성 세균 등의 농도가 실외보다 실내에서 훨씬 더 높은 것으로 나타났으며, 장소에 따라 인체에 치명적인 영향을 미칠 것으로 판단된다. 특히 유치원은 실내에서 부유세균과 낙하세균이 가장 많이 측정되어, 병원성 세균에 약한 어린이들에 대한 특별한 보호가 필요한 것으로 나타났다.

표 1. 주요 실내공기 오염물질 발생원 및 건강에 미치는 영향(대기환경연구회, 2001)

오염물질	발생원	인체 영향
분진	대기 중 분진이 실내로 유입, 실내 바닥의 먼지, 담뱃재 등	규폐증, 진폐증, 탄폐증, 석면폐증 등
담배연기 (각종 가스, 탄화수소, 벤조피렌, 분진, 포름알데히드, 니코틴 등)	담배, 권련, 파이프담배 등	두통, 피로감, 기관지염, 폐렴, 기관지 천식, 폐암 등
연소가스 (일산화탄소, 이산화질소, 아황산가스, 호흡성 부유분진 등)	각종 난로(석탄, 가스, 석유), 벽난로, 연료연소, 가스레인지 등	만성 폐질환, 기도저항 증가, 중추신경 영향 등
라돈 (라돈가스의 부산물)	흙, 바위, 물, 지하수, 화강암, 콘크리트 등	폐암 등
포름알데히드	각종 합판, 보드, 가구, 단열재(UFFI), 소취제, 담배연기, 화장품, 옷감 등	눈·코·목 자극증상, 기침, 설사, 어지러움, 구토, 피부질환, 비암, 정서불안정, 기억력 상실 등
석면	단열재, 절연재, 석면타일, 석면, 브레이크, 방열재 등	피부 질환, 호흡기 질환, 석면증, 폐암, 중피종, 편평상피 등
미생물성 물질 (곰팡이, 박테리아, 바이러스, 꽃가루 등)	가습기, 냉방장치, 냉장고, 애완동물, 해충, 인간 등	알레르기성 질환, 호흡기 질환 등
유기용제 (에스테르, 알데히드, 케톤 등의 VOCs)	페인트, 접착제, 스프레이, 연소과정, 세탁소, 의복, 방향제, 건축자재, 왁스 등	피로감, 정신착란, 두통, 구역, 현기증, 중추신경 억제작용 등
악취	외부 악취가 실내로 유입, 흡연 등	식욕감퇴, 구토, 불면, 알레르기증, 정신신경증

[다중이용시설 등의 실내공기질관리법 시행규칙]〈일부개정 2011. 10〉

표 2. 실내공기질 유지기준

다중이용시설 \ 오염물질 항목	미세먼지 ($\mu g/m^3$)	이산화탄소 (ppm)	폼알데하이드 ($\mu g/m^3$)	총부유세균 (CFU/m^3)	일산화탄소 (ppm)
지하역사, 지하도상가, 여객자동차터미널의 대합실, 철도역사의 대합실, 공항시설 중 여객터미널, 항만시설 중 대합실, 도서관·박물관 및 미술관, 장례식장, 목욕장, 대규모점포, 영화상영관, 학원, 전시시설, 인터넷컴퓨터게임시설제공업	150 이하	1,000 이하	100 이하	–	10 이하
의료기관, 보육시설, 국공립 노인요양시설 및 노인전문병원, 산후조리원	100 이하			800 이하	
실내주차장	200 이하			–	25 이하

(비고 : 도서관, 영화상영관, 학원 인터넷컴퓨터게임시설제공업 중 기계환기설비를 이용하는 경우에는 이산화탄소를 1,500ppm 이하로 한다.)

표 3. 실내공기질 권고기준

다중이용시설 \ 오염물질 항목	이산화질소 (ppm)	라돈 (Bq/m^3)	총휘발성유기화합물 ($\mu g/m^3$)	석면 (개/cc)	오존 (ppm)
지하역사, 지하도상가, 여객자동차터미널의 대합실, 철도역사의 대합실, 공항시설 중 여객터미널, 항만시설 중 대합실, 도서관·박물관 및 미술관, 장례식장, 목욕장, 대규모점포, 영화상영관, 학원, 전시시설, 인터넷컴퓨터게임시설제공업	0.05 이하	148 이하	500 이하	0.01 이하	0.06 이하
의료기관, 보육시설, 국공립 노인요양시설 및 노인전문병원, 산후조리원			400 이하		
실내주차장	0.30 이하		1,000 이하		0.08 이하

최근 환경부에서는 '지하생활공간공기질관리법시행규칙'을 '다중이용시설등의 실내공기질관리법시행규칙'으로 변경하고, 실내공기 오염물질 가운데 대표적인 10종을 규정하여, 다중이용시설별로 실내공기질 유지기준 및 권고기준을 규정하였다. 이 규정은 2004년 5월 30일부터 시행되고 있다.

●● 식물을 이용한 실내공기 정화

식물을 이용한 실내공기질 개선에 대한 연구는 어떻게 시작되었는가?

1980년부터 시작된 NASA의 연구에 따르면, 단순히 실내식물을 거주지에 배치하고 적절히 관리하는 것만으로도 경제적·효율적으로 실내오염을 제거할 수 있다고 한다. 처음에 이 실험은 달에 거주할 때 발생될 것으로 예측되는 밀폐된 시스템에서 생기는 공기오염 및 정화 연구에서 출발했으며, 그후 밀폐된 챔버 실험이 아니라 실제로 주거공간으로 만들어진 'biohome'에서 실험을 실시하였다. 수많은 실험과 연구를 거쳐, 현재는 단순한 실내식물의 도입 정도가 아니라 건물 내 기기적 공조장치 대신에 식물을 이용한 biofiltering system을 설치하고 있는 실정이다.

NASA의 biohome 전경(Wolverton, 1996)

식물을 이용하여 실내에 설치한 biofilter system(캐나다 토론토)

식물은 실내공기 중에 있는 휘발성 유기물질(VOCs)을 어떻게 제거하는가?

식물을 이용한 실내 휘발성 유기물질의 제거는 크게 식물과 토양 내 미생물 두 가지로 나누어 생각해볼 수 있다.

식물은 뿌리로 물을 흡수하여 자신의 생명유지를 위해서 사용할 뿐만 아니라 대부분의 물을 줄기를 통하여 잎으로 방출한다. 이러한 수분 방출은 잎 뒷면에 있는 기공이라는 곳에서 이루어지는데, 이러한 작용을 증산작용이라고 한다. 잎의 기공은 단지 수분을 방출할 뿐만 아니라 광합성 결과 얻은 산소도 방출하고, 동시에 광합성의 원료가 되는 이산화탄소를 흡수한다. 최근의 연구결과에 따르면, 이러한 흡수시 단순히 이산화탄소만 흡수되는 것이 아니라, 일산화탄소, 휘발성 유기물질, 부유분진, 오존, 질소화합물, 이산화황 등과 같은 각종 공기 오염물질이 흡수되는 것으로 밝혀졌다. 한편, 각각의 물질에 대한 흡수능력은 식물에 따라 다르다는 사실도 밝혀졌다.

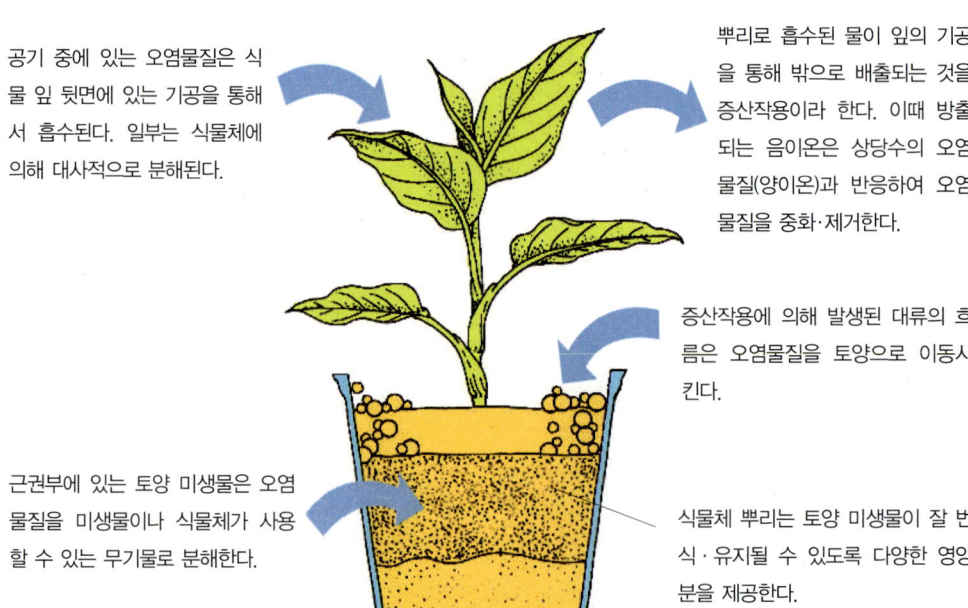

실내식물의 휘발성 유기물질 제거 기작

더욱이 이렇게 흡수된 물질은 중금속처럼 체내에 축적되는 것이 아니라, '대사적 분해작용(metabolic breakdown)'을 통해서 다른 물질로 동화된다. 이러한 사실은 1994년에 독일과학자가 밝혔는데, 예를 들어 최근 심각한 오염물질로 알려진 포름알데히드(formaldehyde)에 C^{14} 방사선 동위원소를 부착하여 접란(거미란)에 노출시킨 후 추적해보면 이 물질은 잎의 기공을 통해 흡수된 후 유기산, 당, 아미노산과 같은 다른 물질로 전환된 것으로 나타났다.

한편 물이 뿌리에서 흡수되어 증산될 때, 근권부(뿌리 주위)에는 새로운 공기가 빨려 들어가게 된다. 이때 공기 중의 산소는 토양 미생물의 생존에 사용되는데, 이 경우 산소만 빨려 들어가는 것이 아니고 다른 오염물질도 같이 흡수된다. 이때 흡수된 물질은 토양 미생물을 위협할 수도 있지만, 대부분 미생물 분해작용에 따라 미생물이나 식물의 영양공급원으로 전환된다.

설령 위협이 된다 할지라도 박테리아와 같은 미생물은 오염물질에 저항할 수 있는 새로운 콜로니를 형성함으로써 화학적 오염원에 쉽게 적응한다. 이때 식물의 뿌리는 토양 미생물의 생존에 절대적으로 영향을 미친다. 뿌리에서 분비된 다양한 물질은 각 종에 독특한 미생물이 잘 번식·유지될 수 있도록 영양분을 제공한다. 최근 연구결과에서 휘발성 유기물질 초기 제거는 바로 이 토양 미생물이 하는 것으로 알려졌다.

최근 연구에서, 식물체에서 발생되는 음이온이 오염물질을 제거하는 것으로 밝혀지고 있다. 즉 식물종에 따라 정도의 차이는 있지만 식물이 증산작용을 할 때 식물체에서 음이온이 발생되며, 이러한 음이온은 식물체 주위에 방출된다. 한편 대기오염물질은 대부분 양이온을 띠고 있는데, 서로 반발하며 공기 중에 분포되어 있다. 따라서 식물체에서 음이온이 많이 발생되면, 양이온인 오염물질은 음이온 주위에 모이게 되고 서로 중화되어 오염물질이 제거되거나 침강된다.

'새집증후군'을 치유하는 식물들

신축 건축 또는 리모델링을 한 실내공간에서는 다량의 휘발성 유기물질(VOCs : volatile organic compounds)이 발생하여 눈, 코, 목 점막 자극, 두통, 피부 자극 및 발진, 기침, 메스꺼움 등을 유발시키는데, 이러한 증상을 새집증후군(SHS : sick house syndrome)이라 한다. 그러나 새집증후군은 원인이 되는 장소로부터 벗어나면 사라지게 된다.

최근에는 다양한 석유화합물질에 짧은 시간에 고농도로 노출되었거나 저농도로 오랜 기간 노출되어 인체에 허용된 양을 초과할 경우, 화학물질에 과민증상이 나타나는 것을 복합화학물질과민증(MCS : multiple chemical sensitivity)이라 한다. 복합화학물질과민증은 새집증후군과 달리 원인이 되는 장소로부터 벗어나도 다양한 화학물질에 과민하게 반응하며, 원인물질에 따른 증상도 개인에 따라 차이가 난다.

●● 휘발성 유기물질을 제거하는 특별한 식물들

실내공기 오염물질 중에서도 휘발성 유기물질은 실외보다 실내가 2~100배 이상 높은데, 새로운 합성건축자재와 다양한 생활용품을 사용하면서 그 발생량이 증가하고 있다. 이러한 유기물질에 장기간 노출되면 점막 자극, 두통, 구역질, 현기증 등과 같은 증상이 발생하며, 이것은 새집증후군(병든건물증후군)과 직접 연관이 있는 것으로 밝혀졌다.

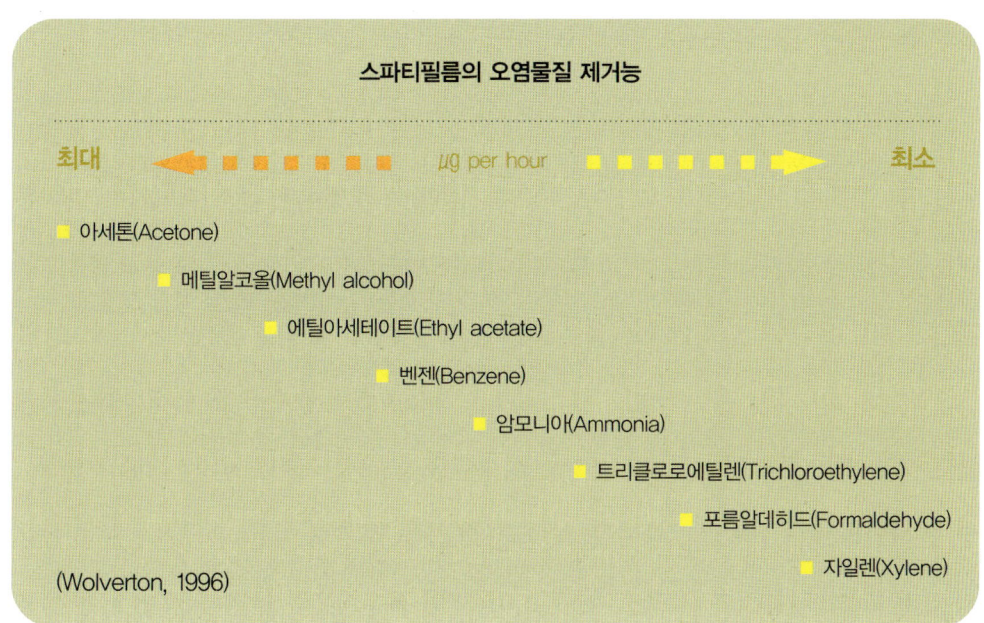

그러면 실내의 휘발성 유기물질을 제거하는 방법에는 어떤 것이 있을까? 우선 가장 손쉬운 방법은 창문을 여는 등 환기를 하는 것이다. 또한 원인물질을 제거하거나 교체하는 방법, 공기정화 설비의 운전, 그리고 미생물의 분해작용을 이용하는 등 여러 가지가 있을 수 있다.

그렇지만 이런 방법은 주로 기계적인 공조기술에 의존하고, 고가 장비가 필요할 뿐만 아니라 유지비용도 많이 든다. 경우에 따라서는 실내공기를 오히려 오염시키거나 새로운 오염물질을 만들기도 하여 실내공기 오염문제는 아직까지 근본적으로 해결되지 못하고 있다.

식물을 이용한 휘발성 유기물질 제거실험은 대부분 고농도 단일 오염물질에 대한 식물의 정화기능에 대한 것이다. 지금까지 연구한 결과에 따르면, 특정 휘발성 유기물질을 제거하는 능력은 식물종에 따라 다르다. 예를 들면 스파티필름은 아세톤을 가장 잘 제거하는 반면, 자일렌은 거의 제거하지 못한다.

●● 어떤 식물을 얼마나 두면 좋을까?

연구결과에 따르면 각각의 식물들은 지상부 또는 지하부를 통해서 특이적으로 흡수하는 오염물질이 다른 것으로 나타났다. 따라서 실내에는 수십에서 수백 가지의 휘발성 유기물질들이 발생하기 때문에 한 가지 종류의 실내식물을 많이 두는 것보다 오염물질을 제거하는데 효과적인 다양한 식물을 함께 두는 것이 좋다.

그렇다면 얼마 정도 두는 것이 좋을까? 사실 여기에 대한 정확한 답을 내리기는 쉽지 않다. 왜냐하면 방출되는 오염물질의 량, 실내 온도, 식물의 크기와 엽수, 그리고 광합성량 등 다양한 변수들이 있기 때문이다. 따라서 앞서 다룬 효과성을 고려할 때 실내 볼륨의 5~10% 정도 다양한 식물을 두는 것이 미관적으로, 그리고 기능적으로 가장 좋을 것이다.

●● 포름알데히드의 천적 식물들

포름알데히드는 다른 어떤 요소보다 지난 15년 동안 더 대중적, 규제적, 과학적 논의를 유발했다. 포름알데히드는 대부분 우리가 거주하는 건물 내에 있는 제품, 의류, 도구, 건축재 등에 존재한다.

특히 포름알데히드는 실온에서 가스 형태로 공기 중에 방출되는 발암성 물질로서, 고농도에 단기간 노출되거나 저농도에 장기간 노출될 경우 눈, 코, 목의 염증과 같은 잘 알려진 증상에서 천식, 암, 만성 호흡기 질환과 신경정신적 문제를 포함한 논의의 여지가 있는 것에 이르기까지 광범위하게 증상이 나타난다. NASA에서 발표한 포름알데히드 제거에 탁월한 효과가 있는 식물은 표 4와 같다.

이외에도 최근 연구결과에 따르면, 디펜바키아, 관음죽, 스킨답서스, 벤자민 고무나무 등 실내식물이 포름알데히드를 효과적으로 제거한다고 하였다.

표 4. 포름알데히드 제거에 효과적인 실내식물의 순위

1. 보스턴 고사리
2. 포트멈 국화
3. 거베라, 왜성대추나무야자(훼닉스야자), 드라세나 '자넷 크레이그(Janet Craig)', 대나무야자
4. 인도고무나무, 잉글리시 아이비
5. 벤자민 고무나무, 스파티필름, 황야자, 드라세나 맛상게아나

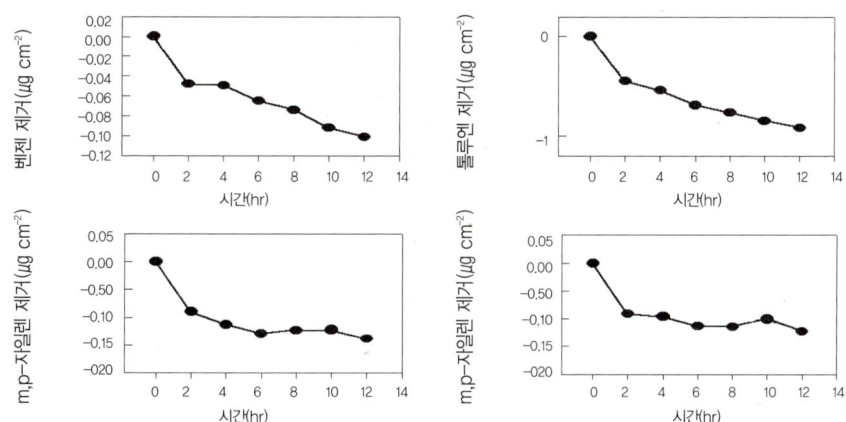

싱고니움의 BTX(benzene, toluene, xylene) 제거효과(12시간 동안 4ppm BTX에 노출시킨 후 측정)

표 5. 대기오염물질을 제거하는 대표적인 식물의 예

질소화합물(NO_x)	벤자민 고무나무, 스파티필름
암모니아	관음죽, 스파티필름, 파키라
벤젠	아이비, 스파티필름, 거베라
이산화탄소(CO_2)	파키라, 관음죽, 스파티필름
트리클로로에틸렌 (trichloroethylene)	드라세나 데레멘시스 '자넷 크레이그', 스파티필름, 거베라 국화
포름알데히드	표 4 참조
자일렌, 톨루엔	아레카야자, 피닉스 야자, 싱고니움, 인도고무나무
오존(O_3)	스파티필름, 아이비, 벤자민 고무나무
이산화황(SO_2)	스파티필름
음이온	산세베리아
아세톤	스파티필름

●● 식물의 제거능은 얼마나 지속될까?

많은 사람들은 식물이 쉬지 않고 휘발성 유기물질을 흡수한다면 언젠가는 제거능력이 한계에 이르게 되어 효과도 없을 뿐만 아니라 오히려 식물이 죽어갈 것이고, 결국에는 오염물질이 다시 공기 중으로 방출되지 않을까 걱정한다.

결론부터 말하자면, 그런 걱정은 할 필요가 없다. 관음죽을 가지고 지속적으로 포름알데히드 제거실험을 한 결과, 시간이 경과함에 따라 제거율이 높아졌다. 또한 흥미롭게도 식물에는 눈에 띄는 피해가 없었다. 다른 휘발성 유기물질을 이용한 연구에서도 마찬가지 결과를 얻었다. 이러한 사실은 식물이 휘발성 유기물질을 단순히 축적하는 것이 아니라 대사적으로 분해하여 체내에 필요한 물질로 전환한다는 것을 말해준다.

실제로 식물 근권부에 살고 있는 토양 미생물을 대상으로 VOCs 제거효과를 조사한 결과, 스파티필름, 파키라, 인도고무나무, 디펜바키아 마리안느의 배양토에서 분리시킨 토양 미생물 집단이 벤젠과 톨루엔 제거에 탁월한 효과가 있었다. 이 중 파키라 근권부의 배양토로부터 분리시킨 토양 미생물 집단을 몇몇 식물의 배양토에 접종할 경우, 접종하지 않은 식물에 비하여 벤젠과 톨루엔을 현저히 제거하는 효과가 나타났다.

●● 생체방출물질 제거

인간이 호흡하는 동안 방출되는 생체방출물질도 실내공기를 악화시킨다. 예를 들면, 붐비는 교실에서 발견되는 가장 흔한 네 가지 생체방출물질은 에틸알코올, 아세톤, 메틸알코올, 에틸아세테이트이며, 실내식물이 이러한 물질을 제거하는 데도 매우 효과적인 것을 볼 수 있다.

그러나 이러한 생체방출물질과 휘발성 유기물질만이 실내공기오염의 주범은 아니다. 이 외에도 먼지, 공기 중 곰팡이 같은 미생물, 낮은 상대습도 역시 공기의 질을 평가하는 요소이다. 겨울철에 실내가 건조하면 대기 중의 바이러스나 먼지, 알레르기를 일으키는 물질 등이 민감한 코와 목을 자극한다.

●● 실내식물이 병원 환자에게 위험한가?

우리는 병원에 입원한 환자를 방문할 때 꽃이나 식물을 가져가고 싶어도 가져가면 안 된다는 관례가 있다. 그 중에서 가장 큰 이유는 꽃가루 발생, 먼지 발생 및 식물의 잎, 줄기, 토양표면에서 각종 병원성 세균이 공기 중에 방출되어 각종 알레르기 질환, 전염성 질환 등을 일으켜 환자의 건강을 위해할 수 있다는 생각 때문에 병원 내에 식물을 반입하는 것에 대부분 부정적 인식을 갖고 있다.

과연 식물이 환자들을 위협하는 존재일까? 앞에서 언급한 이유 때문에 병실에 식물을 두기 꺼려한다면, 병실 내에 식물을 두어야만 하는 이유를 몇 가지 살펴보겠다.

첫째, 꽃가루가 걱정이라면 꽃보다는 잎을 감상하는 관엽식물을 추천한다. 실내 오염물질 제거에 탁월하다고 추천된 대부분의 식물들이 바로 관엽식물이다.

둘째, 먼지 발생이 문제라면 하이드로볼 배지를 선택하라. 하이드로볼은 황토를 고온 처리하여 둥근 입자 형태를 지니고 있는데, 다공성으로 수경재배가 가능하며 일반 토양에서 키운 식물에 비해 먼지가 발생되지 않는 이점을 지니고 있다.

셋째, 식물 또는 토양표면에서 방출하는 세균으로 인해 감염이 될 거라 생각이 들지만, 식물은 오히려 박테리아를 억제하는 화학물질을 방출한다. 최근 발표된 연구에 따르면, 공간의 50~60%를 식물로 가득 채우면 식물이 없는 공간보다 박테리아가 거의 없는 것으로 나타났다. 이는 식물이 대기 중에 있는 미생물의 공격에서 자신을 보호하기 위해 화학물질을 방출하기 때문일 것이다. 삼림욕을 생각해보면 쉽게 이해가 가는데, 식물에서 방출되는 피톤치드라는 물질은 대부분 테르펜류(terpenoid)로 살균, 진정, 완화작용을 한다.

토양 내 세균 검출의 유무를 위한 실험 장면

그러면 식물이 심겨진 토양을 통과한 공기는 과연 깨끗할까? 사람들에게 건강을 해치지 않을까? 라고 생각하여 필자가 특허를 낸 식물-배지-토양미생물로 이루어진 공기정화 시스템을 이용하여 실내공기를 식물의 근권부(하이드로볼 배지)를 통해서 강제로 방출시킨 후, 인체에 위해한 세균이 검출되는지 조사하였다.

그 결과, 관음죽, 보스턴 고사리, 벤자민 고무나무, 스파티필름, 산세베리아, 아이비, 인도고무나무, 파키라 등 여러 종류의 관엽식물 근권부를 통과하여 방출된 공기에서는 인체에 위해한 포도상구균, 살모넬라균, 대장균이 검출되지 않았다.

박 등(2006)의 연구에 따르면, 충수염 수술을 받은 환자들을 대상으로 병실 내에 식물을 두었을 경우에는 일반 병실환경에 있는 환자에 비해 진통제 복용량이 감소하고, 불안, 피로, 통증이 감소하였으며, 병실환경에 만족도가 높은 것으로 나타났다.

앞의 내용을 종합해볼 때, 식물을 병실 내에 두는 것에 대한 득과 실을 따지자면 더 많은 이점을 얻을 수 있다.

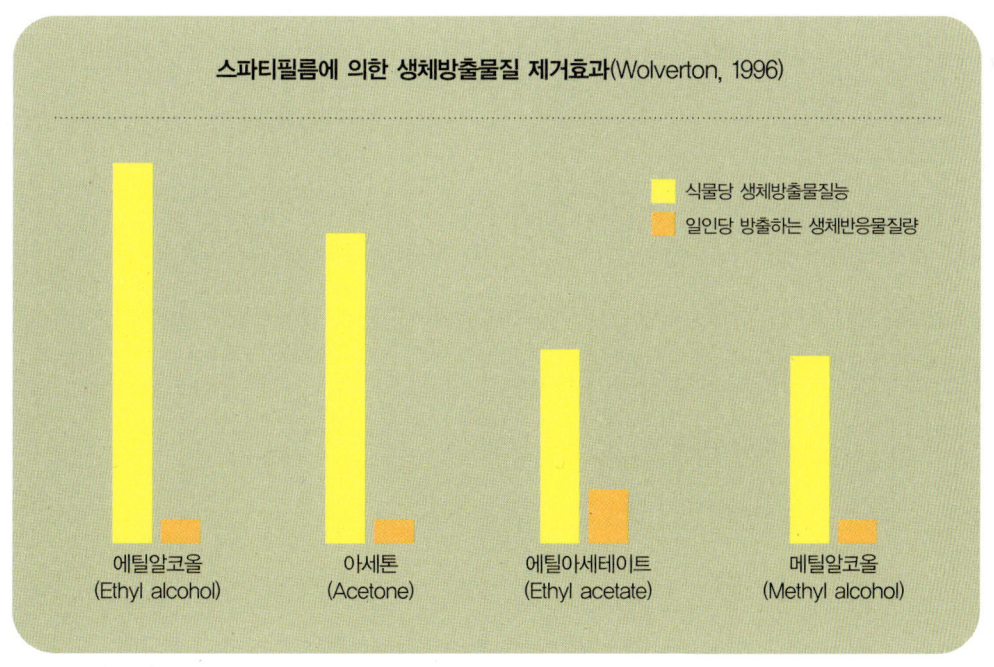

실내의 고농도 이산화탄소 제거하기

이산화탄소는 무색, 무취의 기체다. 이산화탄소는 자연적·인위적 배출량이 매우 높은 물질로, 미생물의 분해작용이나 인간의 물질대사 과정 그리고 실내에서 사용하는 석유·가스스토브 등 개방형 연소기구를 작동시킬 때 발생한다. 연소기구가 작동하는 동안은 3,000ppm을 초과하기도 한다. 우리나라 건축법과 환경보전법에서 정하는 이산화탄소의 실내공기 환경기준은 미국의 실내공기 환경기준과 같은 한 시간 평균 1,000ppm이다.

이산화탄소는 인체에 무해하나 5,000ppm 이상 고농도에서 호흡장애와 중독을 일으킬 수 있는 것으로 알려져 있다. 현재 우리나라에서는 대기환경보전법상 대기오염물질로 지정되어 있지 않으나, 지구환경에 미치는 영향을 고려할 때 다른 대기오염물질 못지않게 중요한 잠재적 대기오염물질이다.

현재 시중에서 판매하는 공기청정기는 대부분 냄새, 먼지, 휘발성 유기물질을 제거하는 데 초점을 맞추고 있으며, 고농도 이산화탄소를 감소시키는 기능은 없다. 실내에 이산화탄소 양이 많아지면 호흡하기가 불편하고, 불쾌감이 들며 답답하게 느껴진다. 그러나 식물을 실내에 두면 냄새, 먼지, 휘발성 유기물질뿐만 아니라 이산화탄소의 농도도 낮출 수 있다. 식물은 그야말로 최상의 바이오필터인 셈이다.

식물은 여러 번 언급한 바와 같이 대기 중의 이산화탄소와 뿌리가 빨아올린 물을 이용하여 광합성을 하며, 이 과정에서 대기에 있는 많은 이산화탄소가 식물체 내로 흡수되고 동시에 동일한 양의 산소가 체외로 배출된다. 실내공기는 이 과정에서 정화되는 것이다.

실내에 식물을 두면 실제로 이산화탄소 양이 어떻게 변하는지를 밀폐 챔버 실험을 통해 알아보자. 밀폐 챔버 안에 식물종별로 넣어 광도와 초기 이산화탄소 양에 따라 낮과 밤 1시간 동안 이산화탄소의 변화를 관찰하였다. 파키라뿐만 아니라 모든 식물종에서 낮 동안에 초기 이산화탄소의 농도가 500ppm일 때보다 1,000ppm일 때 이산화탄소가 제거되는 폭이 크게 나타났다.

한편, 낮 동안에 이산화탄소가 흡수되는 양에 비해서 밤 동안의 이산화탄소 방출량은 매우 적다. 또한 낮 동안 빛이 약할 때보다 강할 때 이산화탄소 감소율이 높게 나타났다. 그러나 낮 동안 빛 세기의 차이가 야간의 이산화탄소 방출에는 아무런 영향도 주지 않는다.

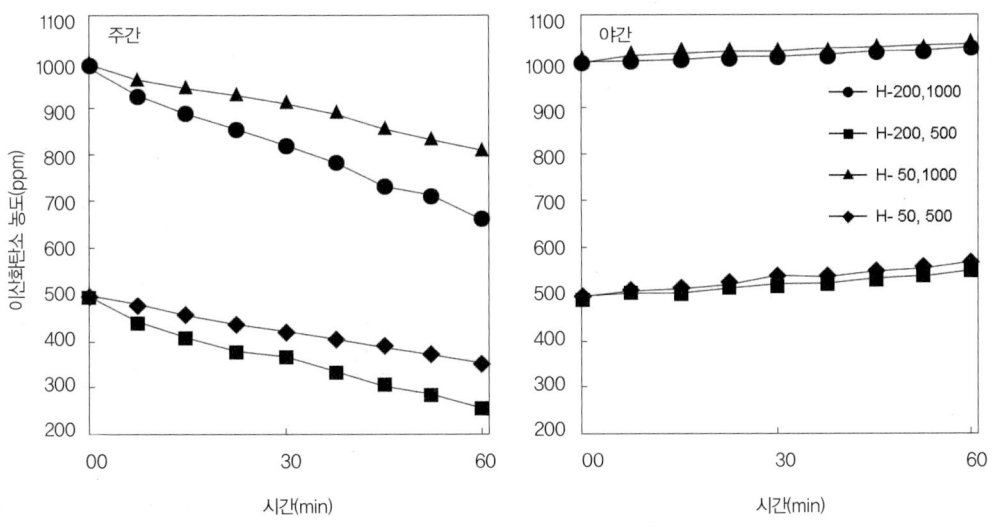

밀폐된 챔버 내 이산화탄소 및 광도 변화시 파키라(*Pachira aquatica*) 식물 도입에 따른 챔버 내 이산화탄소 농도의 변화(광도 : 50 혹은 200μmol · m^{-2} · s^{-1}, 이산화탄소 : 500 혹은 1,000ppm)

또한 낮 동안 식물체 지상부에서만 이산화탄소가 흡수되는 것이 아니라 지하부에서도 이산화탄소가 흡수된다. 그러나 식물 전체의 이산화탄소 흡수율 중 지하부가 차지하는 비율은 약 20%밖에 되지 않는다. 한편 야간에도 식물체 지하부가 식물 전체 이산화탄소 방출의 약 20%를 차지하는 것으로 나타났다. 또한 식물이 낮 동안에 흡수하는 이산화탄소 양은 야간에 방출하는 이산화탄소 양보다 훨씬 많으며, 야간에 방출하는 이산화탄소 양은 주간에 흡수하는 이산화탄소 양에 비해 약 20~40%밖에 되지 않는다.

주·야간 지상부와 지하부의 이산화탄소 흡수 및 방출 비율

그렇다면 어떤 식물을 실내에 두는 것이 가장 좋을까? 몇 가지 각도에서 생각해보자. 우선 잎이 많은 식물을 택하는 것이 좋으며, 가능하면 큰 식물을 선택한다. 실내는 빛이 약하기 때문에 약한 광선에서도 광합성을 많이 하는 식물을 찾아야 한다. 동시에 실내 이산화탄소 농도가 높은 곳에서 광합성을 많이 해야 하며, 증산작용이 좋아야 한다. 이러한 기준에 최적인 식물은 파키라, 인도고무나무, 그리고 홍콩 야자(쉐프렐라)를 들 수 있다. 또한 표 6을 활용하면 실내 특성에 따라 필요한 기능만을 갖춘 식물을 선택할 수도 있다.

표 6. 기능성 실내식물을 선택하기 위한 식물의 특성 비교

식물종	저광에서 광합성률	광보상점, 광포화점에 따른 내음성	고농도 이산화탄소에서 광합성률	증산율
벤자민 고무나무 (Ficus benjamina)	○	△	○	△
송악(아이비) (Hedera helix)	○	○	△	○
싱고니움 (Syngonium podophyllum)	△	○	△	△
홍콩 쉐프렐라 (Schefflera arboricola)	○	△	○	○
테이블 야자 (Chamaedorea elegans)	△	○	△	×
디펜바키아 (Dieffenbachia amoena)	△	○	○	○
인도고무나무 (Ficus elastica)	○	△	○	○
파키라 (Pachira aquatica)	○	○	○	○
드라세나 (Dracaena deremensis)	×	△	△	×

(○ : 강   △ : 중   × : 약)

실내에 많이 두는 식물들

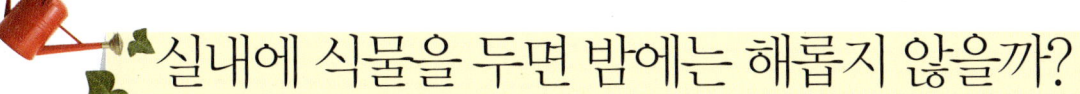
실내에 식물을 두면 밤에는 해롭지 않을까?

많은 사람들이 식물을 실내에 두면 긴장이 완화되고 건강을 유지하는 데 매우 좋다는 사실을 잘 알고 있다. 그래서인지 일반 사무실이나 가정에 실내식물을 두는 일이 점점 늘어나고 있는 추세다. 그러나 대개의 경우 식물에 대한 전문적인 지식이 없기 때문에 식물을 관리하는 데 어려움을 겪고 있다.

예를 들어 식물을 실내에 두면 낮 동안에는 식물이 광합성을 하기 때문에 실내공기 중의 높은 이산화탄소를 제거함으로써 신선한 공기를 제공하지만, 문을 닫고 잠을 자는 밤 동안에는 식물이 호흡만 하기 때문에 이산화탄소를 많이 방출하여 실내에 식물을 두는 것이 오히려 건강에 해롭지 않을까 하는 것이다.

과연 그럴까? 그 대답은 결코 걱정할 일이 아니라는 것이다. 좀더 구체적이고 과학적으로 설명해보면 다음과 같다.

첫째로, 각각의 기체들은(예 : 산소, 질소, 이산화탄소 등) 높은 농도에서 낮은 농도로 움직인다. 따라서 실내의 이산화탄소 농도가 높고 실외의 이산화탄소 농도가 낮으면, 이산화탄소는 균형을 이루기 위해서 실내에서 실외로 이동한다. 어떤 실내라도 외부와 완벽하게 차단되지는 않기 때문에 실내에 이산화탄소가 많아지면 실외로 빠져나가 걱정할 필요가 없다.

둘째로, 식물이 낮 동안에 흡수하는 이산화탄소의 양과 밤 동안에 배출하는 이산화탄소의 양은 서로 다르다. 즉 낮 동안에 광합성을 하면서 흡수되는 이산화탄소 양은 매우 높지만, 밤에는 단지 호흡만 하기 때문에 식물에 따라 차이는 있지만 아주 적은 양의 이산화탄소만을 배출한다.

실제로 동일한 환경에서 관엽식물 중 시서스가 낮과 밤 동안에 이산화탄소를 흡수 또는 방출하는 것을 보자.

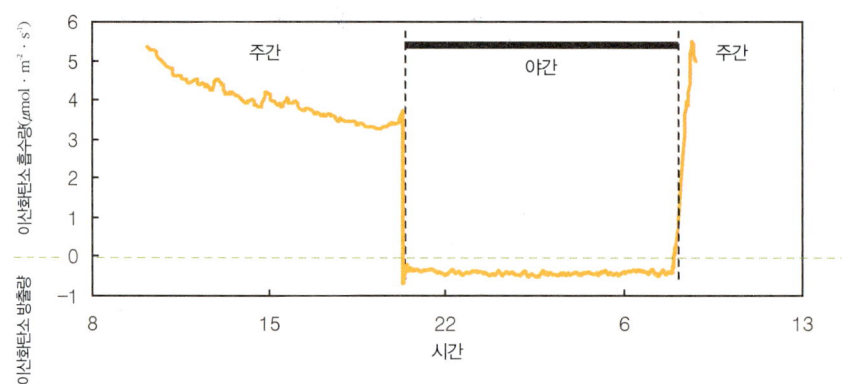

시서스(Cissus rhombifolia) 식물의 주·야간 이산화탄소 흡수량 및 방출량 비교

위 그림에서 보는 바와 같이 낮 동안에는 많은 양의 이산화탄소가 흡수되는 반면, 밤 동안에는 아주 적은 양의 이산화탄소만이 방출됨을 알 수 있다.

실내공기 중 산소 양은 대략 21%인 반면, 이산화탄소의 농도는 장소에 따라 다르지만, 산소 농도보다 약 10,000배 정도 적은 400~800ppm 정도다. 한편, 우리가 호흡곤란을 일으킬 수 있는 이산화탄소 농도는 약 5,000ppm 정도라야 한다. 따라서 앞의 설명을 모두 종합해볼 때, 실내에 식물을 두면 밤에 실내공기 중의 이산화탄소 양이 약간 증가하기는 하지만, 인체에 유해할 정도는 아니다.

밤에 이산화탄소 잡는 특수식물, 선인장과 다육식물

최근 들어 주거환경에 관엽식물을 두면 주간에 이산화탄소의 농도를 낮추고 실내공기질을 개선하는 데 획기적인 효과가 있는 것으로 밝혀졌다. 그러나 야간에는 실내식물이 광합성을 하지 않고 호흡만 해서 이산화탄소를 방출한다. 이러한 이유로 실내식물이 보기에도 좋고 건강을 유지하는데 좋은 것은 알지만 구입은 꺼리게 된다.

그러면 조금씩 나오는 이산화탄소를 제거할 수 있는 방법은 없을까? 특수식물을 이용해 밤에 이산화탄소를 제거할 수 있는 방법이 있다. 바로 선인장과 다육식물을 실내식물과 함께 두는 것이다. 선인장의 주·야간 이산화탄소 교환을 측정하는 시스템을 제작하여 교환속도를 측정한 결과, 그 가능성이 충분하다는 것이 밝혀졌다.

우선, 밤에 이산화탄소를 제거하는 특별한 식물에 대해서 좀더 알아보자. 광합성에 따라 식물을 분류하기도 하는데, 관엽식물은 대부분 낮 동안에 기공을 열어 이산화탄소

다양한 선인장 및 다육식물의 주·야간 이산화탄소 교환속도(흡수 및 방출) 측정장치

를 흡수하고 산소를 방출하며, 밤에는 기공을 닫고 호흡하면서 이산화탄소를 약간 방출한다. 이런 식물들은 C_3 또는 C_4 식물이라고 부른다. 온대성 식물은 대부분 C_3식물에 속하고, C_4식물은 열대·아열대성 식물로 이산화탄소 농도가 낮은 곳이나 강한 광선에서도 잘 자라는 식물을 말한다.

한편, 선인장이나 다육식물은 사막과 같이 물이 없는 지역에서 오랫동안 버티기 위해서 잎이 침으로 변형되었거나, 체내에 물을 오랫동안 저장해놓기 위해 외모가 다양하게 적응된 식물이다. 이들 식물의 광합성 특징을 살펴보면, 주간에는 수분방출을 최소화하기 위해서 기공을 닫아 이산화탄소의 이동이 거의 없고, 야간에만 기공을 열어 이산화탄소를 많이 흡수한다. 이러한 패턴이 있는 식물을 CAM식물이라고 부르며, 돌나물과 식물에서 처음 발견되었다. 결국 CAM식물의 이산화탄소 흡수와 방출은 $C_3(C_4)$식물과 시간적으로 정반대인 것이다.

따라서 실내에 C_3나 C_4 관엽식물을 도입해 밤에 실내에 이산화탄소 농도가 높아지면, 선인장이나 다육식물의 야간 이산화탄소 흡수능을 활용해 이를 감소시킬 수 있다.

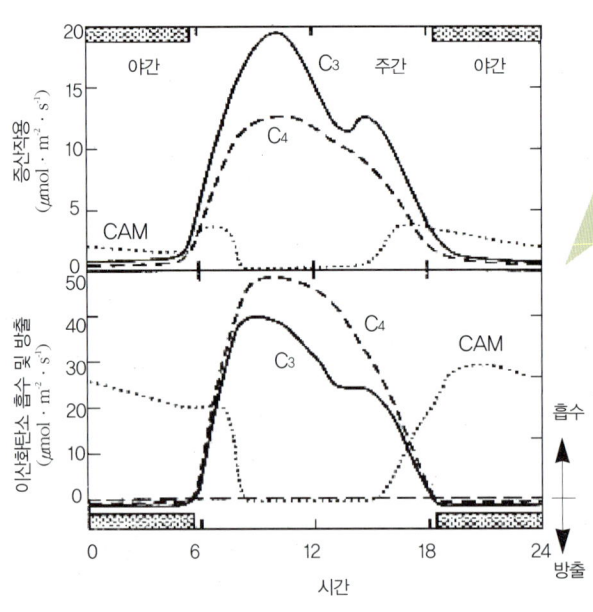

> C_3와 C_4식물은 낮 동안에는 증산작용이 일어나지만, 밤에는 기공을 닫기 때문에 증산작용이 전혀 일어나지 않는다. 한편, CAM식물은 낮 동안에는 기공을 닫아 증산작용이 전혀 일어나지 않고 주·야간이 바뀔 때와 밤에만 증산작용을 약간 한다. 이산화탄소의 흡수와 방출을 살펴보면, C_3와 C_4식물은 낮 동안에 이산화탄소가 흡수되고 밤에는 이산화탄소의 미약한 방출이 일어난다. 반대로 CAM식물은 낮 동안에는 이산화탄소를 거의 방출하지 않으며 밤에는 많은 양의 이산화탄소를 흡수한다.

C_3, C_4, CAM식물의 주·야간 증산과 광합성 패턴 비교

●● 어떤 선인장과 다육식물이 좋은가?

현재 국내에서 많이 사용하는 선인장 20여 종과 다육식물 10여 종을 조사한 결과, 주·야간 이산화탄소의 흡수량과 방출량은 다양하였다. 그 중 선인장 '비화옥'과 '변경주', 다육식물 중 크라슐라 '화재(Himaturi)'가 야간에 이산화탄소를 가장 많이 흡수하는 것으로 나타났다. 따라서 이러한 식물을 관엽식물과 함께 두면 야간에 실내 이산화탄소를 제거하는 데 아주 좋을 것이다.

특별히 선인장이나 다육식물은 낮 동안의 환경상태가 밤 동안 이산화탄소 흡수에 상당한 영향을 미친다. 예를 들면 밤 동안 이산화탄소 흡수량은 낮 동안의 온도에는 큰 영향을 받지 않으나, 강한 광선일수록 증가하며, 그렇지 않으면 오랫동안이라도 빛을 받게 하는 것이 밤 동안에 흡수를 좋게 한다. 따라서 침실에 빛이 들어오지 않는다면, 선인장을 낮에는 빛이 많은 베란다에 내놓았다가 저녁에 침실로 가져오면 좋을 것이다.

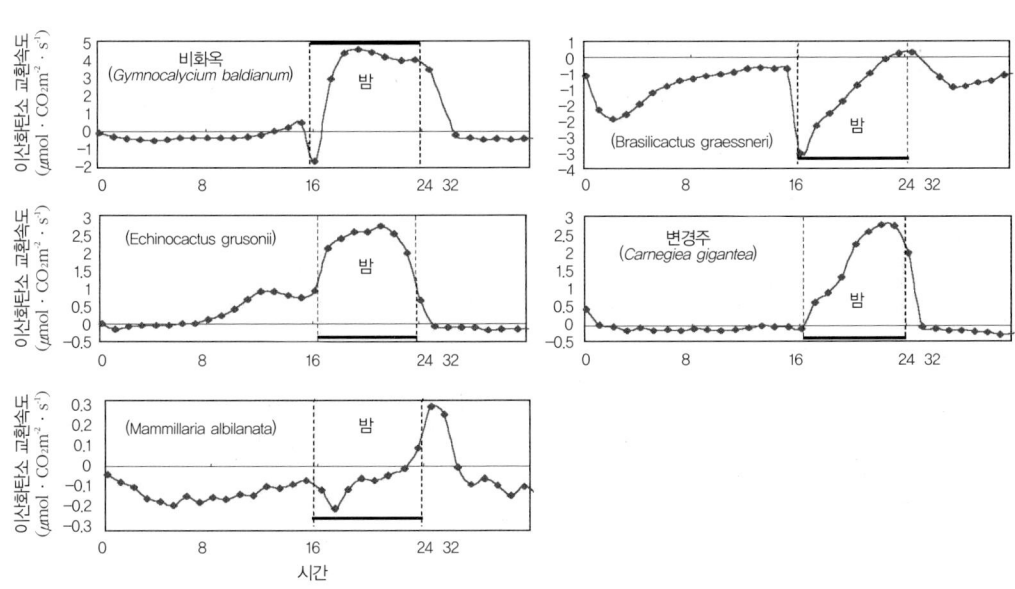

선인장 종류에 따른 주·야간 이산화탄소 방출 및 흡수 속도

비화옥
(*Gymnocalycium baldianum*)

크라슐라 화재
(*Crassula* cv. Himaturi)

변경주
(*Carnegiea gigantea*)

●● 작은 선인장으로 야간에 이산화탄소를 제거할 수 있을까?

보통 실내식물은 엽면적이 매우 넓은 반면, 선인장은 잎이 침으로 변해 있기 때문에 줄기를 포함한 전체 표면적이 매우 작다. 그런데도 선인장(CAM식물)이 야간에 실내식물이 방출한 이산화탄소를 감소시키는 능력이 있을까? 우선 실내에서 흔히 볼 수 있는 C_3식물인 스파티필름의 예를 들어 비교·설명해보자.

실험에 사용한 스파티필름(*Spathiphyllum wallisii*)은 식물높이가 48cm, 폭이 40cm이고 총엽면적이 2,500cm^2 정도다. 또한 실험에 사용한 선인장은 비화옥(*Gymnocalycium baldianum*)이라는 식물로, 높이가 10.2cm, 폭 3.8cm, 총면적 133.042cm^2 정도다. 따라서 두 식물체를 비교하면 총엽면적에서 약 17배의 차이가 난다.

실제로 식물의 생리적 측면에서 야간의 호흡속도는 그동안 큰 관심을 끌지 못했지만,

주거환경 내 식물의 활용측면에서 주·야간 이산화탄소의 교환속도는 매우 중요하다. 두 식물체의 주·야간 광합성과 호흡을 비교한 결과는 표 7과 같다.

스파티필름의 경우 주간에는 이산화탄소를 많이 흡수하지만, 야간에는 실제로 이산화탄소를 아주 적게 방출하는 것을 볼 수 있다. 비화옥은 야간에 이산화탄소를 많이 흡수하지만, 주간에는 이산화탄소를 아주 적게 방출한다.

결국 표 7에서 보는 바와 같이 스파티필름이 주간에 흡수하는 이산화탄소 양이나, 선인장이 야간에 흡수하는 이산화탄소 양이 거의 같다는 사실을 알 수 있다. 스파티필름이 야간에, 선인장이 주간에 방출하는 이산화탄소 양은 거의 미미함을 볼 수 있다.

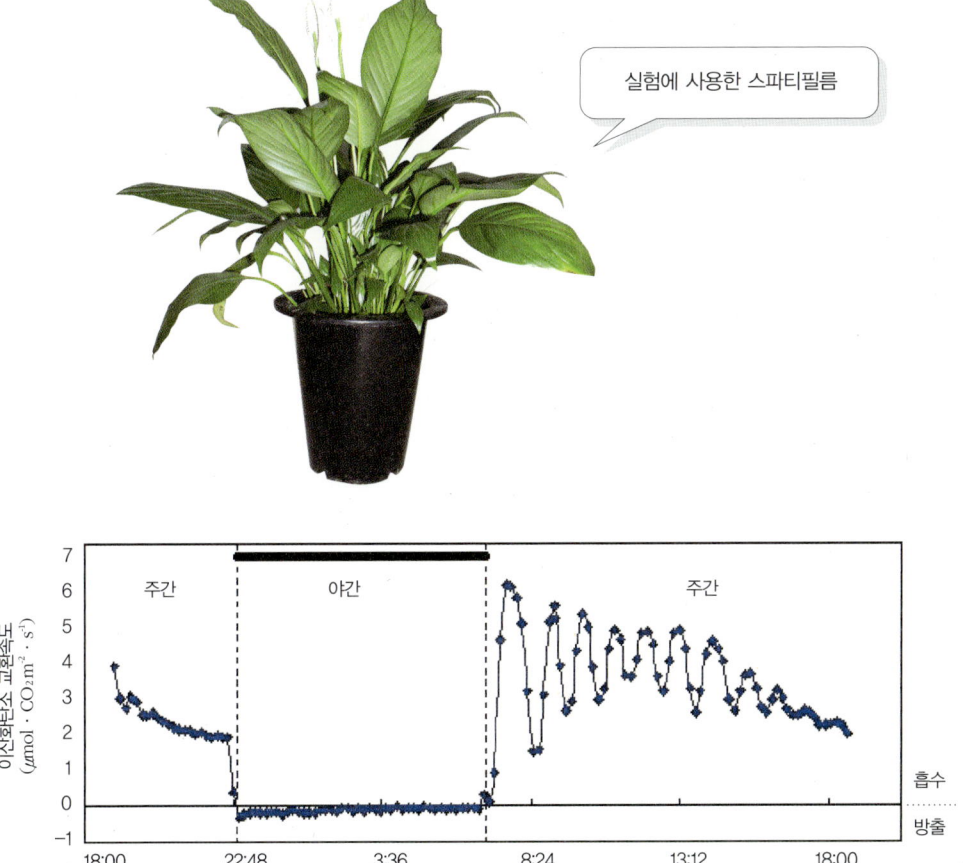

실험에 사용한 스파티필름

스파티필름(*Spathiphyllum wallisii*)의 하루 중 이산화탄소 교환속도

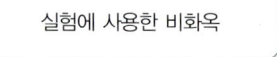

실험에 사용한 비화옥

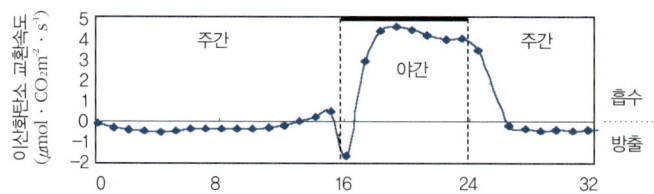

비화옥(*Gymnocalycium baldianum*)의 하루 중 이산화탄소 교환속도

표 7. C₃식물(스파티필름)과 CAM식물(비화옥)의 주·야간 최대 이산화탄소 교환 능력

식물종	면적 (cm²/plant)	이산화탄소 교환($\mu mol \cdot CO_2 m^{-2} \cdot s^{-1}$)	
		주간	야간
스파티필름	2,501	5.51(흡수)	0.08(방출)
비화옥	147	0.52(방출)	5.03(흡수)

따라서 실내에 식물체를 둘 때 관엽식물과 선인장을 함께 두면 주·야간에 걸쳐 지속적으로 실내 이산화탄소 양을 줄일 수 있다는 것이다. 실내에 관엽식물과 선인장 몇 가지를 함께 두면 미관상으로도 좋고, 야간의 이산화탄소도 걱정할 필요가 없는 것이다. 이것이 바로 과학을 이용한 첨단 공기정화 기술인 셈이다.

앞의 연구결과를 실증하기 위해서 C₃식물인 스파티필름과 CAM식물인 비화옥 선인장을 밀폐된 챔버에 단독 또는 함께 두고 주·야간 이산화탄소 변화를 조사해보았다. 밀폐된 챔버에 스파티필름과 CAM선인장을 동시에 넣었을 때는 스파티필름 단독에 비해서 밤 동안에 이산화탄소 농도가 감소되었을 뿐만 아니라 낮 동안에도 시간이 갈수록 이산화탄소 농도가 감소되었음을 볼 수 있다.

  결론적으로, 선인장은 야간에 이산화탄소를 엄청나게 많이 흡수하기 때문에 실내에 식물을 도입할 때는 반드시 소량의 선인장도 함께 두는 것이 주·야간 공기질 향상에 도움이 된다.

스파티필름 단독 또는 스파티필름 + 선인장 도입에 따른 밀폐 챔버 실험

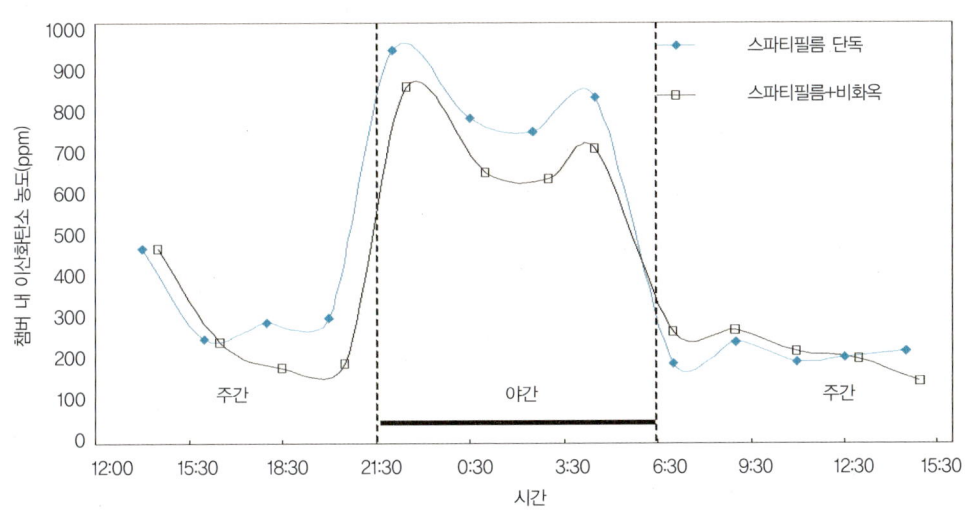

밀폐된 챔버에 스파티필름 단독 또는 스파티필름과 비화옥을 동시에 두었을 때 챔버 내 이산화탄소 하루 변화량

실내공기청소기, 녹색식물

공기 중에 떠다니는 입자를 통틀어 총부유분진(TSP : total suspended particulate)이라 하고, 입자의 지름이 10㎛ 이하인 입자를 PM10 또는 호흡성 분진(RSP : respirable suspended particulate), 2.5㎛ 이하인 입자는 PM2.5 또는 미세먼지라고 한다. 대체로 부유분진은 대기 중에 떠다니는 입자상 물질 중에서 10㎛ 이하의 것을 말하며, 오염된 도심지역 먼지의 90~95%를 차지하고 있다.

실내공기 중 분진은 대부분 흡연, 실내 난방이나 조리과정, 사무용 기기나 건축자재의 마모와 열화에 따른 부유분진 방출, 그리고 실내에 있는 사람이 활동하면서 많이 발생된다. 사람이 이러한 분진에 단기간 또는 장기간 노출되었을 때는 주로 눈이나 기관지 같은 곳에 여러 가지 해를 입게 된다.

외부 식생지역에서 분진농도를 측정한 결과, 수목이 식재되어 있지 않은 곳에 비해 식재되어 있는 곳의 분진이 약 75% 정도 적었다고 한다. 우리나라의 경우 봄만 되면 중국 쪽에서 날아오는 황사를 생각할 때 나무를 심는 것이 얼마나 중요한지를 알 수 있을 것이다.

한편, 실내식물이 실내 분진감소에 어떤 영향을 미치는지에 대해서는 지금까지 정확한 자료가 없었으나, 최근 실내공간에 식물을 두면 상당량의 분진이 감소된다는 결과가 나와 실내식물 도입의 중요성을 다시 한 번 일깨워주었다.

조사에 따르면, 밀폐된 실내공간에 식물을 일정 부피로 배치하면 분진은 식물이 없을 때에 비해 확연히 빠르게 감소했다. 식물을 실내공간의 20% 정도 배치하면, 초기 분진 제거 양은 식물을 10% 둔 경우보다 약 3배 정도나 많았고, 전체적으로도 분진이 빠르게 감소되는 것을 볼 수 있다. 이것은 관엽식물이 실내공기 중 미세분진을 감소시키는 데 기여할 수 있다는 사실을 뒷받침한다. 특별히 흥미로운 사실은 먼지가 제거되는 것이 식물 주위에서나 식물에서 멀리 떨어진 곳이나 별 차이가 없다는 것이다.

한편, 다양한 실내식물을 조합해서 컴퓨터실이나 사무실 면적 대비 약 2~5% 정도 배치하고 바닥에 떨어지는 총먼지량을 측정해보았을 때, 식물이 있을 때가 그렇지 않은 경우에 비해서 총먼지량이 약 20% 정도 감소되었다.

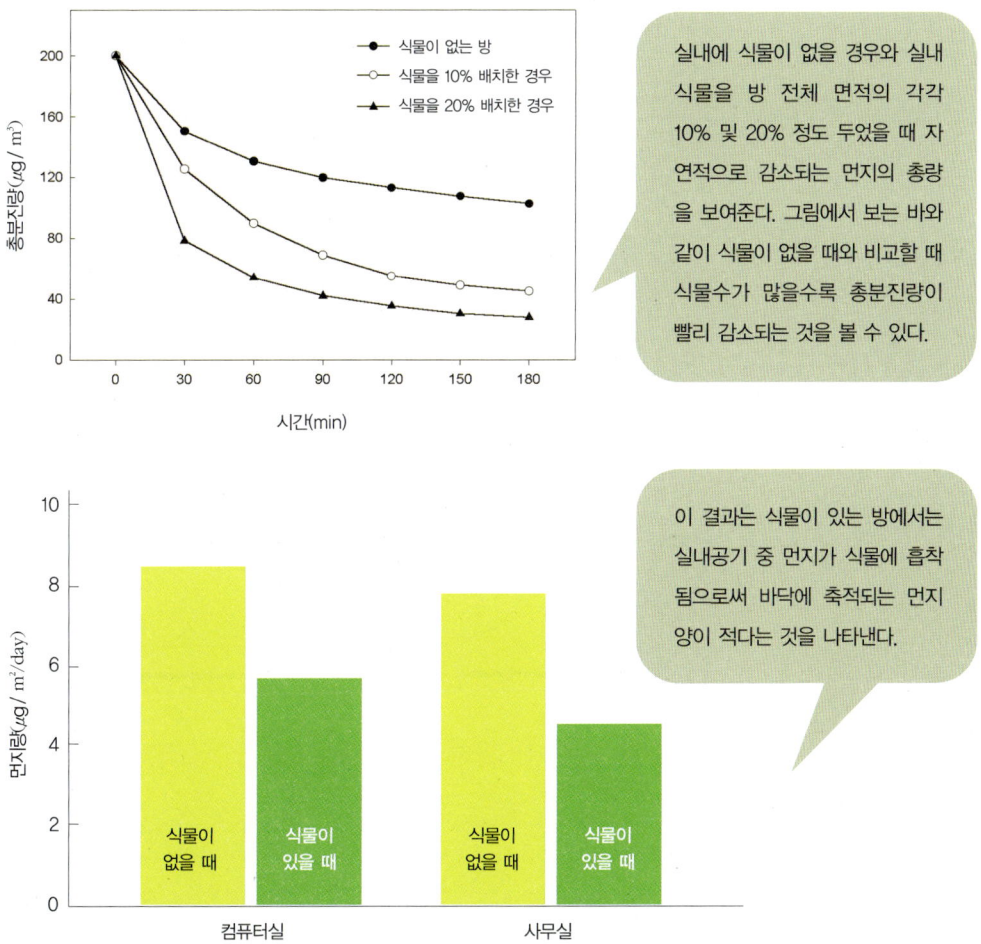

실내에 식물이 없을 경우와 실내 식물을 방 전체 면적의 각각 10% 및 20% 정도 두었을 때 자연적으로 감소되는 먼지의 총량을 보여준다. 그림에서 보는 바와 같이 식물이 없을 때와 비교할 때 식물수가 많을수록 총분진량이 빨리 감소되는 것을 볼 수 있다.

이 결과는 식물이 있는 방에서는 실내공기 중 먼지가 식물에 흡착됨으로써 바닥에 축적되는 먼지양이 적다는 것을 나타낸다.

컴퓨터실과 일반 사무실에서 식물이 있을 때와 없을 때 먼지 축적량 비교(Lohr와 Rearson-mins, 1996)

결과적으로, 식물이 있을 때 실내공기 중의 먼지 양도 적어지고, 따라서 실내 바닥에 축적되는 먼지 양도 적다는 것을 알 수 있다. 이러한 사실은 먼지가 식물에 흡착 또는 흡수된다는 것을 의미한다. 특히 먼지입자 크기별로 비교해보면, 먼지 입자가 큰 것보다는 작은 것이 더 효과적으로 감소된다.

그러나 실내식물이 어떻게 먼지를 감소시키는지는 아직 명확히 밝혀지지 않았다. 가능한 몇 가지를 살펴보면, 우선 식물 표면에서 부유분진을 흡착한다. 엽표면적이 넓은 식물일수록 먼지제거율이 높은 데서도 이와 같은 사실을 확인할 수 있다. 그러나 단순한 흡착만이 분진제거의 원인은 아닌 것으로 추정된다. 왜냐하면 실내 분진감소량은 식물의 광합성 및 증산량과 관계가 밀접하기 때문이다. 실제로 밤과 낮을 비교해보면 밤에는 분진이 거의 감소되지 않은 반면, 빛이 있는 낮 동안에는 분진이 많이 감소된다(그래프 참조). 또한 단위면적당 분진제거율은 광합성이 높은 식물일수록 높다.

논리적으로 생각해보면 미세부유분진은 주간에 빛에너지의 영향을 받아 분자운동이 커져, 모든 측정 위치에서 분진제거율은 야간에 비해 낮아져야 한다. 그러나 실험결과

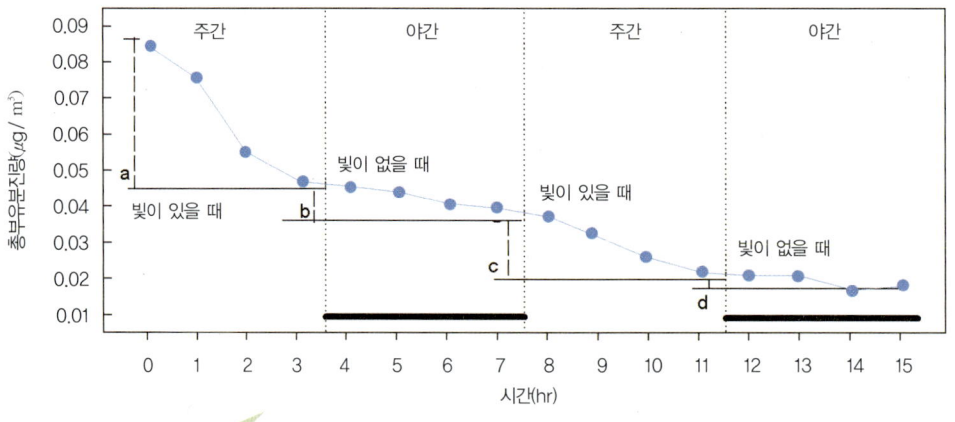

실내에 식물을 두면 낮과 밤 동안에 식물의 분진제거율이 서로 다른 것을 볼 수 있다. 주간에는 총부유분진 제거율이 높고, 야간에는 거의 일어나지 않는 것을 볼 수 있다. 따라서 실내분진제거에 식물의 광합성이나 증산량이 영향을 많이 미치는 것을 알 수 있다. 실내 측정 위치별로는 별 차이가 없는 것으로 나타났다.

에 따르면, 암기에서의 감소기울기가 완만한 데 비해 빛이 존재하면 감소기울기가 상대적으로 급하게 나타나는 것으로 보아 식물이 주간에 더 빠르게 분진을 제거한다는 것을 알 수 있다. 이러한 사실로 식물이 분진을 제거할 때 단순한 흡착뿐만 아니라 기공을 통해 분진의 흡수, 또는 잎에서 발생하는 음이온과의 결합 등을 추정해볼 수 있다.

더욱 흥미로운 사실은 식물을 배치하면 식물의 증산작용으로 실내 상대습도가 높아져 실내 분진량이 감소된다는 것이다. 먼지가 수분을 함유하면 무거워져서 쉽게 가라앉아 감소될 것으로 생각되나 실험결과, 바닥에 침전되는 분진량은 많지 않은데도 실내대기 중 분진량은 감소되는 것으로 나타났다. 이러한 결과를 보면 습기를 머금은 먼지가 더욱 쉽게 식물의 잎에 흡착되는 것이 아닌가 하는 생각이 든다.

식물은 담배연기도 제거할까?

담배연기는 기체 속에 고체 또는 액체 미립자가 떠 있는 에어로졸(aerosol)의 일종으로 실내 거주자가 가장 잘 인식할 수 있는 오염원이다. Environmental Tobacco Smoke(ETS)라 불리는 환경흡연은 간접흡연(passive smoking)으로도 표현된다. 담배연기는 공기 중에서 저절로 타면서 나는 부류연(副流煙 : side stream)과 담배를 피우면서 흡연자가 직접 들이마시는 주류연(主流煙 : main stream)으로 구성되어 있다. 이때 간접흡연은 부류연이 85%, 주류연이 15%를 차지한다. 부류연의 독성 화학물질의 농도는 주류연보다 2~3배 정도 더 높고, 입자가 더 작아서 폐의 더 깊은 부분에 침착될 수 있다. 오늘날 흡연은 호흡기 질환 등 각종 질병 발생의 주범이라고 생각하고 있다. 실제로 폐암 발생 요인의 대부분을 차지하여 미국 공중위생국은 '흡연은 예방이 가능한 질병이며 죽음의 가장 큰 원인' 이라고 경고하였다.

놀라운 사실은 식물이 담배연기인 미세먼지도 흡수한다는 것이다. 옆의 그림은 챔버 내에 식물을 넣고 담배연기를 넣은 다음 미

챔버 내에 식물을 둔 후 담배연기를 챔버 내에 투입하고 제거율을 측정하는 모습

세먼지(TSP) 제거율을 측정하고 있는 장면이다. 그 결과를 보면 식물에 따라 차이는 있지만, 식물이 있을 경우 확실히 담배연기가 빨리 제거된다.

예를 들어 싱고니움에 비해 스파티필름이 미세먼지를 빨리 제거하는 것을 볼 수 있다. 실내에 식물을 두면 담배에서 나오는 미세먼지를 효율적으로 제거할 수 있을 뿐만 아니라 냄새도 줄일 수 있다.

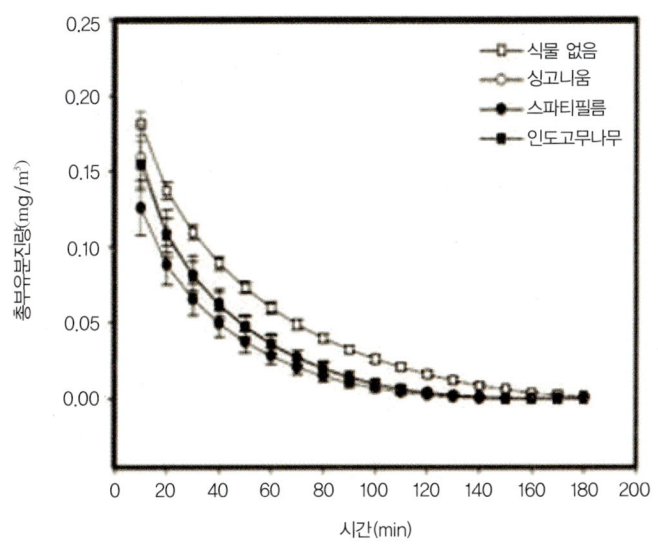

챔버 내에 식물을 두지 않고 담배연기만을 주입한 것과 식물을 둔 것을 비교해볼 때, 식물종에 따라 차이는 있지만, 식물의 담배연기 제거능을 확실하게 볼 수 있다.

●● 실내식물이 곰팡이 포자를 증가시키는가?

병원에서는 지금까지도 식물을 병원에 반입하는 것을 금하고 있다. 꽃다발은 꽃가루가 일으키는 알레르기 때문이라고 이해하지만, 무균배양토를 사용하는 실내식물의 반입금지는 제대로 알지 못하는 선입관 때문이다. 실제로 화분토양으로 흙이나 배양토 대신 먼지가 나지 않는 하이드로볼을 사용하면, 식물은 공기 중에 있는 먼지나 곰팡이 포자를 제거하지 발생시키지는 않는다. 1996년의 연구에 따르면, 식물이 없는 방에 비해서 식물이 있는 방은 공기 중 미생물이 약 50~60% 정도 적은 것으로 나타났다.

> 식물을 이용해 실내에 있는 먼지를 없애려면 인도고무나무, 헤데라, 벤자민 고무나무 등을 선택한다. 그리고 햇볕이 잘 들게 하여 광합성과 증산작용을 잘하게 한다. 식물을 실내 면적의 약 2~3% 정도만 두어도 실내먼지가 20% 정도는 감소함을 기억하라. 가끔 식물의 잎을 닦아주는 것이 좋다.

실내식물은 CO, SO_2, NO_2, NH_3도 제거한다

실내에서 방출되는 휘발성 유기화합물(VOCs)처럼 심각한 영향을 미치지는 않지만, 그래도 연소기기 등에서 발생되는 기타 가스상 공기오염물질도 실내식물로 제거할 수 있다. 예를 들면, 일산화탄소, 이산화황, 이산화질소 들은 대부분 실내의 각종 개방형 연소기구(가스 난방 및 조리기구 등)의 사용이나 담배 등에서 방출된다.

이 중 일산화탄소는 질식성 가스로 적혈구에 대한 헤모글로빈의 친화력은 산소의 200~250배나 되어, 혈액의 산소포착 능력을 심각하게 저하시킨다. 이산화황(SO_2)은 수용성이 매우 강하여 황산이 되는데, 점막을 자극하고 기침, 재채기, 눈이 따가운 증상 등을 일으킨다. 한편, 연소작용에서 NO가 발생되면 이 물질은 곧바로 산화되어 NO_2가 되며, 호흡기계 질환을 일으킨다.

오염물질이 인체에 미치는 영향

이산화황 (SO_2)
저농도에서도 독성이 강하여 호흡기를 자극하여 기관지염, 기관지천식, 폐기종, 급만성 호흡기 질환을 일으킨다. 특히 폐에 질환이 있을 때는 증세가 더 심해진다.

일산화탄소 (CO)
일산화탄소 중독은 농도와 흡입시간에 따라 다르고, 호흡기관에 들어가면 적혈구의 산소운반 능력을 저하시켜 두통, 구토감, 호흡곤란을 일으키며 심하면 사망한다.

이산화질소 (NO_2)
악취를 내는 자극성 가스로 눈과 코를 강하게 자극하고, 폐충혈, 폐수종, 폐쇄성 기관지염, 폐렴 등을 일으키며 사망의 원인이 되기도 한다.

이미 앞에서 언급한 바와 같이 식물은 다양한 기작을 통해서 이러한 오염물질을 흡착 또는 흡수하여 분해한다. 연구결과에 따르면, 식물종에 따라 이러한 오염물질을 독특하게 제거하는 능력이 있는 것으로 밝혀졌다. 일산화탄소는 스킨답서스가 식물 자체 또는 분토양과 함께 있을 때 제거효과가 가장 좋은 것으로 나타났다. 이산화질소 제거에는 스파티필름과 벤자민 고무나무, 암모니아 제거에는 스파티필름과 파키라가 매우 효과적인 것으로 밝혀졌다. 이산화질소는 식물체만을 조사한 것이나 토양과 함께 조사한 것이나 별다른 차이가 없었다.

반면에 식물과 토양을 함께 조사하였을 때는 스파티필름과 파키라보다 관음죽이 암모니아를 제거하는 데 탁월한 것으로 나타났다. 그리고 이산화황 제거에는 스파티필름이 가장 효과적인 식물로 밝혀졌다.

표 8. 실내식물의 이산화질소 및 암모니아 오염물질 제거능

식물종	NO_2 ($pL/L \cdot cm^2 \cdot min$)		NH_3 ($pL/L \cdot cm^2 \cdot min$)	
	식물단독	식물+토양	식물단독	식물+토양
스파티필름	18	22	47	43
파키라	16	19	49	61
관음죽	15	18	31	82
벤자민 고무나무	21	20	13	13
스킨답서스	16	17	18	21
네프롤레피스	5	6	20	25
쉐프렐라	3	4	1	7

챔버 내 식물의 일산화탄소 제거율 비교

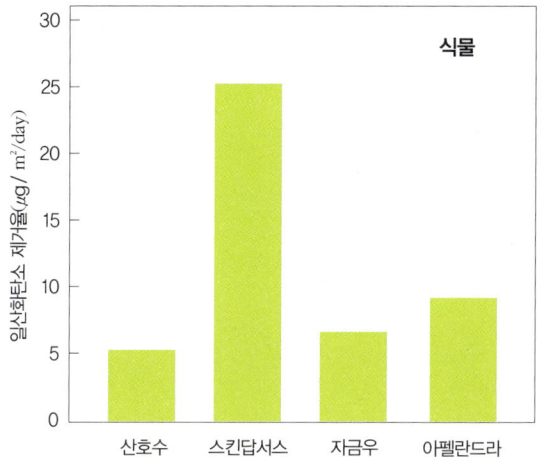

스킨답서스

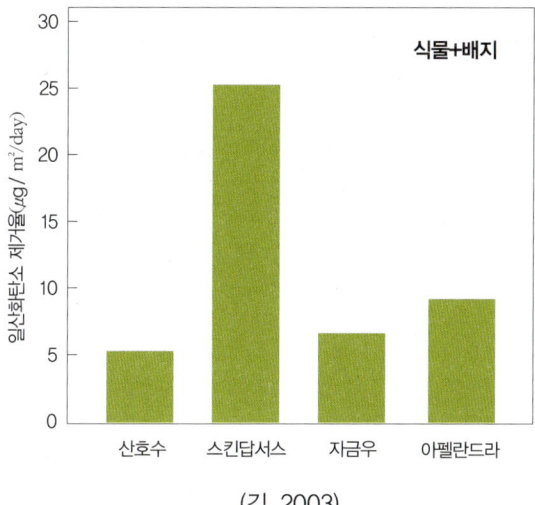

(김, 2003)

오존 잡는 식물들

오존(Ozone, O_3)은 산소원자 세 개가 결합되어 있는 분자다. 성층권의 오존은 보통 약 100ppb 정도의 농도로 존재하며, 지구표면에 도달하는 자외선을 흡수하는 일을 한다. 그러나 최근 냉매로 사용하는 염화불화탄소(CFCs)와 염소산화물(ClO)이 성층권의 오존층을 파괴하여 여러 가지 문제를 발생시키고 있다.

대류권의 오존은 연소과정에서 대기 중으로 배출된 질소산화물과 휘발성 유기물질이 공존하거나 질소산화물만 존재할 때 햇빛에 의한 광화학 반응으로 생성되며, 광화학 산화물의 90% 이상을 차지하는 독성이 매우 강한 2차 대기오염물질이다. 특히, 현대 산업활동과 자동차의 급격한 증가, 에너지 이용형태 변화 등으로 인구가 집중된 도시지역에는 오존을 생성하는 질소산화물, 휘발성 유기물질 등과 같은 도시형 대기오염물질이 증가하고 있으며, 이로써 오존농도가 더 높아지고 있다.

대류권의 오존은 농도가 높으면 사람과 동·식물에 피해를 주고, 산화력이 강하여 플라스틱, 금속, 섬유, 고무제품을 부식시키기도 한다. 오존은 작물 생산량을 감소시키고 수목의 활력을 저하시켜 산림에 피해를 준다. 오존이 식물체 내로 흡수되면 잎 표면 괴사, 황백화 현상 등과 같은 가시피해가 나타나고, 식물의 기공을 폐쇄하고 엽육조직을 손상시켜 광합성 능력이 감소된다. 오존이 식물에게 주는 피해는 오존농도, 노출시간, 각 식물종의 민감도에 따라 다르다.

한편, 실내에서의 오존은 복사기, 팩시밀리, 레이저프린터 등 고전압의 전류를 사용하는 사무용 기구와 공기청정기 등에서 발생되며, 저농도에서도 사람의 폐를 자극하여 기침, 호흡곤란과 같은 장애와 눈, 코와 같은 감각기를 자극하고, 심하면 인체에 해를 줄 수 있다(표 9 참조).

그러나 현재 우리나라에서는 실내 오존 허용기준치에 대한 규정이 없어 실내 오존에 대한 위험성조차 제대로 알지 못하는 실정이다. 외국의 경우 뉴질랜드는 실내 오존 허용기준치를 0.03(8시간 평균)ppm, WHO(Europe)는 0.08ppm(8시간 평균), 0.1ppm(1시간 평균)으로 규정하고 있다.

특히 여름철에는 외부의 오존농도가 매우 높은데 환기 및 온도조절을 위하여 창문을 열면 외부의 오존이 실내로 많이 들어온다. 그렇다면 식물을 이용하여 실내의 오존을

표 9. 오존농도와 노출시간이 인체에 미치는 영향(Cho, 1995)

농도(ppm)	노출시간	인체에 미치는 영향
0.02	5분	냄새 감지
0.05 ~ 0.1	30분	불안
0.05 ~ 0.2	-	코와 인후 자극
0.1	30분	두통, 눈 자극
	1시간	시각장애, 폐포 내 산소확산력 저하
	2시간	폐동맥 산소분압 증가
0.1 이상	24시간	눈 자극 증상 증가
0.1 ~ 0.25	30분	호흡수 증가
0.5	2시간	폐기능 저하
0 ~ 1.5	2시간	심한 피로, 가슴 통증, 기침

제거할 수 있을까? 실내에서 많이 이용되는 식물을 대상으로 오존에 대한 피해와 흡수 능력을 조사한 결과에 따르면, 실내식물 중 시서스는 오존에 매우 민감하여 육안으로 볼 수 있을 만큼 피해가 현저하게 나타나는 반면, 스파티필름, 아이비, 벤자민 고무나무는 오존 노출시간이 길어져도 식물체에 피해가 거의 없어 오존 저항종으로 밝혀졌다. 그 외에도 거제수나무(*Betula costata*), 동양란 중에서는 사계란(*Cymbidium*

오존 폭로 후 식물의 생리적 반응을 연속적으로 측정하는 모습

시서스의 오존에 대한 가시 피해

rubrigemmum)과 보세란(*Cymbidium sinense*)이 오존을 잘 제거한다.

따라서 사무기기를 많이 사용하는 사무실에는 시서스와 같은 식물을 두면 일종의 오존 경보장치를 두는 것과 같다. 한편 스파티필름, 벤자민 고무나무, 아이비와 같은 식물은 저항종이어서 피해증상을 보이지 않음과 동시에 오존을 많이 흡수하기 때문에 이러한 식물을 오존이 많이 발생하는 사무실이나 여름철 창문을 자주 열어 환기할 경우 창가에 두면 좋을 것이다.

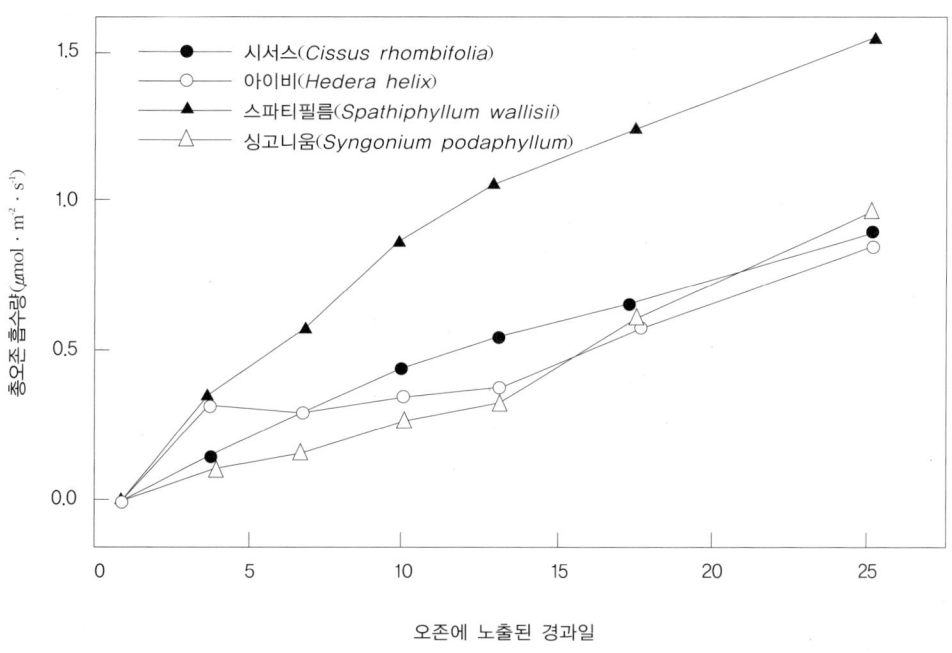

네 가지 식물의 경과일수에 따른 총누적 오존흡수량

공기 비타민(음이온)을 내뿜는 식물, 산세베리아

일반적으로 양이온은 공기가 혼탁한 도회지와 통기가 불량한 실내공기에서 많이 발생하는 반면, 음이온은 폭포나 계곡의 물가, 분수 등과 같이 물분자가 격렬히 운동하는 곳과 삼림 등과 같이 식물의 광합성과 증산작용이 왕성한 곳에서 많이 발생하는 것으로 알려져 있다. 공기 중에 양이온이 많으면 인체에 유해하지만, 음이온이 증가하면 자율신경 진정, 불면증 감소, 신진대사 촉진, 혈액 정화, 세포기능 활성화, 혈색회복 등이 일어난다. 실제로 숲 속에 있는 음이온 양과 도시 내 실내환경에 있는 음이온 양을 비교해보면 엄청난 차이가 있음을 볼 수 있다(표 10 참조).

실내에서 인체에 유해한 양이온을 발생하는 주요인은 각종 전자제품에서 발생되는 전자파이다. 예를 들면 컴퓨터가 많은 실내에서는 양이온이 음이온의 약 15배에 달한다. 부엌의 전자레인지, 냉장고, 에어컨 등도 양이온 발생원이다. 이런 전자기기를 작동하면 양이온이 급격히 증가하는 것을 볼 수 있다. 또한 빼놓을 수 없는 것이 바로 담배연기이며, 실내에서 한 개비만 피워도 양이온이 급격히 증가하는 것을 볼 수 있다.

신축건물의 자재, 옷, 합성된 내부 자재들은 실내에 있는 음이온을 많이 없애는 것으

표 10. 대기환경 중에 포함된 음이온의 입자수

환경	음이온의 양 (개수/Cm^3)
도시지역 실내	30~70
도시지역 실외	80~150
교회	200~300
산야	700~800
숲	1,000~2,200
인체 필요량	700

로 밝혀졌다. 왜냐하면 그들은 양이온 정전기를 띠고 있기 때문이다. 따라서 신축건물 안에는 음이온 양이 절대적으로 부족하다. 일반적으로 실내에서 양이온이 1,000개 이상이면 좋지 않다.

밀폐되어 공기가 좋지 않은 실내의 공기비율을 측정해보면, 자연 속의 공기와 동일하게 산소 농도는 21%이다. 그렇다면 무엇 때문에 불쾌감을 느끼는 것일까? 실제로 공기 속에 포함된 이온을 측정해보면, 자연의 공기는 양이온에 비해 음이온이 압도적으로 많은 반면 실내의 탁한 공기는 정반대인 것을 볼 수 있다. 이런 측면에서 볼 때 좋은 공기는 산소가 많고 적음에 있는 것이 아니라 공기 내 양이온과 음이온의 비율이 어떠냐에 달린 것이다.

●● 식물에서 음이온이 발생할까?

식물은 기공을 통해서 외부로 수분을 방출할 때 음이온을 생성시킨다. 이러한 사실은 광도를 높게 할수록 음이온이 많이 발생하는 것에서도 볼 수 있다. 즉 광합성 작용을 할 때 동시에 증산작용이 높아지므로 음이온이 많이 발생하는 것이다.

이렇게 생각해보면 열대우림 속에는 엄청난 양의 음이온이 발생될 것이라고 짐작할 수 있다. 실제로 식물이 있어서 주위의 상대습도가 높을 때 음이온이 많이 발생한다. 뒤의 그림에서 보는 바와 같이, 식물이 없을 때는 음이온이 일정하지만, 식물수를 늘리면 늘릴수록 주위의 상대습도도 높아지고 이에 따라 음이온수도 증가하는 것을 볼 수 있다.

건강하기 위해서는 실내공기 중에 음이온이 다량 존재해야 하기 때문에, 실내에 식물을 두는 것은 삶의 질뿐만 아니라 건강을 유지하기 위해서도 필수적이라고 할 수 있다. 식물이 실내 음이온 발생에 어느 정도 영향을 미치는지는 아직 조사된 바 없지만, 식물체 주위의 박테리아나 곰팡이 포자의 감소도 바로 이러한 음이온 때문이라는 연구가 있다.

최근에 식물종의 음이온 발생률을 조사해보니 산세베리아가 다른 식물에 비해 약 30배 이상 음이온을 많이 발생하는 것으로 밝혀져 일본에서는 선풍적인 인기를 끌고 있다. 게다가 산세베리아는 다육식물로 밤에 이산화탄소를 흡수하는 특성이 있기 때문에 실내에 일반 관엽식물과 함께 두면 실내공기를 정화하는 데 도움이 많이 된다. 최근 연구에 따르면, 산세베리아 외에도 스파티필름, 관음죽, 팔손이도 다른 실내식물에 비해 음이온을 많이 발생하는 것으로 밝혀졌다.

한편, 앞에서 설명한 바와 같이 실내 공중에 부유하는 오염물질이나 미세먼지 등은 거의가 양이온을 띠고 있는데, 식물에서 발생되는 음이온은 ① 주위의 오염원을 흡착시키거나, ② 양이온 물질과 반응하여 양이온 물질을 안정시키고 침강시키는 역할을 하므로 인체에 좋은 영향을 미칠 뿐만 아니라 오염물질을 제거하는 역할도 하는 것으로 밝혀지고 있다.

산세베리아

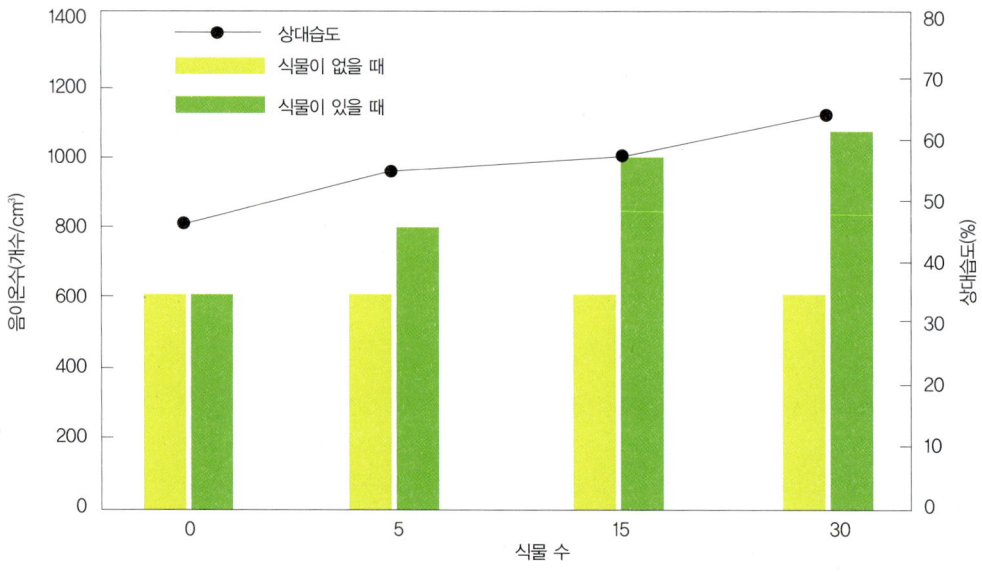

식물 수와 주위 상대습도에 따른 음이온의 변화

냉·난방 및 가습·제습 겸용 바이오필터

우리가 생활하는 주택은 삶의 쾌적성이나 건강을 고려한 실내환경(실내습도, 온도 등) 조절에 대한 구체적 계획 없이 단지 삶의 편리성과 디자인 측면만을 중요시하는 경향이 있다. 따라서 아파트나 사무실에 거주하는 사람들은 여름철에는 에어컨이, 겨울철에는 히터와 가습기가 필수적이다. 에어컨은 실내온도를 낮춰주지만 에어컨 바람에 장시간 노출되면 머리가 아파오고 무기력해지는 등 이른바 냉방병 증세를 경험한다.

겨울철에 가정에서 사용하는 가습기도 실내의 상대습도를 높이기 위해서 필요하지만, 잘못 사용하면 가습기 내에 미생물이 번식하여 오히려 인체에 해를 끼치는 경우도 종종 발생한다.

이러한 현상은 무엇을 의미하는 것일까? 첫 번째는 모든 것을 무생물적으로만 해결하려는 물질문명에 너무 치중한 우리의 삶을 반영하고 있으며, 두 번째는 이러한 시도는 완벽할 수 없으며 계속해서 부작용을 낳게 된다는 사실이다.

그렇다면 식물이 실내환경에는 어떤 영향을 줄까? 실내에 식물을 두면 단지 미적·조경적 차원뿐만 아니라 실내온도나 습도 같은 물리적 환경을 조절함으로써 우리 건강에 지대한 영향을 미친다는 사실은 그다지 알려져 있지 않은 것 같다. 환경조절 측면에서 실내식물 도입의 장점은 ① 공기청정 기능, ② 기계적 장치에 비해 에너지 소비가 전혀 없고, ③ 생명체로서 자정능력이 있으며, ④ 이동이 손쉽고, ⑤ 단순한 온·습도 조절 외에도 다양한 부가적인 기능이 있다는 것이다.

실내 온열환경 중 습도측면에서 보면, 식물의 증산작용으로 실내습도를 얼마든지 조절할 수 있다. 식물은 뿌리로 흡수한 물의 약 1% 정도만 자신의 생명을 유지하기 위해 사용하고, 나머지는 증산작용을 통해서 대기로 배출한다. 중요한 사실은 어떤 물을 주더라도 식물을 통해서 배출되는 수분은 완벽하게 순수한 물이라는 것이다.

실내환경 중 실내식물이 온·습도에 미치는 영향을 연구한 결과를 보면 창 방향에 따라 조금씩 다른 것을 알 수 있다. 예를 들어 동향으로 창이 난 사무실에 식물을 배치한 경우와 배치하지 않은 경우 실내온도의 하루 변화를 조사한 결과, 식물을 배치하는 것이 식물을 배치하지 않은 경우에 비해 온도가 낮은 것으로 나타났으며, 겨울철(12월)과 여름철(7월)에는 오후 1시경에 실내온도가 각각 2.6℃ 및 2.7℃ 차이가 나는 것으로

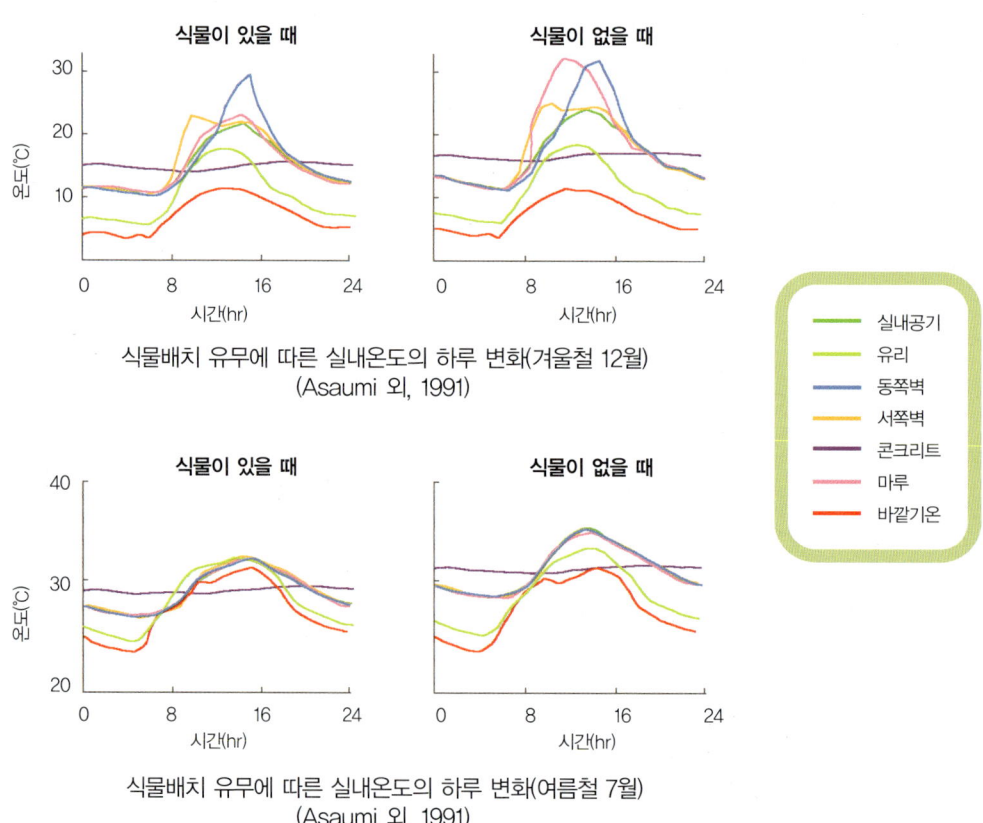

식물배치 유무에 따른 실내온도의 하루 변화(겨울철 12월)
(Asaumi 외, 1991)

식물배치 유무에 따른 실내온도의 하루 변화(여름철 7월)
(Asaumi 외, 1991)

나타났다(그래프 참조). 그러나 이 실험은 관엽식물이 아닌 토마토를 이용해서 한 것이다.

반면에 겨울철 남측에 창이 있는 실내에서 관엽식물로 행한 실험은 앞의 결과와는 상반된다. 우선 한 방에는 방 전체 면적의 약 8% 정도에 해당하는 쉐프렐라 식물을 배치하고, 다른 방은 빈방으로 두어서 관엽식물 유무가 실내 온열환경에 미치는 영향을 조사했다(그래프 참조). 식물을 실내에 배치하면 온도는 밤과 이른 아침에는 약간 낮았지만, 13시경에는 약 1.5℃ 차가 날 정도로 높아진다.

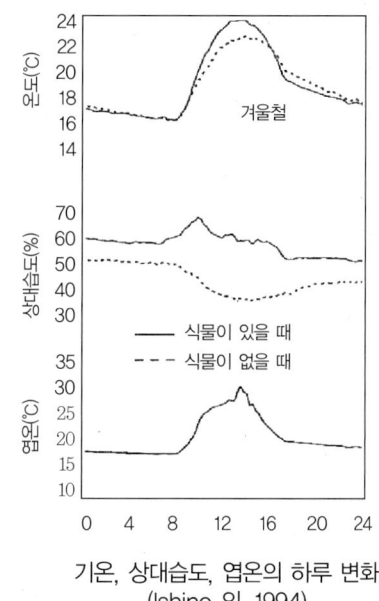

기온, 상대습도, 엽온의 하루 변화
(Ishino 외, 1994)

이것은 빛을 받아 잎의 온도가 실내온도보다 꽤 높아지고(13시에 약 32℃) 증산작용으로 수분이 밖으로 방출될 때 잎에서 실내공기로 전달되는 잠열 양이 많기 때문이다.

한편, 식물을 배치하지 않은 경우 들어오는 빛은 차광되지 않고 막바로 바닥면이나

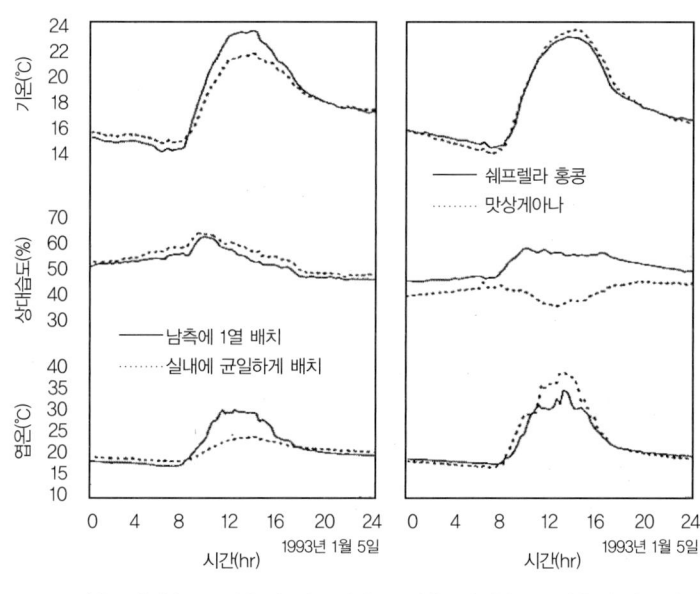

기온, 상대습도, 엽온의 하루변화   기온, 상대습도, 엽온의 하루변화
(Ishino 외, 1994)   (Ishino 외, 1994)

벽면에 도달하게 된다. 이 면들은 열용량이 커서 엽면에 비해 온도가 많이 상승되나, 이 면에서 실내공기로 전달되는 잠열 양은 적다. 따라서 실내온도를 그다지 높이지는 못하게 된다. 상대습도는 식물을 배치한 쪽은 낮 동안 상승하지만, 식물을 배치하지 않은 방은 거의 변화가 없었다. 10~17시에는 식물을 배치한 방의 상대습도가 약 20%나 높게 나타났다.

한편 식물종에 따라서도 차이가 있다. 예를 들면 드라세나 '맛상게아나'(*Dracaena fragrans* 'Massangeana')를 배치한 쪽이 홍콩 쉐프렐라(*Schefflera arboricola* 'Hong Kong')보다도 높았다. 또한 기온은 빛이 들어오는 남측에 일렬로 배치한 쪽이 실내에 균등하게 점배치한 쪽보다 높은 것으로 나타났다. 한편 습도는 식물을 배치한 쪽이 높았고, 쉐프렐라를 배치한 쪽이 드라세나보다도 높았다. 그러나 배치방법에 따른 차이는 별로 없는 것으로 나타났다.

실내에 식물을 배치할 경우 실내습도 변화는 식물의 증산작용에 영향을 많이 받으며, 그 정도는 식물종에 따라 다르다. 예를 들어 실내식물로 많이 사용되는 홍콩 쉐프렐라는 잎을 통한 증산작용이 매우 활발한 반면, 드라세나 맛상게아나는 증산작용을 거의 하지 않는 것으로 밝혀졌다.

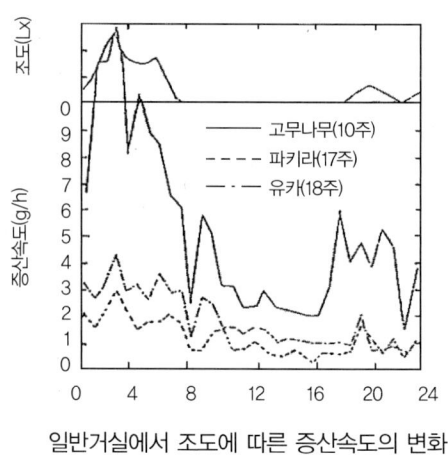

일반거실에서 조도에 따른 증산속도의 변화
(Ishino 외, 1994)

또한 식물의 증산량은 온도, 습도, 빛과 같은 환경인자가 일정하게 유지된다 하더라도 일주기성에 영향을 받는다. 한편, 실내에서 전등을 켜거나 끄는 것과 같은 조도 변화는 증산량 변화에 큰 영향을 미친다.

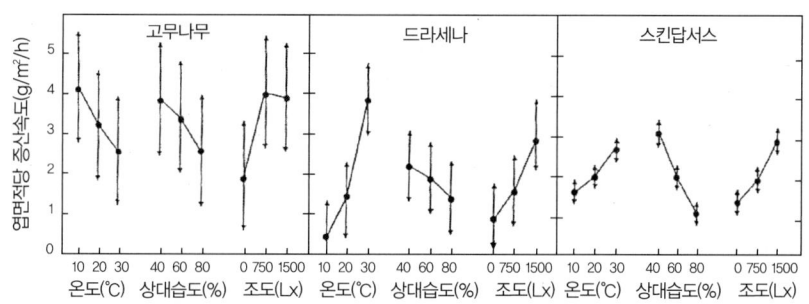

식물별 온도, 상대습도, 조도에 따른 증산속도의 변화(Ishino 외, 1994)

실내식물은 종류에 상관없이 상대습도가 낮을수록 증산량이 증가하고, 조도가 증가할수록 증산량도 증가한다. 반면에 온도는 식물종류에 따라 그 반응이 서로 다르며, 특히 고무나무나 파키라는 온도가 높을수록 증산량이 적어지는 경향을 보인다.

이제 실제 적용할 경우를 이야기해보자. 겨울철에 건조하면 감기에 걸리거나 피부병 등이 생긴다. 실내는 대부분 상대습도가 40% 이하인 반면, 식물을 방 면적의 약 2~5% 정도 두면 습도를 약 5~10% 정도 높일 수 있고, 식물을 8~10% 정도 두면 습도를 20~30% 높일 수 있다. 이때 실내 여러 곳에 나누어 배치하는 것보다는 창측에 일렬로 배치하는 것이 효과적이다.

그렇다면 습도가 높은 여름철에는 어떨까? 식물에 따라 다르지만, 맛상게아나를 실내 여러 곳에 배치하면 상대습도 상승을 3%나 억제한다.

겨울철에 실내의 상대습도를 높이기에 최적인 식물은 아레카야자(황야자), 대나무야자, 네프롤레피스 들이다. 한편 실내의 상대습도가 최적인지 아닌지를 알려주는 지표식물로는 아디안텀을 들 수 있다. 만약 아디안텀을 잎과 줄기가 마르지 않게 잘 기른다면 실내습도가 인간의 쾌적성 유지에도 충분하다는 것을 의미한다. 결국 식물과 더불어 사는 삶, 이것이야말로 삶의 질(green amenity)을 높임과 동시에 최상의 건강법인 것이다.

아디안텀은 빛이 약한 그늘에서도 잘 자라지만 건조하면 줄기가 쉽게 말라버리는 특징이 있다. 따라서 겨울철에 실내에서 잘 기르기 위해서는 자주 스프레이를 해주어야 한다. 이 식물이 죽지 않고 잘 자란다면 실내 습도가 쾌적하다는 것을 의미한다.

실내식물을 이용하여 상대습도를 높이는 두 가지 열쇠

① 가능한 한 햇볕을 많이 받게 한다.
② 음악을 틀어준다. 좋은 음악은 식물의 증산작용을 높인다.

친환경 공기청정기, 녹색식물

식물은 지속적으로 실내의 공기오염물질을 정화하지만, 기기적인 공기정화기와 단기간 비교할 때는 정화량이 적고 속도도 느리다는 단점이 있다. 이러한 점을 보완하기 위해서 최근 식물-배지-토양 미생물을 이용한 공기정화 시스템이 개발되고 있다.

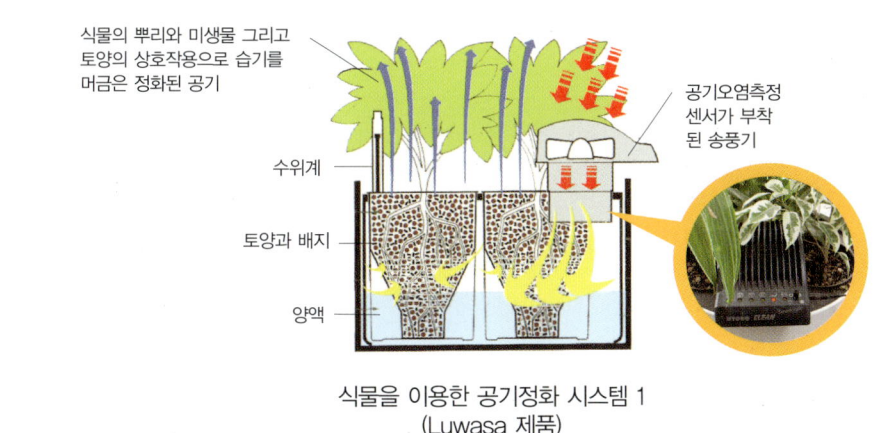

식물을 이용한 공기정화 시스템 1
(Luwasa 제품)

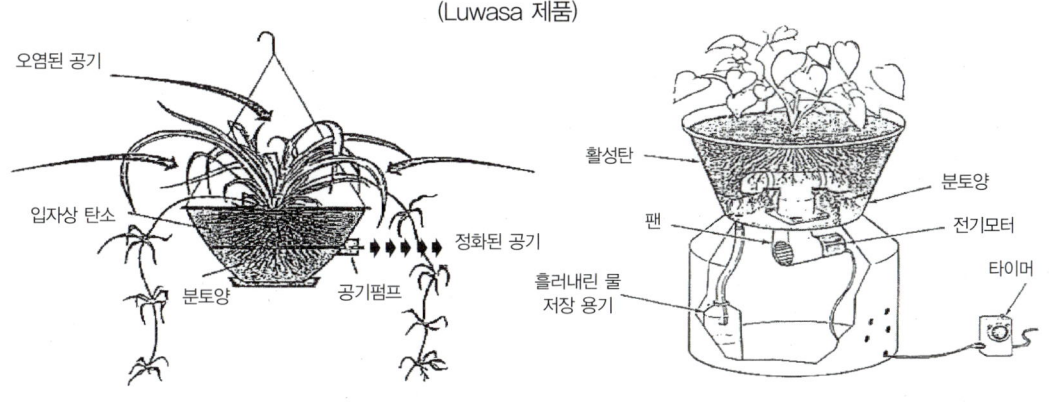

식물을 이용한 공기정화 시스템 2
(Wolverton, 1989)

식물을 이용한 공기정화 시스템 3
(Wolverton, 1989)

외국에서는 저용량이지만 이러한 공기정화 시스템을 개발하여 시판하기도 한다. 예를 들면 하이드로볼 배지를 사용하여 공기 흐름을 원활히 하고, 팬으로 공기를 용기 안으로 흡입하여 물과 배지를 통해서 공기를 정화하는 방법이다.

필자가 특허를 내고 개발하고 있는 소형분도 그 효과를 살펴보면 실제 공기정화기와 비교해 손색이 없다. 용기 시스템은 하이드로볼 배지를 필터로 사용하기 위해서 식물이 생존할 수 있는 특수배지와, 배지 내 공기를 쉽게 밖으로 배출시킬 수 있는 용기형태, 그리고 공기를 강제로 배출시키는 팬장치 등으로 구성되어 휘발성 유기물질을 제거하는데 기존의 공기정화기보다 효과가 더 좋다. 이 시스템은 일차적으로 식물, 이차적으로 배지와 배지 내 토양 미생물을 이용해 휘발성 유기물질을 제거한다.

아래 그림은 개발된 시스템의 효과를 검정하기 위해서 작은 밀폐 챔버(온도 : 24℃, 습도 : 55~60%) 내에 시스템을 두고 일정량의 휘발성 유기물질을 주입한 후 시간에 따라 감소되는 양을 측정한 것이다. 그림에서 보는 바와 같이 밀폐된 챔버 내에 휘발성 유기물질을 일정량 넣고 그냥 두었을 때는 그 농도가 그대로 유지되나, 식물이 없는 배지 시스템(용기 내 식물이 없는 상태)이나 또는 각종 식물이 있는 배지를 넣은 시스템을 가동할 경우, 휘발성 유기물질이 순식간에 정화된다. 단기간의 경우는 식물보다는 배지의 효과가 크지만, 식물에 따라서는 배지와 함께 할 경우 정화능이 훨씬 좋음을 볼 수 있다.

식물을 이용한 공기정화 시스템 4

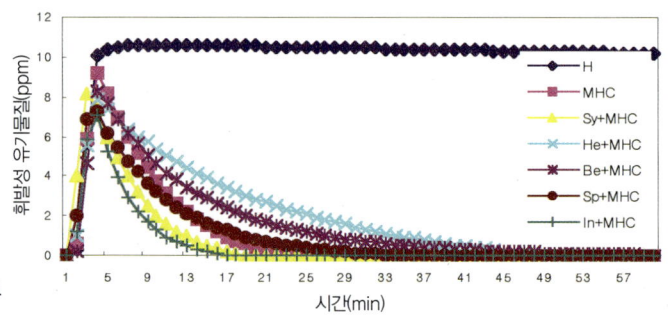

H: 대조군(아무것도 넣지 않은 빈 챔버) MHC: 챔버 내에 특수배지만 넣어둔 것 Sy: 싱고니움 He: 헤데라
Be: 벤자민 고무나무 Sp: 스파티필름 In: 인도고무나무

최근 친환경적 삶의 질 추구와 새집증후군 등으로 수많은 기계적 공기청정기가 개발되어 판매되고 있다. 또한 여러 가지 첨단기술과 소재를 사용하여 실내공기를 정화한다고 하지만, 한편으로 생각하면 인간이 얼마나 어리석은지를 보는 듯하다. 왜냐하면 실내환경 악화의 주범은 앞서 언급한 밀폐된 건물, 환기부족, 내장재에서 나오는 휘발성 유기물질 등으로, 모두 우리가 행복해지려고 스스로 자초한 일에서 발생한 것이기 때문이다.

우리는 이러한 문제가 나타날 때마다 근원적인 해결책을 모색하기보다는 또 다른 기기를 동원하여 문제를 해결하려고 한다. 그야말로 친환경적인 접근보다는 '인위적이고 무생물적인 기기의 개발 → 부작용 발생 → 또 다른 인위적이고 무생물적인 기기의 개발'의 악순환을 거듭하고 있다.

지금까지 '첨단'이란 용어는 자연적이고 생물적인 것이 아닌 인간이 고안하거나 개발한 제품이나 기술에만 수식되는 것으로 이해되었다. 그러나 이제는 첨단이라는 의미가 그렇게 사용되어서는 안 될 것이며, 그야말로 첨단이란 '가장 자연적인 그러나 가장 기술적인' 접근이나 방법에 적용되어야 한다고 생각한다.

최근 엄청나게 많이 판매되는 기계적 공기청정기는 비싸고 주기적으로 필터를 청소하거나 갈아주어야 하며, 용도가 공기청정에 국한되어 있다. 이에 비하여 식물-배지-토양 미생물을 이용한 공기청정 시스템의 장점은 무엇보다도 살아 있는 식물과 함께 하며, 배양토와 토양 미생물을 필터로 사용하는 친환경적(eco-friendly)이고 자연적인 접근이라는 것이다.

이러한 시스템은 단순히 공기청정이라는 단일 목적에 국한되지 않고, 온열환경 조절, 인간의 감정과 정신생리 향상의 원예치료, 녹색 건축재료, 녹색 애완동물과 같은 다중 목적을 지니고 있다.

기분이 좋아지게 하는 실내식물

무생물적인 재료로 둘러싸인 인위적인 공간에 식물을 배치하면 고유의 아름다움으로 우리에게 시각적 즐거움뿐만 아니라 친환경적인 쾌적한 분위기를 연출한다. 연구결과에 따르면, 일상생활에서 경관의 시각적 질이 기분을 긍정적으로 변화시키고 심리적 건강향상과 밀접한 상관관계가 있는 것으로 밝혀졌다. 이 경우 식물의 기분 향상 효과는 실내경관에 대한 선호도와 이미지 평가 등으로 판단해볼 수 있다.

경관에 대한 평가는 사람이 공간을 체험하고 생기는 심리적 반응을 두 형용사를 양극으로 나누고 평가자에게 어느 쪽에 가까운지를 느끼는 정도에 따라 표시하도록 하는 형용사쌍(semantic differential scale) 설문지를 사용하여 실시한다. 일본의 연구사례를 보면, 실내에 식물을 배치한 공간은 식물을 배치하지 않은 공간에 비해 대부분 좋은 기분을 나타내는 형용사에서 더 높은 점수를 받았다. 예를 들면 '마음이 안정된다' '밝다' '온화하다' '고급스럽다' '멋있다'의 형용사에 대해서, 식물을 배치한 공간이 식물을 배치하지 않은 공간보다도 높게 평가되었다.

또한 캐비닛을 배치한 곳은 '팽창감이 있다'고 평가했고, 식물을 배치한 쪽은 '심리적으로 안정되었다'로 평가했다. '밝음-어두움'에 대해서는 실제로 캐비닛만 배치한 쪽은 '어두움'으로 평가되었다. 그러나 캐비닛과 식물을 함께 배치한 곳은 '밝음'으로 평가되었다.

이것은 식물이 있을 때 실내가 심리적으로 '밝다'고 느끼는 것이다. 필자의 실험실에서 행한 사무환경에서 관엽식물의 유무에 따른 경관평가를 알아보기 위해서 감정을 표현하는 다양한 형용사쌍을 비교했을 때, 식물이 없을 때보다 있을 때 기분이 향상된다는 것을 분명히 알 수 있었다.

실내 거주자들은 식물이 없을 때보다 실내식물이 있을 때, '개방적인' '녹색이 짙은' '고급스러운' '마음이 안정된' '동적인' '밝은' 느낌을 받은 것으로 나타났고, 식물을 창가에 한 줄로 배치했을 때보다, 사무실 여기저기에 점재배치했을 때, 실내 거주자들은 '개방적인' '경쾌한' '변화가 있는' '동적인' 느낌을 받은 것으로 나타났다. 또한 한 종류의 식물을 배치했을 때보다 몇 가지 식물을 조합해서 배치했을 때 '고급스러운'

'변화가 있는' '동적인' '화려한' 느낌을 받은 것으로 조사되었다. 실제 적용에 겨울에는 따뜻해 보이면서 습하게 하는 스킨답서스를 배치하고, 여름철에는 차갑고 신선하게 보이는 켄챠야자를 배치하는 것이 좋은 것으로 밝혀졌다.

또한 관엽식물에 대한 선호도를 거주자들의 인상평가(impression evaluation)법으로 조사한 결과에 따르면, '마음이 안정되는' '좋은' 그리고 '옆에 두고 싶은' 식물로는 파키라가 가장 높게 평가되었으며, 스킨답서스, 골든크러스트, 벤자민 고무나무, 떡갈잎고무나무 등도 선호하는 관엽식물로 평가되었다.

여섯 종(아라우카리아, 벤자민 고무나무, 네프롤레피스, 스킨답서스, 아레카야자, 관음죽)의 관엽식물을 심미성, 청량감, 안정성, 질감성으로 요인분석해보면 아름다운 형태를 통해 매력을 느끼는 심미적 요인이 제1요인으로 가장 크게 나타났으며(33.8%), 쾌적함을 느끼는 청량감 요인(27.5%), 안정감 요인(20%), 그리고 거칠고, 딱딱한, 부드러

식물배치에 따른 심리적 반응

운 등과 같은 질감성 요인(19%)이었다(표 11 참조). 결과적으로 시각적으로 인식되는 이미지는 질감이나 안정감보다 심미성과 쾌적성이 더 중요하게 인식되는 것을 알 수 있었다. 그러나 뇌파측정과 같은 정신생리적 연구에 따르면 녹색식물은 인간의 안정감에 지대한 영향을 미치는 것으로 나타났다.

따라서 실내공간 조성시 선호하는 실내식물을 적정 비율로 아름답게 장식하면, 긍정적이고, 밝고, 편안한 느낌을 받으며, 생명력(vitality)이 고양될 것이다.

표 11. 관엽식물 여섯 종의 이미지 평가에 따른 요인분석 결과와 형용사쌍

요인	1 요인	2 요인	3 요인	4 요인
	심미성	청량감	안정감	질감성
형용사쌍	독특한-평범한 흥미있는-지루한 인상적인-인상적이지 않은 이국적인-전원적인 마음을 끄는-마음을 끌지 않는 화려한-소박한 아름다운-아름답지 않은	시원한-답답한 밝은-어두운 싱그러운-싱그럽지 않은 산뜻한-우중충한 상쾌한-불쾌한	자연스러운-인공적인 편안한-긴장한	섬세한-투박한 매끄러운-거친 부드러운-딱딱한
점유율(%)	33.8	27.5	20.0	19.0

정신건강에 도움을 주는 녹색식물

●● 녹색식물은 인간의 정신을 맑게 한다

인간의 뇌는 대략 1,000억 개의 신경세포로 되어 있으며, 뇌 부위 중 가장 큰 부분이 대뇌다. 대뇌는 좌우 대칭인 두 개의 반구(hemisphere)로 되어 있는데, 각각 반대쪽의 신체를 조절하지만 그 기능은 대칭이 아니다. 즉 오른손잡이인 경우에는 좌반구가 우세 반구로서 언어, 수학, 추상능력, 논리적 인식, 순차적 인식이 우세한 반면, 우반구는 비우세 반구로 비언어적 인식, 통합적 기능, 문양의 인식, 감정적인 기능, 예술적 기능, 사회적인 역할의 인식 등 시각·공간적 인식에 우세하다고 알려져 있다.

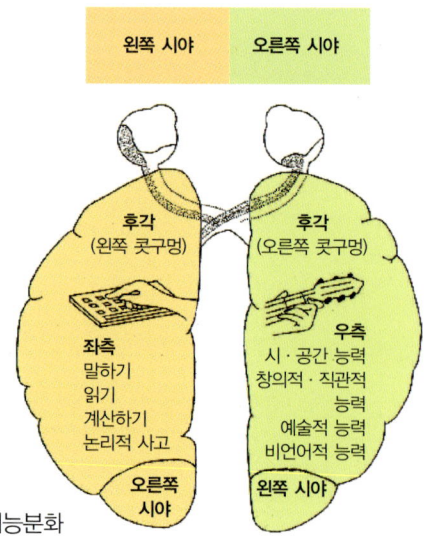

좌·우반구의 기능분화

뇌의 생리적 활동을 측정하는 뇌파측정(EEG : electroencephalography)은 보통 두피 위에 전극을 부착하고 뇌신경세포에서 생기는 전기활동을 검출하여 증폭하여 기록한 것이다. 뇌파는 활동, 수면이나 의식상태에 따라 파동이 변하므로 뇌의 동적 기능을 반영하는 검사로 유용하며, 정신생리학적 뇌기능 연구방법으로 선호되고 있다. 뇌파는 주파수에 따라 크게 δ, θ, α, β로 나뉜다.

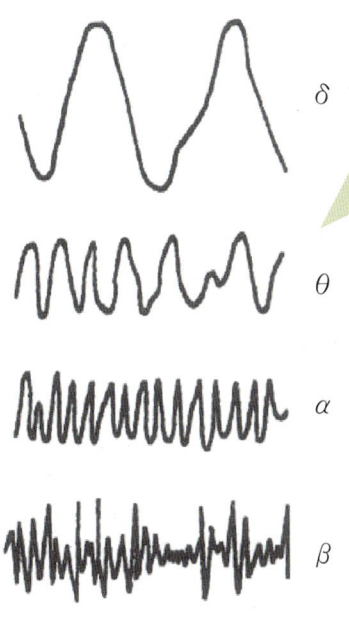

뇌파별 특징

뇌파(EEG : electroencephalography)는 δ, θ, α, β로 나누어 측정된다. δ파(delta wave)는 0.2~3.99Hz로 젖먹이 유아의 각성시 및 소아, 성인의 수면시 나타나며, 병적으로는 뇌기능 저하, 뇌혈관 장애, 뇌종양, 뇌염, 의식장애 등에서 볼 수 있다. 때로는 정상인에게도 출현하며, θ파와 함께 '서파(徐波)'라 한다. θ파(theta wave)는 4~7.99Hz로 아동에게 흔히 나타나며, 성인은 경계심이 감소되었을 때 나타난다. 전두엽, 측두엽에서 두드러지게 나타나며, 유쾌하지 않을 때나 졸린 경우에 잘 나타난다. α파(alpha wave)는 8~12.99Hz로 정상 성인의 각성, 안정, 폐안 상태에서 잘 보인다. 성인의 경우 세포밀도가 큰 후두엽, 두정엽에서 우세하다. 10Hz 전후가 많으며, '안정파'라고도 한다. 감각자극을 주면 α파는 억제되는데 특히 눈에 광선을 비추면 0.27~0.5초 후에 뚜렷이 억제된다. β파(beta wave)는 13~30Hz로 정상 성인이 각성시 진폭이 20μV 이하로 전두엽, 중심엽, 측두엽에 비교적 많이 나타난다. 불안, 긴장, 암산 등 정신활동 및 개안, 자극, 통증 등 흥분시에 나타나며, '활동파'라고도 한다.

뇌파측정을 통해 식물이 인간의 정신생리에 미치는 영향을 알아보기 위해, 남녀 대학생을 대상으로 식물이 없는 상태와 파키라(*Pachira aquatica*) 또는 반입벤자민 고무나무(*Ficus benjamina* 'Star Light')를 본 상태에서 뇌파검사를 해서 비교하였다.

실험은 방 세 개를 선정하여 식물이 없는 대조군 방에는 철재 캐비넷과 책상, 다른 한 방은 파키라, 또 한 방에는 반입벤자민 고무나무를 배치하여 뇌파를 측정하였다. 실험결과 파키라를 보았을 때 눈뜬 상태에서 δ파의 감소 경향이 유의하게 나타났으며, 반입벤자민의 경우는 눈뜬 상태에서 유의한 δ파 감소와 전반적으로 α파의 상승이 나타났

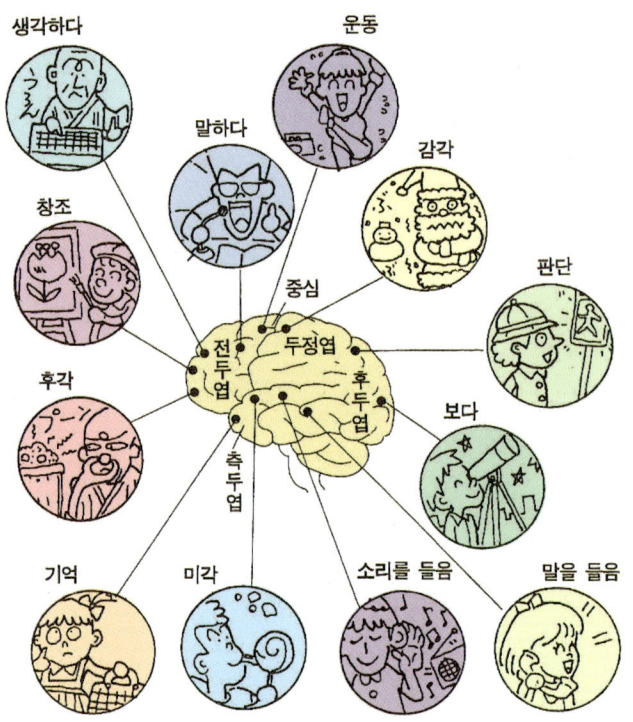

뇌부위별 기능과 역할(안도 유키오 감수, 1995)

다. 이는 뇌의 좌반구와 전측두부와 측두부의 활동력이 좀더 높아진 상태로 사고와 기억력을 관찰하는 부위에서 활동력이 증가된 것을 의미하는 것이다.

　이러한 연구로 실내식물의 녹색은 언어, 기억, 정서 기능을 담당하는 측두엽의 일부 기능, 그리고 각종 감각정보의 통합과 인상을 주관하는 두정엽의 일부 기능의 활성에 영향을 미치는 것을 알 수 있었다.

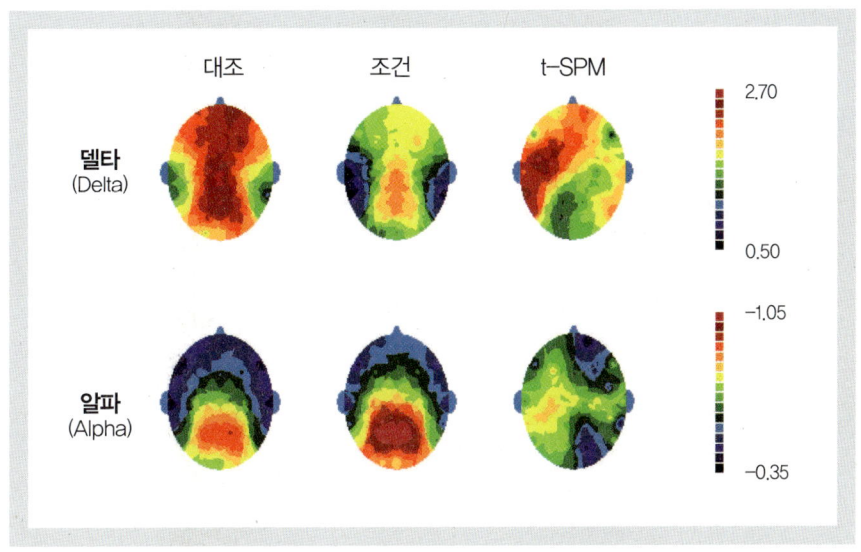

단지 방안을 보는 상태(대조)와 실내식물을 보는 상태(조건)에서 뇌파진폭의 유의성 검정(t-SPM)
(식물(벤자민 고무나무)을 보고 있을 때는 델타파가 감소하고 알파파가 증가한다.)

●● 그렇다면 녹색만이 최고인가?

환경은 수많은 요소를 포함하고 있으며, 인간은 오감을 통해서 주위의 자극을 받아들인 다음 뇌에 지각하여 적절히 반응한다. 이 중 시각은 오감의 약 87%를 차지하는 가장 중요한 자극 수용체이다.

본다는 것은 크게 나누어 형태, 색채, 질감으로 구분할 수 있다. 이 중 형태란 결국 색채와 명암의 차이에 따라서 지각되는 것이기 때문에, 이런 의미에서 자연은 수많은 색의 복사원(radiation source)이라고 할 수 있다.

사람은 자연스럽게 이러한 색을 접하고 있기 때문에 색이 미치는 심리적·정신적 작용의 영향력을 간과하고 있으나, 실제로는 무의식적 수준에서 엄청나게 많은 영향을 받고 있다. 예를 들어 주변 환경 중 빨간색 배경이 있을 때 느끼는 불안감과 나무와 같은 녹색배경이 있을 때 느끼는 평안함을 비교해보면 쉽게 이해가 될 것이다.

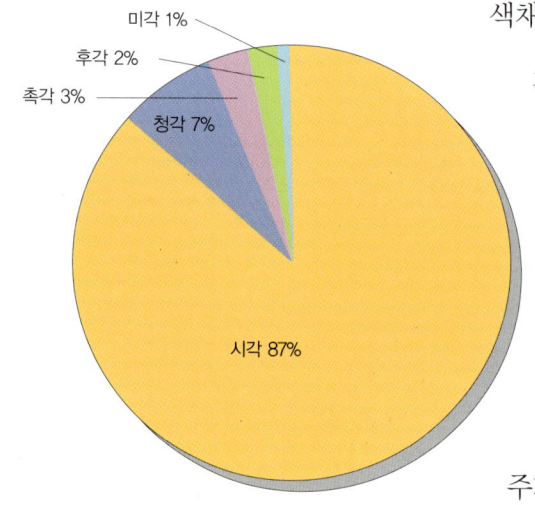

오감의 작용

색채 전문가들에 따르면, 노랑은 신진대사를 촉진하고, 빨강은 기분을 고조시켜서 근육을 긴장시키고 흥분하여 맥박이 빨라지게 한다. 파랑은 기분을 느긋하게 하며 근육이 느슨해지는 효과를 나타내나, 동맥이 수축되고 혈압은 높아진다고 한다. 녹색은 불균형을 초래한 마음을 원상태로 돌려주기 때문에 모세혈관을 넓혀 고혈압인 사람에게 안성맞춤이며, 스트레스가 쌓였을 때 녹색을 접하면 신체에 좋은 자극을 줄 수 있다.

실내식물 및 다양한 색채가 인간의 심리나 정신생리에 미치는 영향을 객관적으로 조사하기 위해서 신문, 빨강, 노랑, 파랑, 녹색, 식물사진, 실제 식물을 보았을 때 뇌파와 안면부 온도, 심리적 반응을 조사한 결과를 보면 매우 흥미롭다.

피시험자가 벤자민 고무나무를 쳐다보는 것은 신문을 쳐다보는 것에 비해 전반적으로 뇌의 활성도를 높임과 동시에 안정도를 유지시켜주는 것으로 나타났으며, 특히 좌측 측두엽과 전두엽 부위에서 두드러진 양상을 보였다. 파랑과 노랑, 실제 식물(벤자민 고무나무)을 본 그룹은 단지 신문을 쳐다본 그룹에 비해 α파가 두정엽과 후두엽 부위에서 증가된 양상을 보였으며, 반대로 빨간색을 본 그룹은 α파가 두드러지게 감소하였다.

이러한 결과는 빨간색이 불안과 긴장감을 야기시킨다는 신체적인 반응과 기존에 알려진 사실이 잘 일치하는 것이다. 또한 β파는 빨간색을 제외하고는 파랑, 노랑, 녹색, 그리고 실제 식물사진을 볼 때 전반적인 감소를 보여, 이런 색이 안정감을 주는 것으로 나타났다. 결과적으로 빨간색은 α파를 감소시키고 β파를 증가시켜 안정 유지나 집중력 향상에 부정적인 영향을 미치는 것으로 나타났다.

한편, 색깔에 대한 시각적인 자극반응이 감정에 어떤 영향을 미치는가 하는 조사에서는 슬픈 느낌은 파랑 자극, 행복한 느낌은 노랑과 녹색과 연관된 자극, 느긋한 느낌은 파랑, 노랑, 그리고 녹색과 연관된 자극에서 나타났으며, 빨강의 자극은 분노, 공격성, 긴장된 느낌을 주는 것으로 나타났다. 전체적으로 볼 때, 녹색과 연관된 반응, 즉 실내식물과 식물사진, 녹색은 안정감, 느긋한 느낌, 행복한 느낌을 주었다. 결과적으로 녹색계통 및 녹색식물은 인간의 정신생리뿐만 아니라 감정에도 좋은 영향을 미친다는 것을 알 수 있다(표 12 참조).

표 12. 여러 가지 색채자극에 대한 감정적 반응지수

감정표현	신문	빨강	파랑	노랑	녹색	식물사진	실제 식물
슬픈	1.48±1.68	1.76±2.15	3.48±2.50**	1.12±1.56	1.84±2.03	0.84±1.31	0.48±0.77
행복한	0.72±1.10	1.32±2.27	2.04±1.96	3.36±2.99**	3.00±2.02**	4.04±1.84**	3.72±1.79**
화난	2.08±1.91**	2.40±2.20**	1.08±1.32	0.92±1.71	0.52±0.92	0.52±0.92	0.56±0.77
분명치 않은	5.20±1.96**	2.08±2.45	1.64±1.82	1.68±2.34	1.68±2.11	1.48±2.18	1.64±2.02
평안한	1.16±1.34	0.96±1.67	2.84±2.44**	2.88±2.09**	3.92±1.80**	4.16±1.81**	3.92±1.93**
긴장된	2.24±2.27	4.24±1.88**	2.32±1.95	1.16±1.75	1.04±1.64	0.72±0.84	0.92±1.50
따분한	3.12±2.07*	1.08±1.35	1.48±1.78	2.12±2.07*	1.96±2.15*	1.12±1.74	1.20±2.08
두려운	1.40±1.78	4.16±2.19**	1.72±1.96	0.60±1.12	0.64±0.99	0.80±1.22	0.76±1.64

(평균 ± 표준편차)

(*, ** 표시가 있는 것은 통계적으로 확실한 차이가 있다는 것을 의미함.)

●● 머리를 맑게 하는 식물이 따로 있나?

녹색식물이 정신을 맑게 하고 긍정적인 감정을 갖게 한다는 사실이 알려지면서 많은 사람들이 어떤 식물이 좋은가에 관심을 가지게 되었다. 마치 먹으면 몸에 좋은 식물을 구하듯이 보면 정서에 좋은 식물을 구하는 것이다. 과거에 이러한 것에 대한 연구가 없었기 때문에 식물의 특성에 따른 정신생리의 변화를 비교·실험하였다.

실험에는 일반적인 사무실 환경을 기본으로 하고, 잎모양이 비교가 되는 아라우카리아와 벤자민 고무나무, 잎크기가 대비되는 네프롤레피스와 스킨답서스, 수형이 다른 관음죽과 아레카야자를 선정하여 남녀 대학생 72명을 대상으로 뇌파검사를 실시하였다.

실험결과를 요약하면, 식물의 유무에 따라서는 차이가 분명히 나지만 식물의 종류에 따라서는 큰 차이를 보이지 않았다. 즉 관엽식물의 관상에서 잎모양, 크기 및 수형의 차이는 그것을 바라보는 사람들의 뇌파에 큰 영향을 미치지 않는다는 결과를 얻었다. 결국 감정을 활성화하고 정신생리를 향상하기 위해서는 특별한 식물이 필요한 것이 아니라 녹색이 있는 어떤 식물이라도 함께 생활하면 좋다는 것이다.

정신분열증(조현병) 환자 치료에 효과적인 녹색식물

정신분열증(조현병 : schizophrenia)은 망상, 환각, 사고장애, 긴장성 행동, 음성증상(negative symptoms) 등이 주요 증상으로 나타나는 질병이다. 그 원인은 유전적 요인, 생화학적 요인, 심리학적 원인 등 여러 가지가 있을 수 있다. 정신분열증은 전 인구의 약 1%가 발병될 정도로 빈도가 비교적 높고, 젊어서 발병하며, 경과가 만성적이라는 특성이 있다.

정신분열증 환자는 치료환경을 조성하는 데 특별한 관심을 기울여야 하는데, 이는 질병의 특성상 심리적 안정이 매우 중요하기 때문이다. 최근 뇌영상화기술 발달, 비전형적 항정신병 약물 개발, 음성증상 개념의 발달, 병의 경과와 예후에 영향을 미치는 사회·심리적 요인에 대한 연구 등으로 정신분열증에 대한 이해가 크게 증진되었다.

지금까지 정신분열증 환자의 뇌파에 대한 의미 있는 연구가 많이 보고되었는데, 대체로 알파파의 평균 주파수 감소, 알파파의 스펙트럼 파워 감소 및 델타파 스펙트럼 파워 증가, 전두엽 부위에서 델타파 증가가 두드러지는 것으로 알려져 있다.

녹색식물은 단순히 예방차원의 건강유지 방법일까 아니면 실제 치료 수단으로 사용이 가능할까? 최근 실내식물이 인간의 정신생리에 미치는 영향에 대해서 일반인을 대상으로 조사하여 좋은 결과를 얻었지만, 정신분열증 환자에게는 어떤 영향을 미칠지에 대해서는 아무것도 알려진 바가 없다. 실내식물이 정신분열증 환자들의 뇌파 변화에 미치는 영향을 이해한다면, 뇌손상 환자와 정신분열증 환자들의 주거 및 치료 환경개선에 실내식물을 더 잘 활용할 수 있을 것이다.

여자 15명, 남자 9명, 총 24명의 정신분열증 환자를 대상으로 식물이 없는 방(대조군)과 식물이 있는 방으로 나누어, 식물이 있는 방에는 벤자민 고무나무 화분을 벽면에 배치하여 정신분열증 환자가 바라보게 하였다. 그 결과, 눈을 뜬 상태에서 세타(theta), 알파(alpha), 베타(beta)파는 식물이 있을 때와 없을 때 차이가 없었지만, 델타파는 뒤 그림의 주홍 표시를 한 부위에서 감소되는 것이 발견되었다.

이 부위는 인격 기능, 언어 표현, 주의(attention), 이성적 사고, 지남력을 담당하는 전두엽과 인지(cognition), 감각 정보 통합, 계획 개념 형성, 행동 등을 주관하는 전전두엽이다. 또한 언어, 청각, 감정 표현, 기억 기능을 담당하는 측두엽에서 델타파가 유의하게 감소되어 뇌의 활성도 향상이 관찰되었다. 이와 같은 결과는 정신분열증 환자들에게 나타나는 전형적인 이상 소견 부위가 식물의 시각적 자극으로 호전된 것을 보여주는 것이다.

한편, 확장기 혈압에서는 큰 변화가 없었지만, 수축기 혈압이 121에서 117로 유의한 감소를 보였고, 맥박도 식물이 있을 때 유의하게 낮아지는 것으로 나타났다(표 13 참조).

표 13. 식물이 정신분열증 환자의 혈압과 심박동에 미치는 영향

항목	대조군	녹색식물을 보고 있을 때	차이
수축기(최고) 혈압(mmHg)	121.04	111.70	***
이완기(최저) 혈압(mmHg)	78.17	74.95	ns
심박동수(beat/min)	79.56	69.13	*

(ns는 서로 차이가 없다는 것이고, *는 통계적으로 확실히 차이가 있음을 나타낸다. *가 많을수록 확실한 차이가 있다는 것을 뜻한다.)

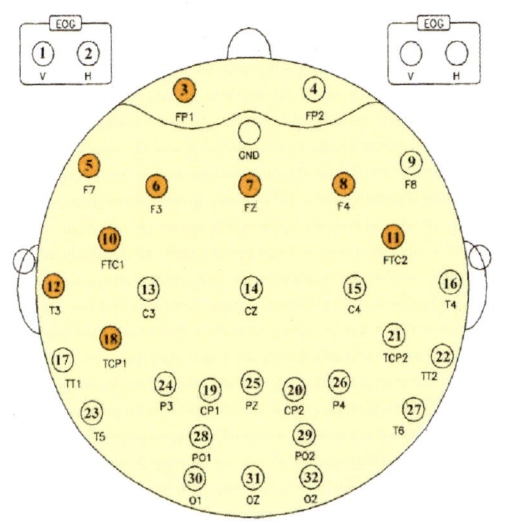

> 식물이 없는 방을 본 대조군에 비해 녹색 식물을 본 실험군에서는 주홍색으로 표시된 부분의 델타파가 현격히 감소하였다.

정신분열증 환자를 대상으로 한 실험에서 뇌파 중 델타파가 현격히 차이가 나는 부위들

이는 심리적 안정과 직결되는 스트레스 해소에 식물이 긍정적인 영향을 미치는 것으로 판단된다.

실제로 19세기부터 최근까지도 정신분열증 환자에게 식물과 함께 하는 원예활동을 치료법으로 많이 활용하고 있다. 그동안 원예활동이 주는 효과를 정신생리적으로 정확히 파악한 바는 없지만, 이 실험 결과 지각과 인지 등 정보처리과정에서 전반적인 감퇴 기능을 보이는 정신분열증 환자에게 실내식물을 임상적으로 적용함으로써 실질적인 효과를 얻을 수 있다는 가능성을 제시하였다. 뇌손상 환자와 다른 환자의 주거 및 치료환경개선에 실내식물이 반드시 필요하다는 것을 제시해주고 있는 것이다.

정신생리에 영향을 주는 꽃꽂이 스타일

꽃을 이용하는 꽃꽂이는 시각적으로 표현될 수 있는 중요한 조형예술의 하나다. 꽃예술은 고대부터 인류문명과 함께 발달하였다. 꽃에 대한 관상가치 평가는 민족과 사회환경, 전통문화 및 개인에 따라 차이는 있으나, 꽃이 지니고 있는 분위기와 아름다움은 시공간을 뛰어넘어 언제나 사람에게 안정감과 행복감, 위안을 준다.

그러나 지금까지의 꽃꽂이 기능은 단순히 미적이나 관상적 가치 정도에 한정되어왔으며, 실제로 꽃꽂이가 인간의 심리적 측면에 미치는 영향을 연구한 것은 거의 없는 실정이다. 그 이유는 인간의 감정을 정량화하는 것이 곤란하기 때문이며, 전통적으로 꽃꽂이는 기능적인 측면에서보다 취미생활 정도로 여겨왔기 때문이다.

꽃꽂이는 크게 동양식 꽃꽂이와 서양식 꽃꽂이로 나눌 수 있다. 동양식 꽃꽂이는 선과 공간 표현에서 오는 여백의 미를 살렸으며, 곡선이 있는 나뭇가지를 사용하여 가지와 가지 사이에 조형적인 공간을 확보하였다. 동양식 꽃꽂이는 상업성이나 기능성 대신 정신적인 요소를 강조하였다.

반면, 서양식 꽃꽂이는 예술적 원리를 적용한 기하학적인 구성으로 전체적인 형태와 디자인을 중요시하며, 화려하고 다양한 색과 복합적인 소재배합(3색, 5색 배합)과 플로랄폼을 사용하였다. 소재를 풍부하게 사용해 색채미와 조형적 아름다움을 연출함으로써 사용 주체의 장식성에 그 목적을 두었다.

서양식과 동양식 꽃꽂이의 이러한 현저한 차이는 감상자의 기호나 이미지에도 상당히 다른 영향을 미칠 것이며, 또한 정신생리에도 다른 영향을 줄 것이다. 동양이나 서양식 꽃꽂이가 인간의 정신생리에 미치는 영향을 뇌파측정으로 비교해 매우 흥미로운 결과를 얻을 수 있었다.

두 가지 모양의 꽃꽂이를 별개로 감상하는 동안 뇌파를 측정했을 때, 동양식 꽃꽂이는 비언어적 인식, 통합적 기능, 문양 인식, 예술적 기능 및 감정 기능에 연관이 많은 우반구의 활성화와 관련이 많고, 서양식 꽃꽂이는 언어, 수학, 추상 능력, 논리적 인식 등 비감정적인 기능과 관련이 많은 좌반구의 활성화와 관련이 많은 것으로 나타났다.

이러한 점은 동양적인 것은 정(靜)적이고 정서적인 반면, 서양적인 것은 동(動)적이고 논리적이라는 이미지와 연관이 있다고 평가된다.

최근 들어 우반구에 손상을 입은 환자에게는 비언어적인 치료방법을 시행하고, 좌반구가 손상된 환자에게는 언어적인 방법으로 치료적 접근을 시행하는 것이 기억력 향상에 도움이 된다는 의학적인 이론과 더불어 임상이 개발되고 있다. 이런 측면에서 볼 때, 우반구가 손상된 환자에게는 동양식 꽃꽂이를 실시하고, 좌반구가 손상된 환자에게는 서양식 꽃꽂이를 실시하여 재활을 위한 원예치료적인 접근을 시도해봄직도 하다.

실험에 사용한 서양식 꽃꽂이

실험에 사용한 동양식 꽃꽂이

동양식 꽃꽂이는 우반구를, 서양식 꽃꽂이는 좌반구를 활성화시킨다.

피로회복제, 녹색식물

●● 컴퓨터 작업시 눈의 피로와 어깨결림을 완화해주는 녹색식물

현대인의 삶은 새집증후군과 더불어 소위 '테크노 스트레스(techno-stress)'라고 불리는 작업자의 신체적·정신적인 스트레스와도 밀접한 관계가 있다. 지금은 컴퓨터가 발달하여 밖에 나가지 않고서도 모든 것을 해결할 수 있는 internet survival 시대가 도래하였다.

하지만 컴퓨터가 인간에게 항상 이로운 것은 아니다. 예를 들어 컴퓨터를 사용하는 사람은 그렇지 않은 사람보다 스트레스를 훨씬 많이 받는 것으로 보고되었다. 또한 지속적으로 동일한 동작을 수행함으로써 신체적·정신적 통증을 호소하는 'VDT(visual display terminal)증후군'이 급속하게 증가하고 있다. 여기서 VDT란 우리가 흔히 보는 컴퓨터 모니터와 같은 단말기를 말한다.

현재 VDT 사용이 폭발적으로 증가하였고, 그에 따른 다양한 'VDT증후군'이 발생하고 있다. 이것은 장시간 각종 컴퓨터 화면에 눈을 근접

시킨 상태에서 신경을 집중하기 때문에 발생하는 일종의 '스트레스 증후군'이라고 할 수 있다. 여기에는 눈의 피로, 시력 저하, 팔과 어깨 통증, 심신 피로, 판단력 저하 등의 가벼운 증상에서 두통, 유산, 이상출산, 불임증 등 중증 장애까지 포함되는 것으로 알려져 있다.

'VDT증후군'의 증상 중에서 가장 빈도가 높고 사회적인 관심이 높아지고 있는 것은 안과적 문제이다. 대표적인 안기능의 변화를 살펴보면, 조절기능의 장애와 이 때문에 나타나는 안정피로(asthenopia), 전자기파의 작용으로 나타나는 것으로 알려진 근시화, 안구건조증으로 나타나는 눈물막 파괴 시간(TBUT : tear film break up time) 감소, 조절 긴장 상태 출현으로 생기는 안압 상승 등이다.

최근 들어 이에 대한 대책의 하나로 많은 컴퓨터가 집중적으로 배치된 사무실에 실내식물을 도입하여 테크노 스트레스에서 오는 증상 및 신체적인 장애를 예방하거나 치료하고자 하는 원예치료적 연구가 시도되고 있다. 실제로 VDT 작업 도중과 작업 후에 나타나는 시각의 피로도를 눈 깜박임 횟수(flicker) 측정기를 이용해서 조사한 결과, 실내식물을 옆에 두고 작업할 때 시각 피로도가 완화되고 작업 후에는 회복된다고 보고된 바 있다.

또한 실내식물이 VDT증후군의 증상 완화에 어느 정도 효과가 있는지를 측정하기 위해서 VDT 화면을 장기적으로 주시하면서 생활하는 직장인을 대상으로 컴퓨터 모니터 또는 녹색 실내식물을 각각 3분씩 주시하고 있을 때 시각 피로도, 눈물막 파괴 시간, 눈 깜박임 횟수, 상안검거근(눈꺼풀 근육 : levator palpebrae superioris muscle)의 근전도, 상승모근(목어깨선 근육 : upper trapezius muscle)의 근전도를 측정하여 비교해 보았다.

VDT 자극시에 비해 녹색식물을 주시할 때 눈물막 파괴시간이 연장되었다. 이러한 사실은 눈각막 보호에 필수적인 눈물막 형성이 연장되어 VDT증후군에서 나타날 수 있는 안구건조증이 예방된다는 것을 나타낸다. 한편 눈 깜박임 횟수 감소와 시각 피로도가 감소되었다는 것은 녹색식물이 눈과 연관된 VDT증후군의 증상을 완화하는 데 기여했다는 것을 의미한다.

또한 VDT 자극이 많은 곳에 실내식물을 배치했을 때 상안검거근과 같은 눈주위 근육이나 상승모근과 같은 어깨근육의 수축 빈도와 전위가 낮아졌다. 이러한 사실은 VDT 자극으로 나타나는 눈 주위의 근육과 등과 어깨겨드랑이 근육의 피로도나 긴장도가 녹색식물을 볼 때 낮아져 VDT증후군을 예방하거나 증상을 완화하는 데 녹색식물이 도움을 많이 준다는 것을 뜻한다.

결론적으로 사무실이나 작업 공간, 특히 VDT를 많이 사용하는 공간에 실내식물을 배치하면 VDT증후군 예방이나 증상 완화에 도움이 많이 될 뿐만 아니라 그에 따른 작업능률도 높아진다. 녹색식물 없이 생활한다는 것은 생각만 해도 우울해진다. 컴퓨터 작업할 때는 항상 모니터 옆에 녹색식물을 두어 자연스럽게 볼 수 있게 하자.

표 14. 실험대상자가 컴퓨터 모니터 또는 모니터 옆 실내식물을 주시할 때 눈물막 파괴시간, 눈 깜박임 횟수, 시각 피로도의 차이

측정 항목		모니터	모니터 옆 녹색식물	차이
눈물막 파괴시간	오른쪽 눈	4.7	6.2	***
	왼쪽 눈	4.1	5.3	*
눈 깜박임 횟수		30.2	20.7	*
시각 피로도		15.3	8.3	***

(식물은 켄차야자와 드라세나 맛상게아나를 두었음. *가 있다는 것은 차이가 난다는 뜻이며, *가 많을수록 더 분명한 차이가 있다는 뜻임.)

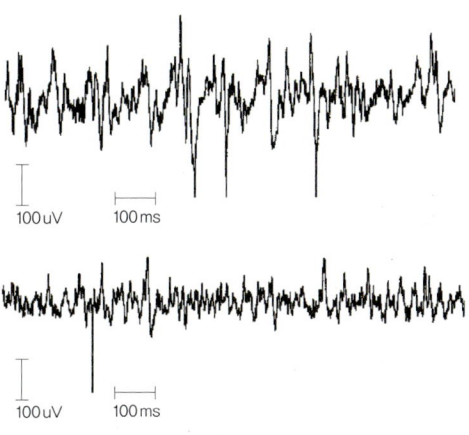

VDT 화면을 주시하고 있을 때에 비해 실내식물을 볼 때 상승모근 근전도의 전위가 낮아짐(위 : VDT화면 자극시, 아래 : 실내식물 자극시)

상승모근의 근전도 전위차 비교

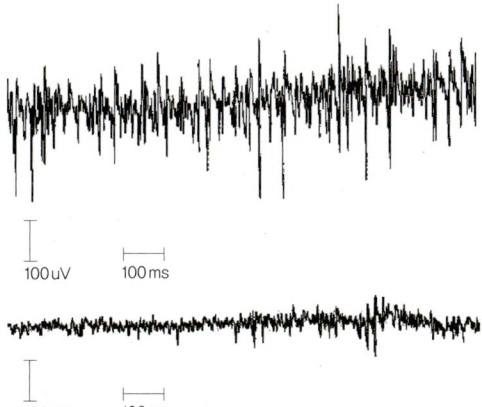

VDT 화면을 주시하고 있을 때에 비해서 실내식물을 주시하고 있을 때 근육의 수축빈도와 전위가 명확히 감소함 (위 : VDT화면 자극시, 아래 : 실내식물 자극시)

상안검거근의 근전도 차이 비교

식물을 둘 때는 반드시 꽃도 함께

좋지 않은 작업환경과 업무 중 스트레스로 현대 직장인에게는 정신적·심리적·신체적으로 건강에 대한 부담이 가중되고 있다. 또한 대부분 실내에서 생활하는 현대인에게 실내환경의 질은 건강문제와 직결된다고 할 수 있다. 지금까지 살펴본 실내식물 경관이 인간의 스트레스 완화에 미치는 영향에 대한 연구는 녹색의 관엽식물 중심으로 이루어졌다. 그러나 꽃과 분화식물도 인간에게 긍정적인 정서와 감성을 유발할 뿐만 아니라 실내환경의 미적 효과를 높여주는 것으로 알려져 있다.

그렇다면 녹색의 관엽식물과 꽃피는 식물을 함께 두면 어떻게 될까? 이에 대한 궁금증을 풀기 위해서 필자의 실험실과 농촌진흥청 원예연구소가 공동으로 실제 업무환경에서 식물이 없는 사무환경, 관엽식물·분화식물·관엽식물과 분화식물을 복합 배치한 사무환경에서 각 환경별 작업자의 스트레스 감소 효과와 정신생리 향상에 대해 조사해 보았다.

실험에는 사무직 근로자 남녀 108명이 참여하여, 검사 전에 컴퓨터작업을 30분간 실시하여 개인간 업무부하에 대한 심신의 차이를 최소화했다. 실험 시작 전 기초반응을 측정한 후, 암산 스트레스 자극을 받은 다음 각 환경에 노출되어 스트레스 상태에서 회복될 때의 반응을 알아보았다.

그 결과, 다른 경관에 비해 복합식물(관엽식물+분화식물) 경관에서 특성불안과 혼돈감이 더 많이 감소되었고, 우호감은 더 높게 나타났으며, 현 상태의 불안감 감소 효과가 크게 나타났다. 또한 전두엽과 측두엽의 델타파 감소와 후두엽의 알파파 증가, 두정엽의 베타파 감소로 정신생리 향상효과가 뛰어났으며, 말초혈류량의 증가와 심박수, 피부 전기활동 등 전체적인 생리적 반응이 유의하게 감소되어 스트레스 상태의 심신의 불균형을 빠르게 회복했다.

결국, 실내에 식물을 배치할 때는 녹색식물만 배치할 것이 아니라 군데군데 화려한 꽃을 피우는 식물을 함께 두는 것이 외관상뿐만 아니라 스트레스 해소 및 정신생리 향상에도 훨씬 더 좋다는 것이다. 따라서 계절에 따라 꽃피는 식물을 함께 두면 좋을 것이고, 이왕이면 기능적으로 뛰어난 거베라나 국화를 함께 두면 더욱 효과가 좋아질 것이다.

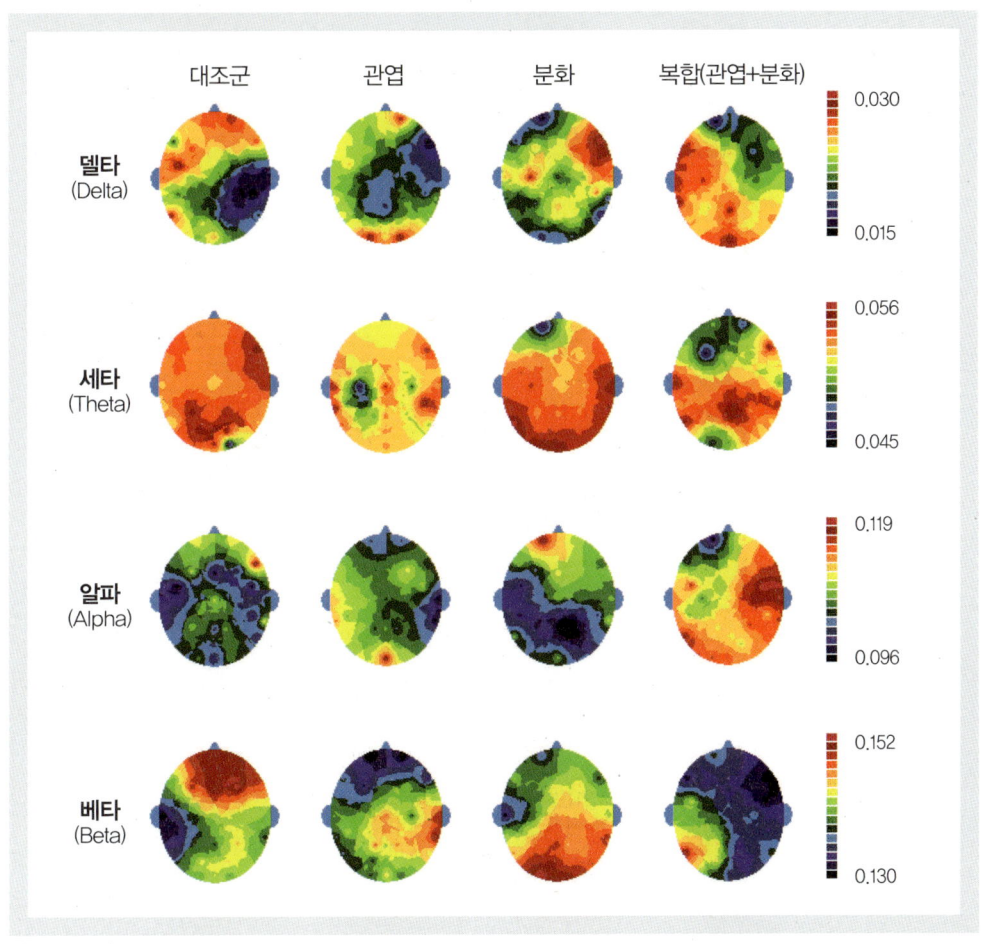

식물이 없는 환경(대조군), 관엽식물배치경관, 분화식물배치경관, 관엽식물과 분화식물의 복합배치경관에서 뇌파 변화(붉은 부분으로 갈수록 양이 많아짐을 의미함).

실험에 사용된 네 가지 사무환경

잘 쓰면 명약, 잘못 쓰면 독이 되는 에센셜 오일

흔히 허브(herb)라고 부르는 방향성 식물에서 추출한 순수한 자연성분인 에센셜 오일(essential oil)은 다양한 종류의 나무, 풀, 꽃, 뿌리 등에서 추출하는데, 그 종류만도 수백여 종에 이른다. 예부터 정신적인 불안과 긴장된 마음을 이완시키고, 감정을 조절하기 위해 식물의 향기를 이용해 병을 치료하는 것을 향기치료(aromatherapy)라 한다.

에센셜 오일은 항염(anti-inflammation) 및 방부(antiseptic)효과 외에도 의학적으로는 신경정신과 질환인 불안, 우울, 불면에서 피부과 질환인 여드름·습진·노화성 피부, 여성질환, 순환기 장애에 이르기까지 다양한 분야의 질환에 사용되어왔다. 향에 따라서는 정신기능을 진정 또는 이완해주거나 반대로 자극하고 활성화하기도 한다.

따라서 증상에 따라 효과적인 오일을 선택하고 적절한 용량 및 방법을 함께 적용하는 것이 중요하다. 실제 적용에는 한 가지 오일보다는 두세 가지를 혼합해서 사용하면 혼합상승 효과를 얻을 수 있다. 그러나 대개 오일은 고농축으로 되어 있기 때문에 조향시 농도가 매우 중요하며, 적절한 배합과 희석이 필요하다.

에센셜 오일을 이용해 스트레스와 불안을 감소시키는 방법은 없을까? 실제로 배합된 에센셜 오일의 향 흡입이 각성효과 및 스트레스 감소에 미치는 영향을 조사해보았다.

표 15에서 보는 바와 같이, 자극오일(레몬, 바질, 로즈마리를 섞어 조향) 흡입 후 스트레스가 매우 유의하게 감소함과 동시에 각성(arousal)되었다.

이러한 결과는 매우 독특한 현상으로 스트레스가 감소되면 안정되는 것이 일반적인 경향이나 각성되어 서로 모순되는 현상이 동시에 일어났다. 그러나 불안척도, 혈압과 맥박에서는 자극오일 흡입 후 유의한 차이가 없었다.

한편, 진정오일(라벤더, 마조람, 클라리 세이지를 섞어 조향)은 스트레스를 명백히 감소시킴과 동시에 수축기(최고) 혈압을 떨어뜨렸다(표 16 참조). 이 실험이 스트레스 상태에 있지 않은 대학생을 대상으로 행한 것을 고려할 때 진정오일은 명백히 스트레스를 감소시키고 진정시키는 데 효과가 있다고 볼 수 있다. 불안척도의 경우 자극오일은 약간 증가를, 진정오일은 약간 감소를 나타냈으나 통계적 유의성은 없었다. 또한 맥박도 오일 종류나 오일 흡입 전후에 따른 통계적 유의성은 없는 것으로 나타났다.

오일을 제대로만 사용한다면 놀라운 효과를 얻을 수 있다. 즉 자극오일은 수험생에게

표 15. 자극오일의 흡입 전후 스트레스, 각성, 불안, 혈압, 심박동수 차이

항목	자극오일		차이
	흡입 전	흡입 후	
스트레스	7.54±5.32	3.72±3.98	**
각성	5.00±3.46	7.68±2.00	***
불안	16.57±4.57	18.71±5.86	ns
수축기 혈압(mmHg) (최고)	113.00±21.27	110.77±18.65	ns
이완기 혈압(mmHg) (최저)	9±12.55	74.04±14.14	ns
심박동수(beat/min)	70.77±11.98	88.59±11.56	ns

(평균 ± 표준편차)

(ns는 차이가 없다는 것이고, * 표시가 있는 것은 통계적으로 차이가 있음을 의미한다. *가 많을수록 확실한 차이가 있다는 것을 뜻함.)

비장의 무기가 될 것이다. 왜냐하면 각성시키면서도 동시에 스트레스를 감소시키니 말이다. 진정오일은 항스트레스 오일로 적당하며, 특히 수축기 혈압을 낮추기 때문에 고혈압 환자에게 좋을 것 같다.

이 실험에서 또 다른 놀라운 사실은 뇌파실험에서 볼 수 있었다. 즉 자극 및 진정오일 흡입 후 뇌파의 의미있는 변화는, 자극오일은 남성의 좌반구(left hemisphere)에 있는 두정부(parietal lobe)에서만 유의하게 알파파를 증가시킨다는 사실이다. 동일한 오일인데도 여성에게는 효과가 없고 오직 남성에게만 영향을 미친다는 것은 오일이 얼마나 구체적으로 신체에 영향을 주는가를 알려주는 것이다.

결국 오일은 잘 쓰면 명약이요, 잘못 쓰면 치명적인 독이 된다. 오일을 사용할 때는 가능한 한 희석된 것을 사용하고, 치료제로 사용할 때는 반드시 전문가와 상의하는 것이 좋다.

표 16. 진정오일 흡입 전후 스트레스, 각성, 불안, 혈압, 심박동수 차이

항목	진정오일 흡입 전	진정오일 흡입 후	차이
스트레스	8.00±4.81	3.05±2.25	***
각성	5.05±3.36	6.55±2.32	ns
불안	17.89±5.92	17.05±6.87	ns
수축기 혈압(mmHg) (최고)	114.85±16.74	110.25±14.41	**
이완기 혈압(mmHg) (최저)	74.35±9.27	73.85±11.35	ns
심박동수(beat/min)	74.75±11.01	72.45±8.56	ns

(평균 ± 표준편차)

(ns는 차이가 없다는 것이고, * 표시가 있는 것은 통계적으로 차이가 있음을 의미한다. *가 많을수록 확실한 차이가 있다는 것을 뜻함.)

기억력과 집중력을 높이는 편백향

도시민들과 수험생들에게 몸과 마음의 긴장과 스트레스를 풀어주고, 생활의 활력을 주기 위한 방법으로 숲속의 상쾌함을 찾아가는 삼림욕이 각광을 받고 있다. 그중 삼림욕의 주성분인 피톤치드(phytoncide)는 쾌적감을 느끼게 하고, 자율신경계의 안정과 숙면에 효과적이며, 집중력과 기억력에 긍정적 영향을 미치는 알파파를 증가시키는 것으로 알려져 있다. 또한 국내산 편백에서 추출된 정유는 스트레스 완화, 항균 및 항미생물 효과, 진정효과, 식품의 선도유지, 식물 발아억제 등 다양한 효능을 지니고 있다.

이에 필자의 연구실에서 삼림욕의 주요물질인 국내산 편백정유향을 흡입하였을 때 대학생의 기억력과 집중력 향상 및 스트레스 감소 효과에 미치는 영향을 살펴보기 위해서 정유향의 흡입 전과 후, 정유향 흡입과 무향 흡입상태에서의 집중도 측정 중 학생의

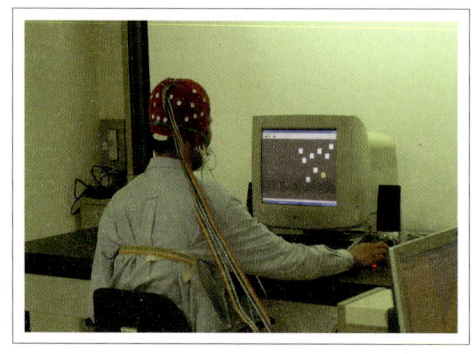

편백향 흡입 후 뇌파 변화와 집중력 테스트 모습

편백나무

뇌파 및 혈압과 같은 생리변화를 측정하였으며, 후각 감성평가, 단기 기억력, 집중도, 스트레스·각성검사와 같은 심리검사를 수행해보았다.

실험군(흡입군)은 남녀 대학생 20명씩 40명, 대조군(무흡입군)도 남녀 20명씩 40명으로 총 80명을 대상으로 실시하였다. 그 결과 편백향을 맡은 남학생 실험군에서는 향 흡입 후, 좌측두엽과 두정엽 부위의 델타파의 감소와 좌측두엽 부위의 베타파의 감소 및 세타파의 증가가 나타났고, 향 흡입 동안 집중력 평가 수행시 알파파가 두정엽과 전두엽 부위에서 유의하게 증가하면서 베타파는 거의 모든 부위에서 유의한 감소가 나타나 정신생리 안정화에 도움이 되었다. 또한 스트레스와 수축기 혈압이 감소하고, 단기 기억력이 증가되고, 오답률이 유의하게 감소하여 교감신경계가 안정되고, 편백향의 흡입으로 기억력 및 집중력이 향상되는 것으로 나타났다.

여학생 실험군에서는 향 흡입 후, 뇌의 두정엽 부위에서 약간 알파파가 증가하였고, 향 흡입 동안 집중력 평가시 알파파는 좌측두엽과 두정엽 부위에서 유의하게 증가하였으며, 베타파는 남학생에 비해 전반적으로 적은 부위에서 감소하였다. 여학생도 혈압이 감소하고 단기 기억력이 증가하여 정신생리와 교감신경계가 안정되는 것으로 나타났다.

결과적으로, 편백정유향의 흡입은 안정된 상태뿐만 아니라 작업 동안에도 학생들의 스트레스를 감소시키고 집중력 및 기억력을 향상시켰으며, 여학생보다 남학생에 있어서 스트레스 감소 효과가 더 큰 것으로 나타났다.

바쁜 현대인들과 수험생들이 시간이 없어서 숲이나 산으로 삼림욕을 하러 가지 못하는 경우 실내에서 편백향을 흡입하는 것도 충분히 기분전환과 기억력과 집중력 향상에 도움이 될 것으로 본다.

유해 전자파를 차단하는 실내식물

전자파는 전기를 사용하는 모든 제품에서 발생되며, 무선전화기, 전자레인지, X-ray가 전자파를 이용한 대표적인 제품이다. 전자파는 전계와 자계로 구성되어 있다. 이 중 전계는 전기계(electronic field)를 줄인 말로 전기와 유사한 특성이 있어 전도물질을 만나면 집중되기도 하고 방향이 바뀌기도 하여 정확하게 측정하기가 어렵다.

자계는 자기계(magnetic field)를 줄인 말로 전자석의 자력과 유사하며, 물체에 거의 영향을 받지 않아 방출되는 자계를 감소시키거나 방향을 바꾸는 것은 매우 어렵다. 주파수 대역에 따라 다르지만, 생활주변에서 인체에 영향을 미치는 전자파는 가전제품에서 생성되는 극저주파(ELF : extremely low frequency)와 컴퓨터 모니터나 텔레비전과 같은 VDT에서 발생되는 저주파(VLF : very low frequency), 그리고 음식물을 데우는 전자레인지나 무선통신에 사용되는 마이크로웨이브(MW : micro wave)가 있다.

이 경우 ELF와 VLF는 전계와 자계가 체내에 유도되는 것이 문제되지만, MW는 인체조직의 온도를 높이는 것이 문제가 된다. 최근 연구결과에 따르면, 전자파는 암과 백혈병 발생, 생식능력 저하, 기형아 출산, 알츠하이머와 피부질환 등의 질병과 관련이 있는 것으로 알려졌다. 그러나 이러한 연구결과가 있지만 여러 가지 이유로 전자파의 유해성 여부는 국가에 따라 다양하며, 그 규제 기준도 모호하다.

현대인은 대부분 각종 전자파에 완전히 노출되어 무방비 상태로 생활하고 있다고 해도 과언이 아니다. 예를 들어 가정에서는 가전제품, 출퇴근할 때는 운송수단에서, 전철에서는 고압선에, 직장에서는 각종 기기와 컴퓨터, 무선전화 사용시에는 핸드폰에 노출되어 있다. 따라서 이 분야 연구결과의 신빙성에 대하여는 일말의 의문을 가질지라도 전자파 차단이나 제거는 삶의 질을 높이는 데 매우 중요하다고 생각한다.

우리가 생활하면서 직접적으로 가장 큰 영향을 받는 것은 컴퓨터 모니터이다. 왜냐하면 모든 사람이 필수적으로 사용하는 기기이고, 전자파가 나오는 화면 가까이에서 작업해야 하기 때문이다. 이런 연유로 각 기업체에서는 VDT의 전자파 발생량을 최소화한 제품을 생산하지만 실질적인 효과가 객관적으로 보고된 적은 거의 없다. 한때 선인장이 전자파를 흡수하는 것으로 알려져 판매가 급증한 적이 있는데, 필자의 실험실에서 행한 결과에 따르면 별 효과가 없는 것으로 밝혀졌다.

국산 컴퓨터 모니터(브라운관을 이용한 모니터, 최근 많이 사용하는 액정 모니터에서는 전자파가 거의 발생되지 않음)에서 발생되는 전자파는 전계는 정면에, 자계는 윗부분에 가장 많다. 자계는 아주 고가인 특수 합금(뮤-메탈)을 사용하여 모니터 전체를 둘러싸야 차단되고, 일반적인 전자파 차단제품이나 단순히 선인장을 두는 것으로는 전혀 차단되지 않는다.

한편, 전계를 감소시키는 것은 가능하지만 시중 제품은 대부분 인체에 안전한 수준 이하로 감소시키지 못하고 있다. 또한 선인장을 모니터 주위에 둘 경우도 전혀 실효성이 없다. 전자파 차단 효과는 선인장의 종류나 형태와 관련이 없는 것으로 밝혀졌다. 실제로 선인장보다는 오히려 잎수가 많은 실내 관엽식물이 전자파를 줄이는 데 훨씬 효과가 좋은 것으로 나타났다.

실내식물의 경우 전자파 차단효과는 줄기의 길이, 엽수, 크기와 관련이 있지만, 불행하게도 모니터 주위에 놓는 작은 화분식물은 별다른 효과가 없는 것으로 밝혀졌다. 반면에 1m 이상의 잎이 많은 관엽식물(예:필로덴드론)이 있는 분토양 속에 모니터 보안기(일반 보안기)에서 나온 접지선을 꽂으면, VLF와 ELF의 전자파가 각각 60%와 78%

정도 흡수되어 전자파가 컴퓨터 전자파 규정치 중 가장 엄격한 것으로 알려진 스웨덴의 '노동자 기구(TCO)' 기준치 이하로 감소되었다(그림 참조). 반면에 이 방법은 자기파 감소에는 별다른 효과가 없는 것으로 나타났다.

그렇지만 이러한 결과는 매우 놀라운 것으로 현재 시중에서 판매되는 어떠한 유해 전자파 차단 보안기보다 뛰어난 것이다. 이러한 효과가 실내식물의 고유한 능력인지 아닌지를 판별하기 위해 ① 컴퓨터 본체의 뒷면에 접지한 것과 ② 같은 크기의 쇠파이프와 플라스틱 파이프를 이용해 비교해본 결과, 잎이 많은 실내식물을 이용하여 토양에 접지하는 방법이 가장 효과적인 것으로 밝혀졌다(표 17 참조).

결국 시중에 유해 전자파를 줄이는 제품이 많이 판매되고 있지만 실내식물보다 뛰어나지 못한 것으로 판명되었다. 더욱이 전자파 감소기능 외에도 컴퓨터 작업시 발생하는 육체적·시각적 스트레스를 완화하고 공기청정 등을 통한 실내환경 개선을 고려할 때 실내식물을 이용한 유해 전자파 감소방법은 매우 획기적이라고 할 수 있다.

식물이 모니터에서 발생되는 전자파 차단에 미치는 영향을 조사하기 위해서 전자파를 측정하고 있는 장면(작은 식물은 시각적인 원예치료효과는 있지만, 유해전자파 차단에는 효과가 없는 것으로 나타났다. 선인장도 유해전자파 감소에 큰 영향을 주지 못했다).

전자파를 가장 효과적으로 차단하는 방법(1m 이상의 잎이 많은 관엽식물의 분토양 내에 모니터 보안경에서 나온 접지선을 접지하는 것이 가장 좋은 효과를 얻을 수 있음).

표 17. 접지 방법에 따른 전자파 차단 효과

접지방법	VLF			ELF		
	자계(mA/m)	전계(V/m)	차단율(%)	자계(mA/m)	전계(V/m)	차단율(%)
대조구(무접지)	94.6	1.76	0	14.52	30.76	0
본체에 접지	94.6	1.31	25.6	14.60	18.03	41.1
플라스틱 파이프	94.6	0.96	45.5	15.67	11.09	61.4
쇠파이프	94.6	0.84	53.3	15.59	9.91	67.8
파키라	94.6	0.76	56.9	15.23	7.79	74.7
스킨답서스	94.6	0.70	60.3	15.16	6.81	77.9

* 일반 보안경에 있는 접지선을 다양한 방법으로 접지한 실험임.
** VLF와 ELF의 전계의 경우 TCO 허용 규정치는 각각 1V/m, 10V/m임.

교실에 식물을 두면

●● 초등학교의 예

아이는 자연의 일부이며, 자연은 아이의 신체적·정서적 발달에 중요한 역할을 한다. 녹지 환경이 부족한 초등학교 교실에 실내정원을 설치하면 아동의 학습 및 생활에 상당한 영향을 미치는 것으로 나타났다.

몇 년 전 서울시에 있는 D초등학교 4학년 학생을 대상으로, 한 반은 교실에 새롭게 실내정원을 만들어주고, 다른 반은 기존의 교실환경을 그대로 유지하였다. 실내정원의 효과를 알아보기 위해 실내정원 설치 2주 전과 설치 2주 후에 두 반 모두 주의력집중 결핍척도, 정서지능척도, 집단 괴롭힘의 가해 및 피해성향척도 등을 측정·평가하였다.

실내정원 설치 전 실험군(실내정원이 설치된 반)과 비실험군(기존 교실환경인 반)을

식재 대에 흙을 담은 모습

교실에 설치한 실내정원

비교할 때 위의 항목에서 두 집단간 차이가 없었으나, 2주 후에 다시 검사하였을 때는 상당한 차이가 있었다. 즉 비실험군은 주의력집중 결핍이 매우 증가하였다. 이 경우 재미있는 사실은 남학생은 별다른 증가가 없는 반면, 여학생은 매우 높게 증가하였다는 것이다.

한편 실내정원을 설치한 반 학생들은 주의력집중이 좋아졌으며, 특히 여학생보다 남학생의 과잉행동이 줄었고, 전체 주의력집중이 좋아졌다. 또한 정서지능도 향상되었으며, 친구들 사이의 무시·소외, 조롱·놀림, 욕설·협박 등과 같은 괴롭힘도 확실하게 감소되었다.

결과적으로 자연과 접할 기회가 부족한 도시 초등학교 교실에 조성된 실내정원은 아이들에게 자연을 느끼고 체험할 수 있는 훌륭한 교육공간이 되며, 아이들의 주의집중력과 정서지능 향상에 도움을 많이 준다고 볼 수 있다.

표 18. 실내정원을 조성한 반과 그렇지 않은 반 학생의 주의력집중 결핍 차이

반	성별	처음	나중	차이
기존교실 환경반	남학생	55.43	57.24	ns
	여학생	40.20	54.70	**
실내정원 조성반	남학생	44.25	41.19	*
	여학생	36.60	34.30	ns

(ns : 두 집단간 차이가 없음을 나타냄. * : 두 집단간에 실질적인 차이가 있음을 나타내며, *가 많을수록 차이가 확실하다는 것을 의미함.)

표 19. 실내정원을 조성한 반과 그렇지 않은 반 학생의 정서지능 차이

반	처음	나중	차이
기존교실 환경반	102.40	101.27	ns
실내정원 조성반	92.37	94.95	ns
정서표현	15.73	16.04	ns
감정이입	14.58	15.19	ns
정서활용	13.15	12.23	ns
정서인식	19.33	20.75	*
정서조절	29.92	34.07	*

(ns : 두 집단간 차이가 없음을 나타냄. * : 두 집단간에 실질적인 차이가 있음을 나타냄.)

표 20. 실내정원을 조성한 반과 그렇지 않은 반의 집단 괴롭힘 정도의 차이

반	항목	처음	나중	차이
기존교실 환경반	집단괴롭힘 가해	10.26	7.84	ns
	집단괴롭힘 피해	6.60	6.65	ns
실내정원 조성반	집단괴롭힘 가해	13.35	6.18	***
	집단괴롭힘 피해	6.55	4.95	ns

(ns : 두 집단간 차이가 없음을 나타냄. * : 두 집단간에 실질적인 차이가 있음을 나타내며, *가 많을수록 차이가 확실하다는 것을 의미함.)

●● 고등학교의 예

청소년, 특히 우리나라의 특수한 사회문화적 배경으로 대학 입시라는 극심한 스트레스를 받고 있는 고등학생들은 신체적·정서적·사회적으로 상당한 변화의 시기에 놓여 있다. 이 학생들이 긴 시간을 머무르는 교실에 식물을 도입하여 녹색식물이라는 시각적 자극이 그들의 생활과 스트레스에 미치는 영향과 실내환경의 변화를 알아보는 것은 의미가 있을 것이다. 실제로 농촌진흥청 원예연구소와 필자의 실험실이 공동으로 실험한 결과에 따르면, 학교가 위치한 지역에 따라 약간의 차이는 있었지만 몇 가지 흥미로운 사실을 발견하였다.

서울 K여자고등학교 2학년을 대상으로 주활동공간인 교실에 실내정원을 도입한 반 학생(실험군)과 기존 교실환경에 있는 반 학생(대조군)의 환경적 변화와 시각적 자극에 따른 스트레스 감소와 면역력 향상을 조사했다. 대조군에서는 시험 동안 받는 스트레스 증가를 제외하고는 유의한 변화를 보이지 않았으나, 교실에 정원을 도입한 실험군에서는 시험기간인데도 스트레스와 코티졸 수치가 낮아졌다(코티졸은 스트레스를 측정할 수 있는 지표 호르몬으로 스트레스가 많을수록 높아지는 경향이 있다).

또한 정원설치 후에는 교실환경 만족도와 이미지 평가가 높아졌으며, 수업하기에도 더 적당한 것으로 느끼고 있었다. 더욱이 대조군에 비해 실험군 학생들의 지각·결석·조퇴 횟수, 양호실 방문 횟수도 적었다.

실내에 정원을 설치한 교실의 환경을 조사한 결과, 대조군 교실보다 평균적으로 온도는 낮고, 습도는 높았으며, 먼지 양은 적은 것으로 나타났다. 결과적으로 실험군 교실은 대조군 교실에 비해 온도나 습도 모두 쾌적 범위에 좀더 근접하였다.

이러한 결과로 볼 때, 가장 힘들고 괴로운 시기를 보내고 있는 고등학생의 교실에 실내정원을 만들어주는 것은 선택이 아니라 필수다. 학생들에게 언제 어떻게 자연을 보고 느끼게 할 것인가? 우선 학생들이 가장 긴 시간을 보내는 장소에서 자연을 접하고 대화할 수 있도록 해주어야 한다. 감옥 같은 곳에 갇힌 청소년에게 실내정원은 낙원이요, 그들이 보는 녹색식물은 피로해소제요, 그들이 마시는 신선한 공기는 청량제요, 그들이 물주는 녹색식물은 애완동물인 것이다.

설치 전 교실

설치 후 교실

실내정원을 설치하기 전 교실과 설치 후 교실 비교

표 21. 대조군과 처리군의 실내정원 도입 전후의 스트레스 변화

항목	0주	15주
대조군	120.9	130.2
처리군(실내정원 도입)	132.5	121.7

(실내정원 도입 전과 도입 15주 후에 조사한 것임.)

표 22. 실내정원 도입 전후의 이미지 평가의 변화

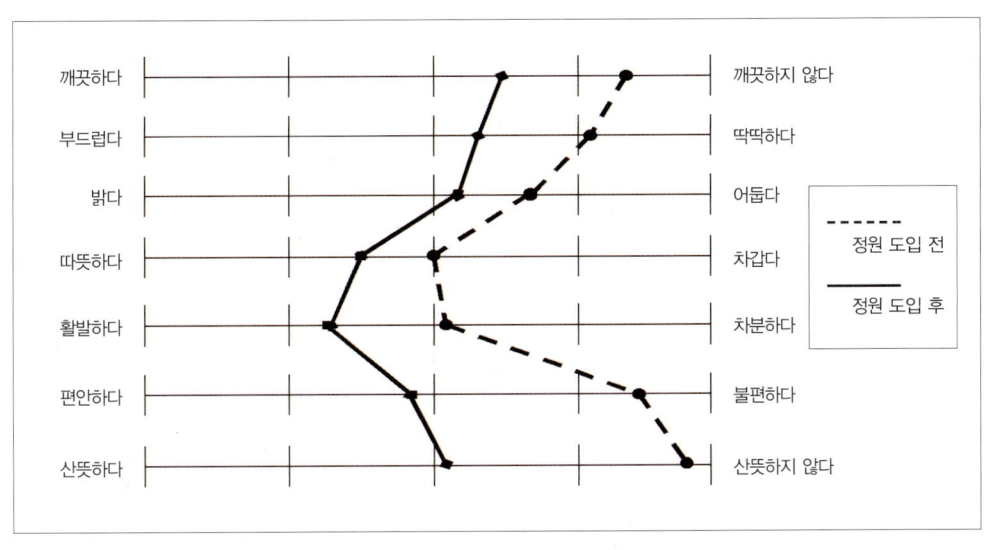

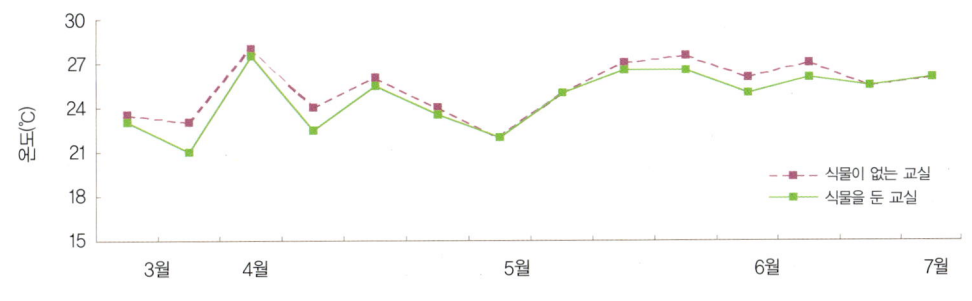

학기 중 실내정원을 도입한 반 교실과 기존환경 반 교실의 계절별 온도변화

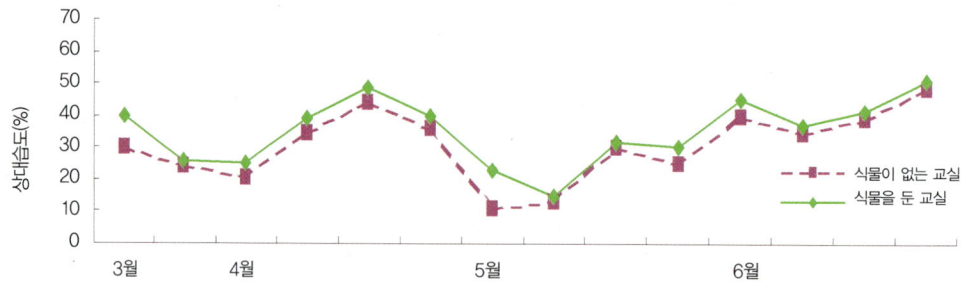

학기 중 실내정원을 도입한 반 교실과 기존환경 반 교실의 계절별 습도변화

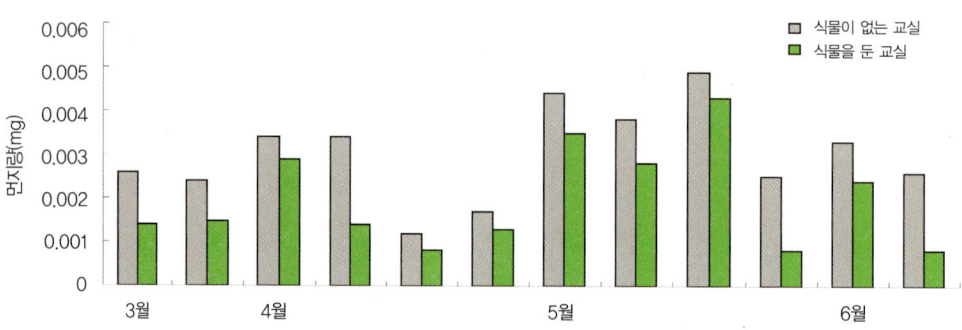

학기 중 실내정원을 도입한 반 교실과 기존환경 반 교실의 계절별 먼지량 변화

실내에 식물을 두고 싶은데…

처음에 식물을 구입할 때는 마치 애인을 사귀는 것처럼 즐거운 마음에서 출발한다. 그러나 사람도 사귀다가 보면 싫증이 날 때가 있는 것처럼 식물도 마찬가지다. 처음 좋아할 때는 모든 것을 투자해서 돌보고 가꾸지만, 다른 일에 집중하거나 시간이 없으면 마음이 시들해지고 관심도 적어진다. 사람도 관계가 끊어지는데 식물이야 오죽하겠는가? 싫어질 때도 변함없이 기다려주는 애인처럼 식물도 죽지 않고 싱싱하게 기다려주면 얼마나 좋을까?

사람들이 실내에 식물을 들여놓기 꺼리는 이유

1. 식물을 잘 관리할 줄 모르며, 집에 식물을 두기만 하면 죽는다.
2. 식물을 실내에 두면 낮에는 좋지만, 밤에는 이산화탄소를 방출해서 인체에 해롭다.
3. 화분 밑에는 배수공(물구멍)이 있기 때문에 좋은 장소에 배치하기도 어려울 뿐 아니라 물 주기도 어렵다. 또한 언제 물을 주어야 할지도 모른다.
4. 식물을 실내에 두면 집이 지저분해지고 먼지가 나기 때문에 싫다.
5. 식물은 단지 보는 것일 뿐 우리에게 실질적인 도움을 주지는 않는다.

식물을 실내에 두기 위해서는 어떤 문제가 해결되어야 하는가?

1. 사람이 관심을 두지 않더라도 빠른 성장없이 그 상태로 잘 유지되어야 한다. 따라

서 식물을 자동으로 관리할 수 있는 시스템이 개발되어야 한다.

❷ 실내에 식물을 들여놓으면 좋다고 생각하는 사람도 언제 물을 주어야 할지 모르기 때문에 물을 쉽게 줄 수 있어야 한다.

❸ 식물의 아름다움이나 디자인 측면이 아니라 기능성 측면도 고려해야 한다. 즉 앞으로는 주거인의 건강이나 실내환경 조절과 같은 기능적인 특성이 있는 식물을 두어야 한다.

❹ 식물을 쉽게 교환할 수 있어야 한다. 실내정원을 꾸민 후에 시간이 흐르면 대부분 완전히 제거하거나 새롭게 꾸며야 한다. 시간, 노력, 돈, 환경 문제가 만만치 않다. 만약 실내정원 안에 있는 다양한 식물이 쉽게 교환할 수 있는 유니트로 이루어져 있다면 관리가 쉬울 것이다.

어떤 시스템을 사용하면 실내에 식물을 마음대로 두고 쉽게 관리할 수 있을까?

앞서 언급한 바와 같이, 실내에 식물을 두는 것을 좋아하는 사람이라 할지라도 실제로 식물을 실내에서 관리하는 것은 쉽지 않다. 따라서 일반인이 실내에서 쉽게 식물을 관리할 수 있는 다양한 시스템의 개발이 절대적으로 필요하다.

현재 국내외에서 실용화되고 있는 몇 가지 방법을 살펴보면 다음과 같다.

❶ 심지관수용기를 사용하는 것이다. 이것은 옛날에 호롱불을 켜는 원리와 마찬가지로 분 아래쪽에 물통을 두고 심지를 사용하여 아래에서 분토양 위쪽으로 물이 모세현상을 통해 빨리도록 하는 것이다. 즉 식물은 뿌리로 물을 흡수하기 때문에 토양이 건조해지고 부압이 걸리면 모세현상에 따라서 아래쪽의 물이 심지를 통해서 빨려 올라가게 된다.

이러한 용기를 사용하게 되면 언제 물을 주어야 할지 걱정할 필요가 없고, 단지 아래쪽 물통에 물이 일정하게 들어 있게만 해주면 된다. 한 분 내에 심지관수를 하는 것도 있고, 몇 개의 분을 한 곳에 올려놓을 수 있는 용기도 있다. 기존에 나와 있는 분은 대부분 생산자 측면에서 고려한 제품이어서, 분에 물을 주는 것이 쉽지 않고 분 외양이 장식품으로는 부적절한 단점이 있다.

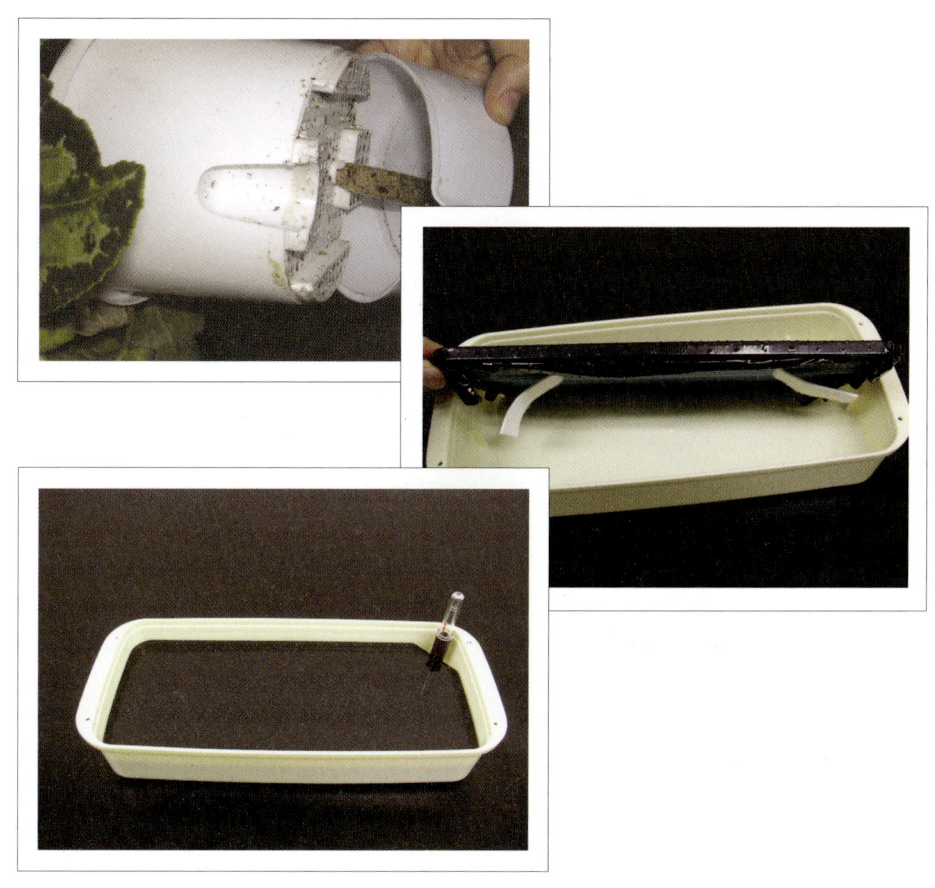

모세관 현상을 이용하기 위해 심지를 부착한 저면관수 분

❷ 실내에서 물을 자동으로 줄 수 있는 자동관수 시스템을 사용하면 된다. 최근 국내 및 일본에서 시판되고 있는 점적식 또는 분사식 자동관수 시스템을 들 수 있다. 만약 현재 실내에서 키우는 식물이 하이드로볼 배지가 아니라 기존의 일반토양이라면 이러한 시스템을 사용해볼 만하다. 시스템은 큰 물통과 물통에서 각각의 분에 가는 호스를 연결하여 물을 줄 수 있는 장치, 그리고 건전지로 작동되는 타이머 장치이다. 일단 타이머로 관수간격과 관수량을 정해놓으면 하루에 정한 시간에 일정량의 물을 각 화분에 줄 수 있다. 화분에 따른 물의 양은 호스 끝 노즐을 조절함으

로써 가감할 수 있다. 따라서 일반인은 언제 물을 주어야 할지 걱정할 필요없이 단지 큰 물통에 물만 보충해주면 된다. 그러나 이러한 시스템은 각 화분마다 호스를 연결해야 하기 때문에 시각적으로 좋지 않고, 모든 화분을 동일한 장소에 두어야 하는 단점이 있다.

관수시간과 관수량을 조절할 수 있는 물통과 가는 호스, 그리고 점적관수를 할 수 있는 노즐을 이용한 관수 시스템(일본 히타치 제품)

미스트 노즐을 이용한 자동관수 시스템(태영 테크)

❸ 마지막으로 추천하는 방법은 하이드로볼 배지를 이용한 수경재배 용기를 사용하는 것이다. 하이드로볼 배지는 일반 배양토 대신에 황토를 둥근 입자상으로 구운 토양을 말한다. 이 배지는 토양의 입자가 매우 크기 때문에 토양 공극 내에 항상 공

기가 많이 들어가게 된다. 따라서 배수공이 없는 용기에 이 하이드로볼을 넣고 아래 부분에 물을 일정하게 넣어주면 뿌리의 일부는 물 속에 잠기고 일부는 공기 중에 노출되어 식물이 생육하는 데 지장이 없게 된다. 게다가 토양 안에 수위계를 달아 물이 어느 정도까지 찼는지를 확인할 수 있게 하면, 물주는 걱정을 하지 않아도 된다. 외국에서는 이런 분을 오래전부터 사용해 오고 있으며, 배수공이 없는 다양하고 아름다운 용기를 개발함으로써 실내 어느 장소에 두어도 부담 없이 훌륭한 장식품으로 이용하고 있다.

실내에서 가장 쉽게 식물을 기를 수 있는 방법은 앞서 언급한 하이드로볼 수경재배다. 하이드로볼 수경재배는 일반 배양토 대신에 하이드로볼을 사용하며, ① 바깥분, ② 안쪽분, ③ 안쪽분에 설치할 수 있는 수위계로 이루어져 있다. 하이드로볼 수경재배의 장점을 살펴보면 다음과 같다.

1. 실내와 같은 저광에서는 피트모스 배지나 하이드로볼 배지에 상관없이 생육은 비슷하다. 실제로 실내에서 생육이 지나친 것도 바람직하지 않기 때문에 실내에서는 하이드로볼 배지에서 식물을 관리하는 것이 더 유리하다.

2. 무엇보다도 배수공이 없는 화분용기를 사용하기 때문에, 굳이 식물재배용 용기가 아니더라도 다양한 용기를 활용할 수 있는 장점이 있다.

3. 배수공이 있는 일반 분을 사용할 경우 물이 흐를 염려 때문에 아무데나 둘 수 없고 장소가 상당히 한정된다. 따라서 대부분 집 안에서 시선이 많이 가고 자주 접하는

장소가 아니라 실내 가장자리에 놓는 것이 일반적이다. 그러나 배수공이 없고 물주는 것이 쉬우면 다양한 장식이나 가재도구와 함께 두어 아늑한 분위기를 연출할 수 있다.

4 보통 배지는 건조할 때 먼지가 날 염려가 많다. 그러나 하이드로볼 배지는 배지가 건조해도 먼지가 발생하지 않아 실내에 두기에 적당하다.

5 충해 발생이 없다. 밭흙이 섞여 있는 분을 집 안에 두면 흔히 배지에서 해충들을 볼 수 있다. 그러나 하이드로볼 배지는 완전히 살균된 배지기 때문에 그러한 것들이 없다.

6 물주기가 매우 쉽다. 현재 사용하는 수경재배분에는 대부분 수위계가 부착되어 있다. 이 수위계를 사용하면 항상 식물의 적절한 수분상태를 점검할 수 있고, 식물관리 지식이 없다고 하더라도 쉽게 관수할 수 있다.

7 비료관리가 쉽다. 하이드로볼 배지를 사용할 경우, 식물은 양액에 민감하게 반응한다. 따라서 식물의 생장을 쉽게 조절할 수 있다. 일주일이나 이 주일에 한 번 정도 관수할 때 일정량의 액비를 첨가해주면 식물의 생육은 걱정할 필요가 없다.

일반화분 　　　　　　　　　하이드로볼 배지분

식물과 새로운 만남, 베란다에서 실내로

한때 베란다 정원이 유행한 적이 있다. 대도시 아파트 속에서 녹색환경에 대한 그리움, 정서적 불안에 대한 안정감 추구, 공기오염 및 황사와 같은 환경악화에 대한 대안으로 사람들은 식물을 점점 더 가까이하게 되었다. 그 결과, 아파트 베란다에 실내정원을 꾸밈으로써 그러한 문제를 조금이나마 해소하고자 하였다. 그러나 이러한 베란다 정원은 거실창문을 통해서 단순히 보고 즐기는 것에 그치는 경우가 대부분이고, 관리가 쉽지 않는 문제점이 있다.

또한 베란다 정원은 식물이 식재된 후 몇 개월 동안은 좋지만 관리상 어

려움이 뒤따른다. 특히 겨울철에는 난방이 전혀 되지 않기 때문에 식물이 동사하는 경우가 허다하다. 좋은 뜻으로 시작한 베란다 정원이 애물단지가 되고, 베란다를 다른 용도로도 사용하지 못해 괴로워한 사람들이 얼마나 많은가?

또 다른 문제는 베란다에 정원을 꾸밀 경우 식물이 실내환경에 아무런 영향을 미치지 못한다는 것이다. 즉 식물의 기능적인 면을 활용할 수 없다는 것이다. 따라서 앞으로는 식물을 베란다가 아닌 우리가 숨쉬고 움직이는 거실, 침실, 부엌, 서재 등으로 들여와야 한다. 이는 함께 호흡하면서 살아야 한다는 말이다. 그렇게 할 때 비로소 지속적인 교제와 더불어 실내공기질 및 온열환경 개선과 원예치료와 같은 다양한 효과를 볼 수 있다.

새로운 문화, Built-in 벽면정원

현재 우리나라 주거공간의 43%를 아파트가 차지하고 있으며(통계청 건설실적, 2004), 향후 주택건설업체들의 브랜드 개발을 위한 키워드는 자연친화, 건강과 고급, 첨단 이미지가 될 것으로 예측하고 있다(건설저널, 2004).

이에 2003년 초부터 지속되어 온 웰빙 트렌드에 맞추어 환경과 실내공기에 관심을 갖게 되었고, 많은 사람들이 깨끗한 환경을 만들고자 노력하면서 공기청정기, 가습기, 음이온 발생기 등은 물론 환경친화적인 실내장식까지 고려하게 되었다. 특히 주거환경의 대표적 속성으로 녹지환경의 풍부함, 단지규모의 아이덴티티, 조용함, 공기의 깨끗함 등을 들고 있으며, 아파트를 선택하는 데에 있어 가격과 교통편리 다음으로 환경에 관심을 갖는 것으로 나타나면서 '환경 프리미엄'이 지속적으로 강세를 보일 것으로 전망된다(한국경제, 2002. 7).

이미 살펴본 바와 같이 현대인들은 하루 중 80~95%에 이르는 대부분의 시간을 한정된 실내에서 보내기 때문에 자연과의 접촉 및 교제가 거의 없는 실정이다. 이러한 생활 패턴의 변화는 실내 거주자들에게 ① 자연에 대한 그리움(녹색을 통한 스트레스 및 불안감 해소), ② 적절한 여가선용의 필요성, ③ 실내공기질 개선과 같은 문제를 야기시켰다.

이러한 문제를 해결하기 위해서 최근 고급 아파트 및 빌라 건축패턴이 변해가고 있다. 과거 건축업계는 주로 아파트 외부재질이나 조경에 많은 투자를 하였지만, 현재는 실내에 친환경적 구성, 쾌적성, 그리고 실내공기질 향상에 역점을 두고 있다. 동시에 거주자의 경우도 외부주거환경보다 내부주거환경에 대한 친환경적 삶의 질 향상에 대한 요구도가 점점 더 높아지고 있다.

실내조경에 대한 조사에 따르면, 아파트 공급자의 경우 조사자의 86.4%가 긍정적인 실내정원 도입 의사를 보였으며, 실내 인테리어 요소로 실내정원의 도입이 선호도에서 상위를 차지하고 있어 일반인들의 선호도가 높았다. 또 예상 적정가격은 150만 원 정도 (100만~200만 원)이며, 아파트에 도입할 의사는 조사자의 68.5% 정도가 긍정적인 수용 의사를 보였다(곽, 2005). 그러나 도입시 가장 큰 문제점을 식물관리와 장소 협소로 지적하고 있다.

위의 문제점들을 해소하기 위해서 현재 거주환경 내에 실내조경을 조성함으로써 보다 자연친화적인 거주환경을 만들고자 하는 노력들도 부단히 진행되고 있다. 최근에는 실내식물의 실내환경조절 기능과 건강성에 대한 그 효과가 밝혀지자, 기능성이 있는 식물의 소개 및 판매가 급증하고 있다. 일본 백화점에는 기능성 식물을 소개하고 판매하는 코너가 흔하다.

그러나 전통적인 실내식물의 도입은 ① 평범하고 획일적이며, ② 자연적이지 못하고 인위적이며, ③ 유지관리에 문제가 많고, ④ 빨리 식상해지며, ⑤ 많은 공간을 차지할 뿐만 아니라 공간적 제한을 가진다.

한편, 개발된 기능성 용기 및 시스템은 실내환경조절 기능, 심미적 기능, 원예치료적 효과, 공기질 개선, 자동관리 등은 가능하게 되었다. 그러나 ① 생태 개념의 친환경 도입이 아니고, ② 여전히 실내공간을 평면적으로 잠식하는 개념이고, ③ 식물생육 때문에 공간배치에 제한을 받으며, ④ 건축디자인적 개념이 포함되어 있지 않다. 한 예로 상품화된 스위스 루와사 제품의 경우 식물과 용기에 부착된 팬을 이용해 실내공기오염을 제거하지만, 거의 판매되지 않고 있다.

따라서 보다 상품화할 수 있는 새로운 개념의 시스템 개발이 필요하다. 앞서 언급한 모든 장점과 더불어 새로운 개념의 시스템이 도입되어야 한다. 예를 들면, 실내에서도

생태환경을 즐길 수 있도록 비바리움 개념의 시스템, 건축디자인적 개념이 포함된 시스템(바닥에 시스템을 두는 것 대신에 벽면에 정원을 만들고 식재하는 개념의 시스템), 일반인이 식물을 관리하는데 어려움이 없는 자동 관리 시스템의 도입, 그리고 공기 순환량을 높여 실내환경 및 공기질 개선을 극대화시키는 시스템이 개발되어야 한다.

한 예로 본 실험실에서 개발된 시스템은 아래 그림과 같다.

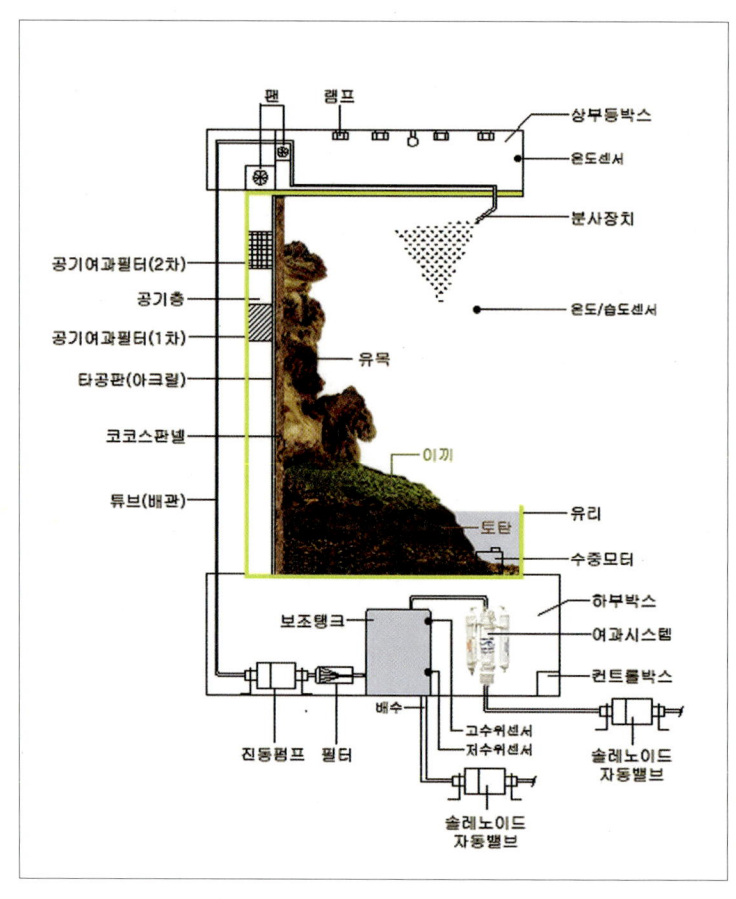

이 시스템은 벽면에 부착한 특수 배지를 이용한 탈부착 가능한 실내식물의 수경재배, 순환된 물을 사용한 하위부의 수족관, 실내공기정화 시스템(시스템 뒷부분에 장착된 팬과 공기정화장치, 식물체 및 벽면에 부착된 이끼, 벽면을 타고 내려가는 워터커튼 (water curtain), 근권부의 토양 미생물을 이용한 공기정화), 다양한 LED광 및 분무 시스템으로 이루어져 있으며, 벽면에 built-in으로 시공함으로써 미적, 건축학적 기능뿐만 아니라 다양한 친환경적 실내환경 조절이 가능하다.

실제로 이 시스템의 시제품은 아래 그림과 같다.

차후 이러한 시스템들이 실내에 적용되면 다음과 같은 다양한 실내환경에서 거주하게 될 것이다.

실제로도 그럴까?

지금까지 실내에 식물을 도입함으로써 실내환경이 어떻게 변하는지 여러 가지 측면에서 살펴보았으며, 그 결과 실내식물의 도입은 적절한 환경조절 및 건강유지에 절대적으로 필요한 것임을 알게 되었다. 그러나 지금까지의 결과는 실제 상황과는 다를 수밖에 없는 다음과 같은 문제점이 있다.

우선, 모든 조사나 실험은 통합적인 것이 아니라 단일 계측항목이거나 단일물질의 변화 및 제거에 대한 실험이었다. 즉 온도면 온도, 휘발성 유기물질이면 휘발성 유기물질 등과 같이 단독실험이지 모든 요인을 동시에 조사한 바가 없다는 것이다.

둘째는 정밀계측을 위해서 실제 크기의 방에서 이루어진 것이 아니라 소규모의 밀폐된 챔버에서 주로 수행하였다. 즉 실험을 정확히 수행하기 위해서는 동일한 조건에서 측정하여야 하기 때문에 소규모의 밀폐된 곳에서 수행할 수밖에 없다는 것이다.

셋째는 장기간에 걸친 측정이 아니라 어떤 특수한 조건을 주었을 때 발생되는 변화를 측정하는 단기간 실험이었다.

마지막으로, 실제 실내 상황처럼 다양한 식물을 함께 두는 것이 아니라 각 식물의 특성을 알아보기 위해서 단일 식물을 이용해서 수행한 실험이 대부분이라는 것이다. 그렇다면 실제 상황처럼 실제 크기의 방에 다양한 식물을 놓았을 때 실내환경은 어떻게 변할 것인가? 밀폐된 챔버에서 얻은 결과와 동일한 결과를 얻을 수 있을까? 이러한 의문을 풀어보기 위해서 실제 크기의 방에 다양한 식물을 둔 다음 실내환경계측기로 다양한 요인을 동시에 연속적으로 측정해보았다.

남서향 창이 있는 동일한 크기의 나란히 붙어 있는 두 방(각 방 크기: 부피는 31.65m^3, 바닥 넓이는 13.86m^{2}로 두 방이 동일함)을 선정하여 실험을 수행하였다. 계측기는 방의 한가운데 두고 광도, 온도, 습도, 이산화탄소 농도 등을 측정하였으며, 일정량의 포름알데히드를 인위적으로 발생시킨 후 감소율을 측정하였다.

한 방은 빈방(이하 빈방)으로 두었으며, 다른 방은 방 전체 면적의 약 4%에 해당하는 식물(황야자 2분, 벤자민 고무나무 2분, 파키라 2분)을 창측에 일렬로 배치하였다(이하 식물방). 한편 공기의 실내외 이동을 막고 동일한 상태에서 측정하기 위해서 실험기간 동안 문을 열지 않았다.

우선 광도를 보면, 식물이 있는 방에는 창측에 식물을 배치하였기 때문에 차광이 되어 방 가운데로 들어오는 광도는 빈방에 비해서 낮았다. 실내온도는 주간에는 식물이 있는 방이 높았으나 야간에는 낮은 것을 볼 수 있다. 실제로 주간에는 창밖에서 안으로 들어오는 빛이 식물에게 차광되는데도 실내온도가 높다는 것은 실내온도가 식물이 있어서 변했다는 것을 분명히 보여준다.

한편 습도는 식물이 주간에 증산작용을 하기 때문에 빈방에 비해서 주·야간 모두 최소 5% 이상 높아졌다. 야간에도 습도가 지속적으로 높은 것은 주간 동안 식물의 증산작용으로 실내 절대습도가 높아졌기 때문일 것이다.

실내공기질 개선에 대해서 살펴보자. 우선 실내 이산화탄소 농도를 살펴보면, 주·야간 모두 식물이 있는 방이 빈방에 비해서 약 50ppm 정도 낮게 유지되었다. 방이 닫혀 있기 때문에 야간에도 동일한 정도로 감소되었고, 이 결과로 볼 때 식물이 야간에 방출하는 이산화탄소 양이 극히 적다는 것을 알 수 있다.

한편, 실내공기오염 중 가장 심각한 문제를 일으키는 포름알데히드의 경우, 시간이 지남에 따라 빈방에 비해 식물방이 훨씬 많이 제거되는 것을 볼 수 있다. 빈방은 포름알데히드 폭로 후 1시간째에는 오히려 약간 증가하였으나, 식물방에는 약 2분의 1 정도가 감소되었음을 볼 수 있다. 하루 경과 후에도 식물이 지속적으로 제거하고 있음을 볼 수 있다.

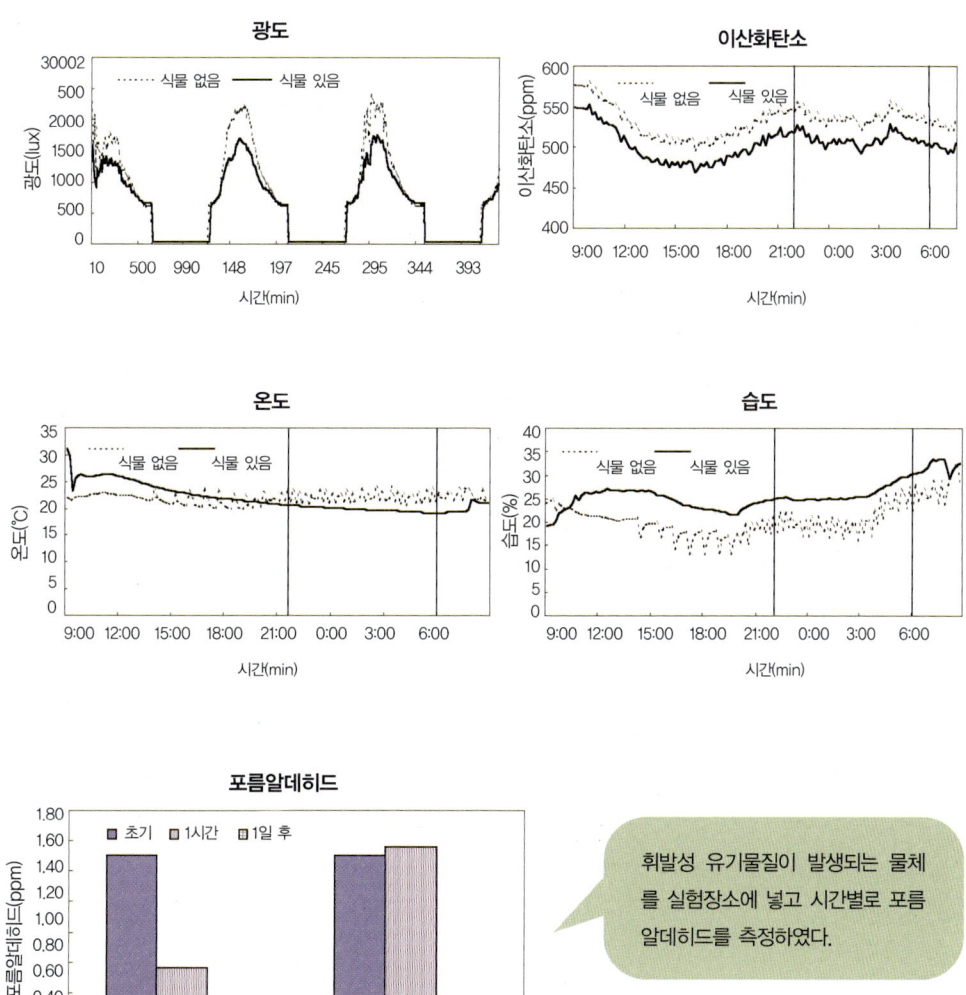

휘발성 유기물질이 발생되는 물체를 실험장소에 넣고 시간별로 포름알데히드를 측정하였다.

모든 요인을 다 조사한 것은 아니지만, 이 결과를 볼 때 식물의 중요성은 더 부인할 수 없다. 그렇다면 실제 상황에서는 어떻게 적용하는 것이 가장 좋은가? 몇 가지만 제시하고자 한다.

1. 실내에 식물을 둘 때는 가능한 한 PART 03에 제시한 기능성 식물을 우선으로 하여 배치한다. 그후에 아름다움이나 디자인을 고려하여 다른 식물을 선정한다.

2. 식물은 종류, 크기, 생육환경에 따라 그 기능에 엄청난 차이가 있다. 따라서 공산품처럼 정확히 얼마를 어떻게 어디에 두어야 한다고 일률적으로 말할 수는 없다. 단순히 온열환경과 실내공기질 개선만을 위한 것이 아니라 심미적인 측면도 고려할 때 다음과 같이 배치하는 것이 좋을 것이다.

즉 실내구조에 따라 차이는 있겠지만, 방 면적의 최소 3~4% 이상 식물을 두자. 이때 3~4%라 함은 최소 1m 이상의 가능한 한 큰 식물을 의미한다. 그리고 나머지는 작은 식물로 여기저기에 3% 정도 두는 것이 좋다. 전체적으로는 방 면적의 총 7~8% 정도 식물을 배치하는 것이다.

3. 가장 좋은 배치는 식물의 특성에 맞게 배치하는 것이며(주로 강한 광선을 요구하는가 아니면 약한 광선을 요구하는가), 그 다음에는 눈을 돌릴 때마다 시야에 녹색이 보이도록 배치하는 것이 가장 좋다. 항상 눈에서 녹색이 떠나지 않게 한다.

4. 식물은 가능한 한 잎이 많고 싱싱한 것을 고른다. 그리고 식물의 잎을 주기적으로 닦아준다.

치유 및 회복을 위한 원예활동

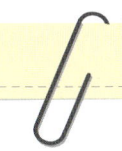

●● 만성질환 예방을 위한 원예활동

　신체활동이란 '골격근육을 활용해 에너지를 소모시키면서 점차적으로 건강에 도움을 주는 신체적 움직임'을 말한다. 신체활동은 움직임의 정도에 따라 크게 세 가지 단계로 나눌 수 있는데, 일반적으로 중간강도 신체활동은 심장이 평소보다 빠르게 뛰고, 짧게 숨을 쉬지만 힘들지 않고 편안하게 옆 사람과 대화할 수 있을 정도 수준의 신체활동을 말한다.

　고강도 신체활동은 심장이 훨씬 빠르게 뛰면서 짧고 가쁜 숨을 자주 몰아쉬어야 하기 때문에 옆 사람과 대화하기가 어려울 정도의 수준에서 이루어지는 신체활동을 말한다. 그리고 비의식적인 신체활동을 들 수 있는데, 예를 들면 차를 타기 위해서 걸어가거나 집안일을 할 때처럼 하루에 생활하는 과정 속에서 일어나는 활동을 들 수 있다.

　이러한 형태의 신체활동은 활동할 때 쓰이는 산소 소모량을 측정해 운동 강도를 나타내는 단위인 대사당량(MET : Metabolic Equivalent)으로 나타낼 수 있다(1MET = 3.5ml · kg^{-1} · $min.^{-1}$). 1~3METs는 저강도, 3~6METs는 중간강도, 6METs 이상은 고강도의 신체활동을 의미한다(그림 1 참조).

　그렇다면 신체활동은 구체적으로 우리 몸에 어떤 영향을 미칠까. 기존의 연구결과를 보면, 신체활동을 많이 할수록 만성질환을 예방하고 관리하는데 큰 영향을 미친다고 보고되어 있다. 대표적인 예로 들 수 있는 것이 심혈관 질환 및 뇌졸중의 감소, 제2형 당

뇨병의 관리유지, 골다공증의 예방관리, 체중조절 및 관리, 관절염 완화, 고혈압 예방관리, 안락한 수면 향상, 결장암 발생위험도 감소, 기능자립 및 이동능력 유지 등에 효과적인 것으로 나타났다.

또한 신체활동은 심리적인 효과가 높은 것으로 나타났는데, 예를 들어 긴장감 완화, 우울증 완화, 인지기능의 향상, 사회적 고립감 및 소외감 감소 등에 영향을 미치는 것으로 보고되고 있다. 따라서 미국스포츠의학학회와 미국심장학회 및 미국질병통제예방센터에서는 성인의 건강을 좋게 하기 위한 신체활동으로 주 5회 이상, 최소 30분 이상 중간강도의 신체활동할 것을 권장하고 있다. 또한 아동과 청소년의 경우는 매일 60분 이상 중간강도에서 고강도의 신체활동할 것을 권장하고 있다.

한편, 신체활동 중에서도 식물을 가꾸는 원예활동은 건강을 좋게 하고 유지하는데 긍정적인 영향을 미친다는 연구결과가 나와 있다. 또한 원예활동은 그 종류가 다양한 만큼 대상 연령에 따라서 신체활동의 단계도 저강도에서 고강도까지 여러 단계가 가능하다.

연구결과에 따르면, 노인의 경우는 땅파기, 땅고르기와 같이 상·하체를 모두 사용하는 원예활동은 중간강도의 신체활동에 해당하고, 모종 심기, 잡초 뽑기, 수확하기와 같이 하체는 서있거나 쪼그려 앉은 채로 주로 상체만을 사용하는 활동은 저강도의 신체활동에 해당하는 것으로 나타났다(표 23 참조). 아동과 성인의 경우는 상·하체를 모두 사용하는 활동은 고강도로, 주로 상체만 사용하는 활동들은 중간강도의 신체활동에 해당하는 것으로 조사되었다(표 23 참조).

또한 아동의 텃밭활동 중에서 식물 심기를 걷기, 달리기, 줄넘기, 공 주고받기와 같은 체육활동과 비교해 본 결과, 모종 심기나 종자 파종하기는 걷기나 공 주고받기와 비슷한 강도의 신체활동에 해당하는 것으로 조사되었다(표 24 참조).

이처럼 식물 가꾸기가 성인의 만성질환 예방과 관리는 물론이고, 어린이들의 건강에도 큰 도움을 주는 만큼 지금부터라도 생활 속에서 식물을 가까이 하고 원예활동을 적극적으로 실천해보면 어떨까. 잡초 뽑기, 땅파기, 땅고르기 등의 일을 하면서 부족한 운동을 채우고 원예활동을 통해 내 손으로 키운 식물이 커가는 모습을 보는 것은 심리적 안정감과 만족감을 주는 일석이조의 효과를 안겨줄 것이다.

그림 1. 신체활동의 운동 강도 구분

대사당량(MET : Metabolic equivalent), 1MET = 3.5ml · kg^{-1} · min.$^{-1}$(Norton et al., 2010).
예 : 누워있기(1MET), 앉아있기(1.3METs), 걷기(3.5METs), 골프(4.5METs), 조깅(7.5METs)(Ainsworth et al., 2003).

표 23. 아동, 성인, 노인의 원예활동의 운동 강도 및 에너지소모량

활동	아동	성인	노인
땅파기			
대사당량(METs)	6.6±1.6	6.3±1.2	4.5±1.2
산소소모량(ml · kg^{-1} · min^{-1})	23.0±5.5	22.0±4.0	15.6±4.0
심장박동수(beats/min)	134.3±16.0	123.7±32.7	120.3±18.3
에너지소모량(kJ · kg^{-1} · h^{-1})	27.4±6.7	26.1±4.5	10.7±3.6
갈퀴질하기			
대사당량(METs)	6.2±1.5	5.4±1.0	3.4±0.8
산소소모량(ml · kg^{-1} · min^{-1})	21.7±5.4	18.7±3.5	12.0±2.9
심장박동수(beats/min)	135.8±13.0	119.0±33.6	99.6±16.4
에너지소모량(kJ · kg^{-1} · h^{-1})	26.2±6.5	22.6±3.9	9.8±3.6
잡초 뽑기			
대사당량(METs)	5.8±1.1	5.0±0.8	3.4±0.6
산소소모량(ml · kg^{-1} · min^{-1})	20.2±4.0	17.2±2.7	11.8±2.2
심장박동수(beats/min)	123.9±14.3	118.0±13.6	104.7±13.9
에너지소모량(kJ · kg^{-1} · h^{-1})	24.1±4.7	20.6±2.9	9.0±2.5
멀칭하기			
대사당량(METs)	5.5±1.3	4.5±0.6	3.3±0.8

산소소모량(ml·kg⁻¹·min⁻¹)	19.2±4.7	15.7±2.0	11.5±2.8
심장박동수(beats/min)	121.6±16.4	105.9±29.1	95.7±9.3
에너지소모량(kJ·kg⁻¹·h⁻¹)	23.0±5.3	18.6±2.0	9.4±2.2
호미질하기			
대사당량(METs)	5.3±0.7	4.4±0.8	–
산소소모량(ml·kg⁻¹·min⁻¹)	18.6±2.6	15.5±2.9	–
심장박동수(beats/min)	124.9±17.0	116.3±11.8	–
에너지소모량(kJ·kg⁻¹·h⁻¹)	22.5±3.1	18.8±3.3	–
파종하기			
대사당량(METs)	5.0±1.1	4.3±0.8	2.7±0.6
산소소모량(ml·kg⁻¹·min⁻¹)	17.4±3.9	14.9±2.9	9.4±2.1
심장박동수(beats/min)	120.1±6.6	102.5±30.4	99.1±12.5
에너지소모량(kJ·kg⁻¹·h⁻¹)	21.0±4.6	18.0±3.6	8.1±1.9
수확하기			
대사당량(METs)	4.9±0.6	4.2±0.6	2.7±0.6
산소소모량(ml·kg⁻¹·min⁻¹)	17.0±2.1	14.6±2.1	9.3±1.9
심장박동수(beats/min)	119.6±12.6	109.6±12.3	90.8±10.6
에너지소모량(kJ·kg⁻¹·h⁻¹)	20.7±3.0	17.7±2.8	8.1±1.7
물주기			
대사당량(METs)	4.6±1.1	3.9±0.4	2.4±0.8
산소소모량(ml·kg⁻¹·min⁻¹)	16.1±3.7	13.5±1.5	8.4±2.8
심장박동수(beats/min)	121.5±9.9	113.0±12.5	86.5±11.1
에너지소모량(kJ·kg⁻¹·h⁻¹)	19.4±4.3	16.4±2.3	7.7±2.3
흙섞기			
대사당량(METs)	4.4±0.6	3.6±0.5	2.4±0.7
산소소모량(ml·kg⁻¹·min⁻¹)	15.3±2.2	12.7±1.8	8.4±2.3
심장박동수(beats/min)	119.4±15.1	104.0±29.6	103.3±16.6
에너지소모량(kJ·kg⁻¹·h⁻¹)	18.6±3.4	15.5±2.6	6.7±2.3
모종 심기			
대사당량(METs)	4.3±0.5	3.5±0.5	2.9±0.9
산소소모량(ml·kg⁻¹·min⁻¹)	15.0±1.7	12.1±1.6	10.0±3.3
심장박동수(beats/min)	113.7±12.4	105.8±11.0	96.9±14.8
에너지소모량(kJ·kg⁻¹·h⁻¹)	18.1±1.8	14.6±2.0	8.1±2.3

(평균 ± 표준편차)

(Park 외, 2011, 2012, 2013b)

표 24. 아동의 원예활동과 다른 형태의 신체활동의 운동 강도 비교

활동	대사당량 (METs)	산소소모량 (ml · kg⁻¹ · min⁻¹)	심장박동수 (beats/min)	에너지소모량 (kJ · kg⁻¹ · h⁻¹)
달리기	9.1±1.4	31.9±5.0	162.8±18.8	38.8±6.3
줄넘기	8.8±1.1	30.6±3.7	162.3±18.2	37.7±4.6
걷기	6.1±0.9	21.3±3.3	133.3±16.8	25.4±4.0
모종 심기	5.8±1.1	20.4±3.8	126.6±12.3	24.7±4.5
공 주고받기	5.6±1.1	19.6±3.7	130.9±20.9	23.2±4.5
종자 파종	5.4±0.7	19.0±2.6	122.9±12.9	22.9±2.9

(평균 ± 표준편차)

(Park 외, 2013a)

원예활동시 신체활동의 운동 강도 측정 모습

땅파기

파종하기

모종 심기

물주기

잡초 뽑기

수확하기

●● 식물을 가꾸면 근력도 좋아지고 손의 힘도 좋아져요

원예활동을 할 때 상체의 근육에서 주로 사용되는 근육을 조사한 결과, 승모근과 엄지두덩근, 새끼두덩근의 사용이 많은 것으로 나타났다(그림 2 참조). 목부터 어깨까지 걸친 근육이 승모근인데, 승모근의 운동이 부족하면 어깨 통증으로 이어져 오십견 증상이 나타날 수 있다. 따라서 식물 심기 등 승모근을 운동시켜주는 원예활동을 시작한다면 어깨 통증을 예방하는데 도움이 될 수 있을 것이다.

또한 손을 많이 쓰는 원예활동은 엄지두덩근과 새끼두덩근을 단련시켜 자칫 굳어지기 쉬운 노인들의 손힘을 기르는데도 도움을 준다. 실제로 텃밭활동을 많이 하는 노인들과 그렇지 않은 노인들의 손 기능(손 장악력, 손가락 힘)을 조사한 결과, 텃밭활동을 규칙적으로 많이 하는 노인들의 손 기능이 월등히 좋은 것으로 조사되었다.

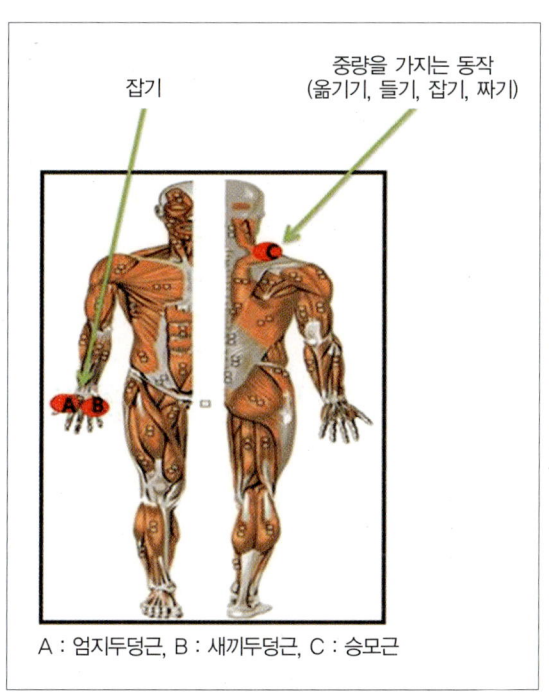

그림 2. 원예활동시 주로 사용되는 상체와 손 근육 부위
(Park 외, 2013c)

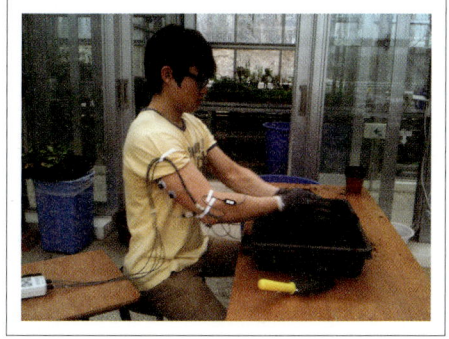

그림 3. 실내 원예활동의 상체 근육측정 모습

●● 꽃꽂이만으로도 근육과 관절 운동이 된다

집안을 아름답게 가꾸기 위해 꽃꽂이를 배워 장식하는 사람들이 많이 있다. 그런데 꽃꽂이를 하는 것만으로도 우리 몸의 근육과 관절에 도움이 된다는 사실이 필자의 공동연구결과를 통해 밝혀졌다.

다양한 꽃꽂이 작업들을 분류해놓고 각각의 작업을 할 때 사용되는 관절의 가동범위와 근육 활성도를 측정하였다. 주로 꽃꽂이를 할 때 수행되는 작업들을 보면 자르기나 꽂기, 말기, 휘기, 감기 등을 들 수 있는데, 이러한 작업에 따라 상체 근육의 부위별 근육 활성도는 다양한 변화를 보였으며 한 가지 작업에 대해 여러 부위의 근육들이 동시에 사용되었다.

운동량 결과 순위표는 관절운동범위와 근 활성도의 높은 운동량의 순서를 별 다섯(★★★★★)으로 나타내어 상체운동량이 크게 영향을 미치는 것으로 하고, 가장 적게 영향을 미치는 것은 별 하나(★)로 구분하여 표 25, 표 26에 나타내었다.

예를 들면 어깨관절은 자르기 작업의 경우 관절 움직임의 변화가 가장 컸으며 팔꿈치 관절은 감기 작업에서, 손목 부위 관절은 휘기 작업에서 가장 큰 관절 움직임을 보였다. 또한 같은 방법으로 수행하는 작업일지라도 재료의 굵기나 길이에 따라 관절가동범위와 근수축의 차이가 나타났다.

따라서 꽃꽂이의 주요 작업을 이용한다면 일반인의 경우 상체의 근육 운동과 관절 운동에 도움이 될 것이고, 특정 신체 부위의 기능이 떨어진 환자의 경우 재활치료에도 도움이 될 것이다.

표 25. 꽃꽂이 동작에 따른 각 관절 부위의 운동량의 순위표(Lee 외, 2012)

항목	굵은나무 줄기자르기	가는나무 줄기자르기	긴줄기 꽂기	짧은줄기 꽂기	말기	굵은줄기 휘기	가는줄기 휘기	감기
어깨신전	★★★★★	★★★★	★★★★	★★★	★★★★	★★★	★★★	★★★
어깨굴곡	★★★★★	★★★	★★★★	★★★★	★★★	★★★★	★★★	★★★★
어깨외전	★★★★★		★			★★★★	★★★	
어깨내전	★★★★★			★		★★★★		★★★
어깨외회전	★★★★★		★			★★★★	★★★	
어깨내회전	★★★★★		★★	★★		★★★★	★★★	★★
팔꿈치굴곡	★★	★★	★★	★		★★★★	★★★	★★★★★
손목뒤침	★★★★	★★★			★	★★★★★	★★★★★	★★★★★
손목엎침	★★★★		★			★★★★★	★★★	★★★
손목 내측편위	★★★★	★★★★	★	★★★	★	★★★★★	★★★★★	★★
손목 외측편위			★			★★★★★	★★★★	★★★
손목굴곡	★	★	★★★	★★★	★★★	★★★★★	★★★★	★★★
손목신전	★		★★★			★★★★★	★★★★★	★★★★
운동량의 순위	1 ★★★★★	2 ★★★★	3 ★★★	4 ★★	5 ★	6		

표 26. 꽃꽂이 동작에 따른 각 근육별 활성도의 순위표(Lee 외, 2012)

항목	굵은나무 줄기자르기	가는나무 줄기자르기	긴줄기 꽂기	짧은줄기 꽂기	말기	굵은줄기 휘기	가는줄기 휘기	감기
상부승모근	★★★★★	★★★★			★	★★		★★★
삼각근	★★★★★		★★★	★		★★		★★★★
상완이두근	★★★★★	★★★		★		★★★★	★★	★★★
상완삼두근	★★★★	★★★★	★★★★★	★★	★	★★★		
손목신전근	★★★★★	★★★★	★★★	★★	★	★★	★	★★★
손목굴곡근	★★★★		★★★★★	★★	★	★★★		
운동량의 순위	1 ★★★★★	2 ★★★★	3 ★★★	4 ★★	5 ★	6		

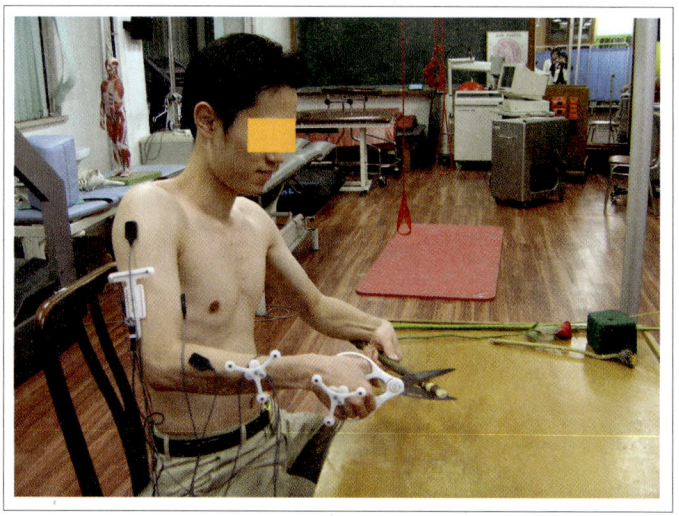

꽃꽂이 작업 상체운동 근육 측정 위치

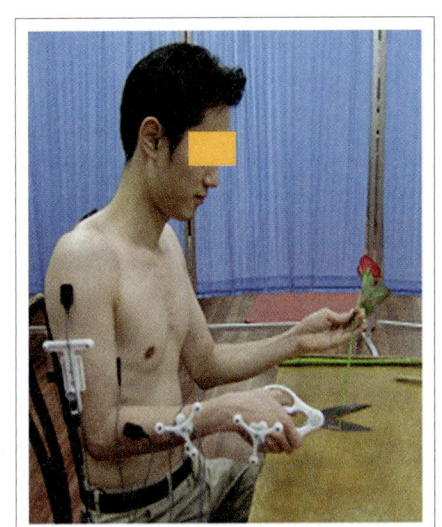
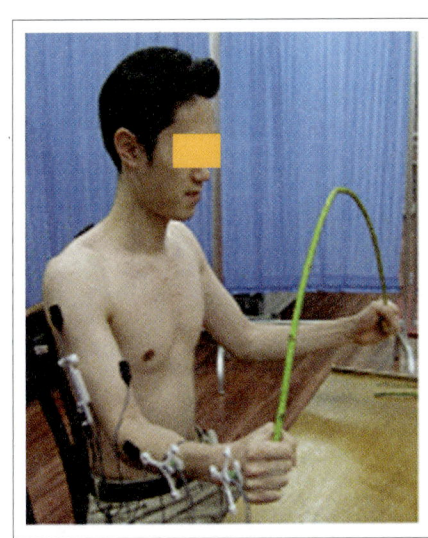
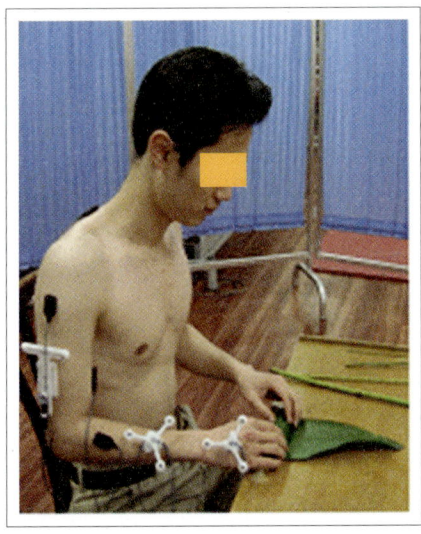

꽃꽂이 동작(자르기, 꽂기, 휘기, 말기)

●● 치매 예방을 위한 식물 가꾸기

　산업과 과학기술의 발전을 통한 의식주 수준의 향상과 더불어 의학기술의 발달로 의약품의 보급과 질병 예방이 보편화되면서, 인간의 평균 수명은 점차 증가하고 있다. 2013 세계보건통계에 따르면 2011년 출생아를 기준으로 한 한국인의 기대수명은 평균 81세로, 불로불사를 염원하던 진시황(BC 259~210)이 50세의 나이로 객사한 것과 비교했을 때 현대 한국인은 황제보다 나은 삶을 살고 있다고 볼 수 있다.

　그러나 평균 수명의 증가가 행복이나 삶의 질 향상으로 직결된 것만은 아니다. 노인이 되면서 겪게 되는 빈곤(경제적인 문제), 고독(소외감), 무위(역할상실), 병(건강문제)을 노인의 대표적인 네 가지 고통으로 여길 만큼, 노인 인구가 많아지면서 생기는 욕구와 문제들은 보다 다양해졌다.

　노인들은 특히 건강에 큰 관심을 갖는데, 조사에 따르면 암과 치매의 발병을 가장 염려하며 치매를 암만큼 두려운 질병으로 인식하고 있다. 보건복지부의 자료에 따르면, 실제 65세 이상 인구 중 치매 환자의 비율은 증가하는 추세이며 앞으로도 증가할 것으로 예상되고 있어, 앞으로는 치매 발생에 대한 두려움으로만 가질 것이 아니라 치매 예방을 위한 대책이 시급하다고 볼 수 있다.

　치매는 선천적인 질병이 아니라, 정상적인 지적 수준을 유지하던 뇌가 여러 가지 원인에 의해 후천적으로 손상되면서 기억력 등 인지기능이 저하되어 일상생활이나 사회생활을 하는데 어려움을 초래하는 상태를 말한다. 유아기의 영양 상태에 따른 뇌 발달 정도나 성인기의 두뇌활동, 운동, 음주 및 흡연 유무, 뇌 손상 및 성인질환 관리 유무 등이 뇌혈관과 뇌세포에 영향을 미쳐 치매의 원인이 되는 것이다. 즉, 뇌혈관과 뇌세포가 있는 사람이라면 누구든지 치매에 걸릴 수 있으며, 치매는 아무런 이유 없이 갑자기 생기는 질병이 아니다. 따라서 미리 노력한다면 치매를 예방할 수 있다.

　치매 예방 방법은 크게 뇌혈관 질환 예방법과 두뇌 훈련으로 구분할 수 있다. 심혈관

질환 예방법은 다시 식생활 습관 관리와 운동으로 나눌 수 있는데, 술과 담배 끊기, 짜고 기름진 음식 피하기, 뇌 건강에 좋은 식품(등푸른 생선, 카레, 색깔있는 과일과 채소, 견과류, 녹차) 먹기, 6시간 이상 적절한 수면, 규칙적인 운동(하루 30분 이상 걷기 등)이 이에 해당된다.

한편, 두뇌 훈련으로는 시각, 촉각, 후각 등 다양한 감각자극을 통한 뇌신경 자극, 신문이나 책읽기, 글쓰기, 노래가사나 단어암기 등의 기억자극, 게임 등을 통한 뇌세포 활동을 강화시키기 등이 있다.

식물이나 정원을 가꾸는 활동은 뇌내 물질인 세로토닌(serotonin) 분비를 왕성하게 하여 마음을 안정시킨다. 식물을 키우면서 식물을 언제, 어떻게 관리할지 계획을 세우는 작업은 뇌 앞부분에 위치한 전두엽을 활성화시키는데, 전두엽은 감정 및 스트레스와 관련 있기 때문에 식물을 보거나 가꾸면 마음이 차분해지면서 뇌가 활성화되는 이상적인 상태가 된다.

또한 약 80kg의 성인이 30분 정도 식물에 물을 주거나 씨앗을 심는 활동은 각각 60kcal와 160kcal의 에너지를 소모하는 활동으로, 이는 같은 30분 동안 산책(60kcal)하거나 자전거 타기(160kcal)와 같은 정도의 에너지를 소모하는 활동이며, 활동을 하면서 동시에 뇌를 활성화시킬 수 있어 산책이나 자전거 타기보다 효과적이고 반복적인 운동이라고 볼 수 있다.

흙과 식물을 직접 보고 만지면서 경험하게 되는 다양한 감각자극은 뇌신경을 자극하고, 본인이 직접 키운 채소나 과일을 통해 높은 만족감과 성취감을 갖게 될 뿐만 아니라, 수확 후 영양소의 파괴가 최소화된 식품 섭취를 통해 양질의 영양 상태를 유지할 수 있다. 따라서 식물을 가꾸는 것은 치매 예방에 필요한 스트레스 해소뿐만 아니라 운동, 영양 관리, 두뇌 훈련 전반에 걸쳐 도움이 된다.

 한편, 식물을 키우는 활동은 후천적으로 손상된 뇌를 활성화시키는 데에도 효과적이다. 뇌세포는 한 번 손상되면 재생되지 않지만 뇌 가소성(brain plasticity : 뇌세포가 죽더라도 남은 세포들이 활성화되면 죽은 뇌세포의 기능을 담당하는 성질)이 있기 때문이다. 실제로 이미 뇌세포가 줄어들거나 손상된 치매 환자들이 원예활동을 했을 때 기억력이나 언어능력 등 인지기능이 유지·향상되거나 공격성 등의 행동심리증상이 감소되는 것 역시 뇌의 가소성 때문이라고 할 수 있다.

 치매 전문병원에서 치료 중인 치매 환자를 대상으로, 약물치료와 함께 2개월 동안 주 2회의 원예치료를 병행한 환자의 인지기능과 복용약물의 변화를 원예치료를 시작하기 전과 후에 조사하고, 약물치료만 실시한 환자와의 차이를 각각 비교해보았다. 약물치료만 실시한 치매 환자들은 2개월 경과 후, 우울감이 유의하게 증가했으며 시공간 지각 및 구성능력이 유의하게 감소했고, 주의집중력, 계산력, 전두엽 기능 등 대부분의 인지기능은 오히려 감소하는 경향을 보였다. 또 치매 및 행동심리 증상과 관련된 약물의 복용량이 증량되었다.

 한편, 약물치료와 원예치료를 병행한 치매 환자들은 원예치료를 실시한 2개월 전후를 비교했을 때, 원예치료 전에 비해 주의집중력, 시공간 지각 및 구성능력, 기억력이 유의하게 향상되었으며, 복용약물 중 행동심리 증상과 관련된 약물의 복용량이 감소했다. 이러한 치매 환자들의 인지기능 변화는 PET 촬영을 통한 뇌 영상을 통해서도 확인할 수 있다.

PET(positron emission tomography)는 양전자 방출 단층 촬영술로 뇌세포의 다양한 생물학적인 변화와 기능적 변화를 연관시켜 이해하는데 매우 유용하며, PET 촬영을 통해 뇌 혈류량, 뇌 산소 공급량, 포도당 대사량 등을 측정할 수 있다. 정상인에 비해 전반적인 뇌 피질의 당 대사 감소가 관찰되는 알츠하이머형 치매 환자의 경우, 원예치료 실시 후 좌측 측두-두정엽의 당 대사가 증가하는 경향을 보여 외부로부터의 정보를 부호화하여 단기기억으로 저장하는 뇌의 부분이 활성화된 것으로 이해할 수 있다(그림 4 참조).

혈관성 치매 환자는 허혈성 병변들이 피질하 연결회로를 손상시켜 피질의 당 대사와 혈류 흐름을 감소시키는데, 원예치료 실시 후 양쪽 전측두-두정엽의 여러 부위에서 당

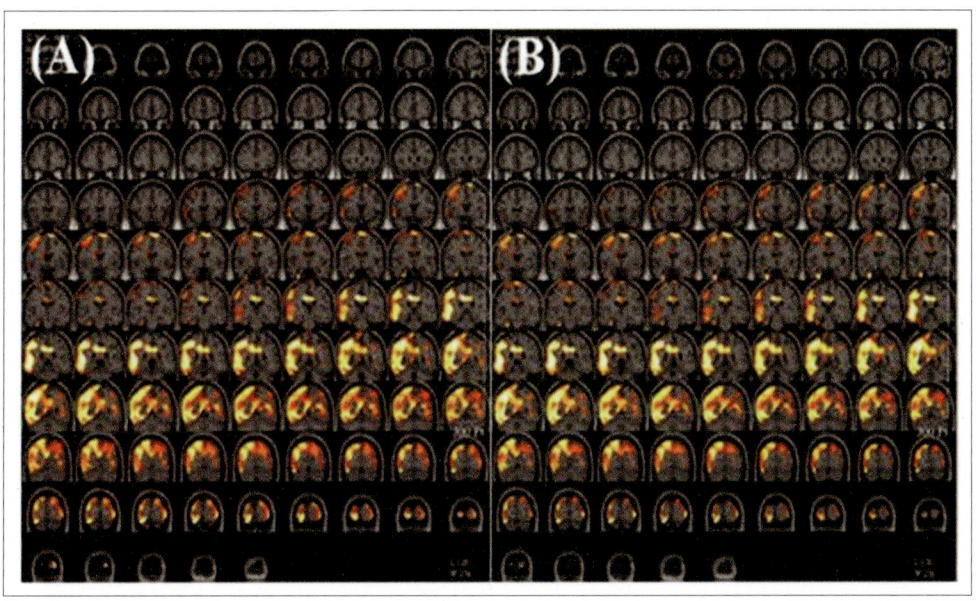

그림 4. 원예치료 전(A) 후(B) 알츠하이머형 치매 환자의 뇌 영상(Brain PET). 알츠하이머형 치매 환자는 원예치료 후 좌측 측두-두정엽 부위의 당 대사량(glucose metabolism)이 증가하는 경향을 보였다(Cho, 2008).

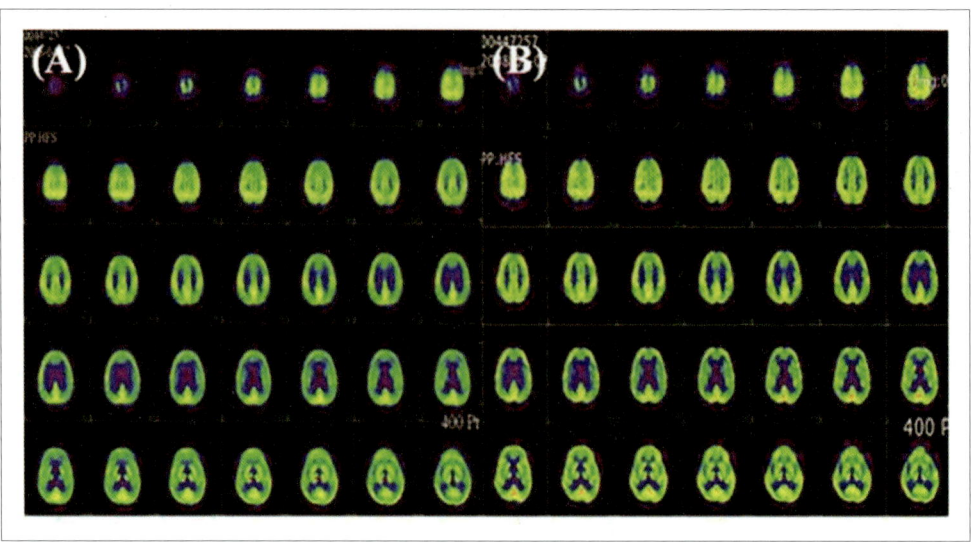

그림 5. 원예치료 전(A) 후(B) 혈관성 치매 환자의 뇌 영상(Brain PET). 혈관성 치매 환자는 원예치료 후 전측두-두정엽 여러 부위의 당 대사량(glucose metabolism)이 증가하는 경향을 보였다(Cho, 2008).

대사가 증가하는 경향을 보여 원예치료시 관찰된 주의집중력 및 기억력 향상이 뇌의 당 대사 변화에서도 유사한 변화를 보인 것으로 생각할 수 있다(그림 5 참조).

식물은 그 자체만으로도 온습도를 조절하고, 음이온을 방출하며, 포름알데히드나 벤젠, 톨루엔 등의 공기 중 유해물질을 제거하는 기능을 가지고 있다. 그러나 앞서 살펴본 것처럼 이러한 식물을 직접 키우고 가꾸는 활동은 단순히 유산소 운동을 넘어 두뇌 건강을 위한 효과적인 것으로, 현대인에게 꼭 필요한 것이라고 볼 수 있다. 그렇다면 어떤 식물을 어떻게 키우는 것이 효과적일까?

우선 계절별로 뚜렷한 변화를 보이는 식물을 선택하는 것이 좋으며, 가능하면 식물에 대한 추억이나 사연이 있는 식물을 선택하는 것이 바람직하다. 식물의 꽃이나 열매 등의 변화를 통해 자연스럽게 계절감을 느낄 수 있고, 식물과 관련된 추억이나 사연을 통해 과거를 회상하며 오래된 기억들을 자극할 수 있기 때문이다. 오래된 기억의 자극은 최근 기억, 즉 단기기억의 유지와 향상에 긍정적인 상호작용을 하므로, 전혀 생소한 식물을 키우는 것보다 과거 기억을 자극할 수 있는 식물을 키우는 것이 기억력 자극과 향상에 도움이 된다.

또 성장속도가 빠른 식물을 키우는 것이 좋다. 일반적으로 난이나 실내에서 잘 자라는 관엽식물 등은 성장속도가 느리기 때문에 식물을 키우면서 식물의 성장과정이나 변화를 보는 것이 쉽지 않고, 이 때문에 식물을 키우는 과정에서 흥미를 잃기 쉽다. 집에서 쉽게 키울 수 있는 채소류(상추, 토마토 등)나 화훼류(해바라기, 봉선화, 나팔꽃 등)는 씨앗을 심으면 싹이 나서 자라고 꽃이 피거나 열매를 맺는 식물의 전 생애(life cycle)를 짧은 시간 안에 다이내믹하게 볼 수 있다.

식물을 단순히 키우는 것에서 그치지 않고 본인이 키우거나 키우려고 하는 식물에 관한 책을 읽거나, 식물의 변화를 관찰하여 날짜별로 관찰일기를 쓰는 활동은 식물의 이름과 특징을 기억하는 훈련과 연결되어 측두엽의 뇌세포를 자극한다. 한편, 식물과 관련된 시를 소리내어 암송하거나 직접 시나 짧은 감상 적기, 식물과 관련된 노래 부르기 등 식물을 떠올리며 할 수 있는 다양한 활동은 기억력을 주관하는 측두엽뿐만 아니라 뇌의 여러 부위를 연결하는 회로인 피질하 부위의 뇌세포, 그리고 수행능력을 담당하는 전두엽을 자극하는 활동이다.

오래 사는 것보다는 건강하고 행복하게 오래 사는 것이 가장 중요하다. 두뇌와 몸, 정신의 건강을 위해 아름다운 식물을 행복하게 키우며 효과적으로 활용해보자.

참고 문헌

- 강경철. 1998. 관엽식물에 대한 인상평가와 식물배치 방법이 실내거주자의 심리에 미치는 영향. 건국대학교 대학원 석사학위논문.

- 구자율, 김수연, 조문경, 손기철. 2002. 초등학교 교실 내 실내정원의 도입이 집단 괴롭힘과 주의 집중에 미치는 영향. 원예과학기술지 20(6):127.

- 김대식, 김병수, 김병원, 김영활, 김종규, 민병해, 윤중수, 최석철, 최완수. 2000. 《생리기능검사학》. 고려의학.

- 김민지. 2003. 실내환경조건에 따른 관엽식물의 생리적 반응과 이산화탄소 제거능. 건국대학교 대학원 석사학위논문.

- 김여정. 2003. 관엽식물이 실내미세분진 제거에 미치는 영향. 건국대학교 대학원 석사학위논문.

- 농진청. 2012. 실내공간 환경개선을 위한 식물활용 신기술의 현장적용. 녹색 어메니티 지원 과제 연차보고서. 농림수산식품부 농진청 원예특작과학원.

- 대기환경연구회. 2001. 《대기환경개론》. 동화서적.

- 대한치매학회. 2006. 《치매 : 임상적 접근》. 아카데미아.

- 도세록. 2012. 노인의 의료이용 증가와 시사점. 보건복지 Issue & Focus 167(2012-48). 한국보건사회연구원.

- 도시와 숲. www.forestcity.co.kr

- 박소영, 송진수, 김형득, 손기철. 2003. 지지적 원예치료와 실내정원이 고등학생의 스트레스 감소에 미치는 영향. 원예과학기술지 21(별호2):33.

- 박소홍. 1998. 관엽식물의 생리적 반응차이에 의한 대기오염물질(O_3, SO_2, O_3+SO_2)의 흡수능 비교. 한국대기보존학회 14(1):35~42.

- 박재억. 2005. 편백정유향의 흡입이 학생의 단기 기억력과 집중력 향상 및 스트레스 감소에 미치는 영향. 건국대학교 석사학위논문.

- 손기철, 김미경, 박소홍, 장명갑. 1998. 관엽식물 파키라가 실내 온·습도 변화에 미치는 영향. 원예과학기술지 16(3):377~380.

- 손기철, 류명화, 박웅규. 1999. 컴퓨터 모니터 발생 전자파 차단에 미치는 선인장의 효과 유무. 원예과학기술지 17(6):773~776.

- 손기철, 류명화, 박웅규. 2000. 실내식물이 컴퓨터 모니터 발생 전자파 차단에 미치는 영향. 한국원예학회지 41(4):423~428.

- 손기철, 박석근, 부희옥, 배공영, 백기엽, 이상훈, 허북구. 2003. 《원예치료》. 중앙생활사.

- 손기철, 송종은, 엄수진, 백기엽, 오홍근, 이종섭, 김정호. 2001. 정유의 흡입이 각성 및 항스트레스에 미치는 영향. 한국원예학회지 42(5):614~620.

- 손기철, 이성한, 서상규, 송종은. 2000. 관엽식물 및 배양토가 실내공기 오염물질의 흡수 및 흡착에 미치는 영향. 한국원예학회지 41:305~310.

- 손기철, 이종섭, 송종은. 1998. 실내식물의 시각적 인식이 인간의 뇌파변화에 미치는 영향. 한국원예학회지 39(6):858~862.

- 손기철, 이종섭, 송종은. 1999. 벤자민 고무나무와 사진의 시각적 인식이 인간의 뇌파와 뇌혈류의 변화에 미치는 영향. 한국원예학회지 40(1):134~138.

- 손기철, 이종섭, 이손선. 1999. 동양 및 서양식 꽃꽂이의 시각적 감상이 인간의 뇌파 변화에 미치는 영향. 한국원예학회지 40(4):511~514.

- 손기철. 1998. 원예활동의 심신치료적 효과. 원예치료 연구 1. 한국원예치료협회.

- 송종은. 2004. 식물을 이용한 실내경관 조성이 작업자의 스트레스 경감과 정신생리 향상에 미치는 영향. 건국대학교 대학원 박사학위논문.

- 송종은, 엄수진, 김수연, 이종섭, 손기철. 2001. 실내식물이 정신분열증 환자의 뇌파 변화에 미치는 영향. 원예과학기술지 19(별호1):134.

- 송종은, 엄수진, 김수연, 손기철, 이종섭. 2000. 관엽식물의 잎모양, 크기, 수형에 따른 시각적 인식이 뇌파변화 및 이미지 평가에 미치는 영향. 원예치료 연구3:118~132.

- 송진수, 박소영, 김형득, 손기철. 2003. 교실 내 정원이 고등학생들의 스트레스 감소와 면역력 향상에 미치는 효과. 원예과학기술지 21(별호2):33.

- 시노하라 기쿠노리. 2008. 《젊고 건강한 뇌를 위한 365일 뇌 활성 트레이닝》. 우듬지.

- 안도 유키오. 2005. 《알기 쉬운 인체의 신비》. 중앙생활사.

- 양점도, 현영렬, 조미숙, 임희규, 장정순 외. 2008. 《사회복지학 개론》. 광문각.

- 오영희. 2012. 성공적 노후에 대한 중장년층의 인식. 보건복지 Issue & Focus 158(39). 한국보건사회연구원.

- 오홍근. 2000. 《향기요법》. 양문사.

- 윤은주. 1995. 실내식물이 정신건강에 미치는 영향. 상명여자대학교 석사학위논문.

- 이상훈, 임은애, 조문경, 손기철. 2007. 원예치료가 치매노인의 우울과 자아존중감에 미치는 영향. 한국인간·식물·환경학회지 10(4):40~47.

- 이은아, 해브리병원 두뇌연구소. 2011. 《그림을 통한 두뇌자극》. 베리굿미디어.

- 이종섭, 손기철, 김용덕, 김태연, 고진경. 2000. 실내식물이 작업자의 영상표시 단말기 증후군(VDT)증상 완화에 미치는 영향. 원예학회지 41(6):657~661.

- 이종섭, 손기철. 1999. 실내식물 및 색채자극이 대뇌 활성도 및 감정반응에 미치는 영향. 한국원예학회. 한국원예학회지 40(6):772~776.

- 이진희. 1994. 실내조경식물의 SO_2 정화능, 시각적 선호도 및 스트레스 해소 효과에 관한 연구. 고려대학교 대학원 박사학위논문.

- 이진희, 윤평섭. 2003. 실내 조경식물의 음이온 방출효과를 이용한 실내 오염제거 기작과 효율. 한국식물, 인간, 환경 학회지 6:81~92.

- 정승일. 2003. 오존처리시 실내식물의 정화능과 생리적 반응. 건국대학교 대학원 석사학위논문.

- 조문경. 2008. 치매환자의 인지기능 및 행동심리증상 향상을 위한 비약물적 치료로서의 원예치료. 건국대학교 대학원 원예과학과 박사학위논문.

- 조정일, 손기철, 성인화. 1996. 《신비한 생물 창조섭리》. 국민일보사.

- 차희운. 2006. 건강한 주택과 실내공기오염물질. 설비저널 35(1):25~32.

- 천세철 외. 2010. 다양한 관엽식물의 근권부 박테리아 집단이 실내 휘발성 유기화합물질의 제거에 미치는 영향. 원예과학기술지 28(3):476~483.

- 한승원. 2001. 동양란류에 의한 실내오염가스 제거효과. 서울여자대학교 대학원 원예학과 박사학위논문.

- 홍정. 2000. 몇 가지 실내식물을 이용한 벤젠과 포름알데히드 제거효과. 고려대학교 대학원 원예과학과 박사학위논문.

- 近藤三雄, 鳥山貴司. 1989. 室内等の綠によるVDT作業がもたらす視覺疲勞の回復效果に關する 實驗的研究. 造園雜誌 52(5):139~144.

- 仁科弘重. 1998a. グリーンアメニティ(1):人間の感性から考える室内綠化. 農業および園藝. 73(11):1165~1172.

- 仁科弘重. 1998b. グリーンアメニティ(2):人間の感性から考える室内綠化. 農業および園藝. 73(12):1270~1277.

- 石野久彌, 谷本 潤, 柳 正秀. 1994. 室内環境における 觀葉植物の 蒸散作用に 關する 硏究. 日本建築學會計劃系論文集 第 457號:9~17.

- Ainsworth, B.E., W.L. Haskell, M.C. Whitt, M.L. Irwin, A.M. Swartz, S.J. Strath, W.L. O'Brien, D.R. Bassett, K.H. Schmitz, P.O. Emplaincourt, D.R. Jacobs, and A.S. Leon. 2000. Compendium of physical activities: An update of activity codes and MET intensities. Medicine & Science in Sports & Exercise. 32(9):S498~S516.

- Asaumi, H., H. Nishina, H. Nakamura. 1995. Effect of ornamental foliage plants on visual fatigue caused by visual display terminal operation. Journal of Shita 7(3):138~143.

- Asaumi, H., H. Nishina, T. Fukuyama, and Y. Hashimoto. 1991. Simulative estimation for the environment inside room from the green amenity aspect. Journal of Shita. 3(1):31~38.

- Burchett, M. and R. Wood. 1994. Indoor plants and pollution reduction, pp. 255~264. In: J. Flagler and R.P. Poincelot (eds.) People-plant relationships; setting research priorities. Food Products Press. New York.

- Caspersen, C.J., K.E. Powell, and G.M. Christenson. 1985. Physical activity, exercise, and fitness: Definitions and distinctions for health related research. Public Health Reports. 100(2):126~131.

- Cho, B.H. 1995. Effect of ozone on the human body. National institute of environmental research.

- Craig C.L., A.L. Marshall, M. Sjostrom., A.E. Bauman, M.L. Booth, B.E. Ainsworth, M. Pratt, U. Ekelund, A. Yngve, J.F. Sallis, and Oja. P. 2003. International Physical Activity Questionnaire: 12-Country Reliability and Validity. Medicine & Science in Sports & Exercise.

- Dietz, W.H. 1998. Health consequences of obesity in youth: Childhood predictors of adult disease. Pediatrics. 101:518~525.

- Ekeland, E., F. Heian, and K.B. Hagen. 2005. Can exercise improve self esteem in children and young people? A systematic review of randomized controlled trials. British Journal of Sports Medicine. 39(11):792~798.

- Fraser, G.E., R.L. Phillips, and R. Harris. 1983. Physical fitness and blood pressure in school children. Circulation. 67:405~412.

- Fujimori, K., A. Kaneko and Y. Kitamori. 1998. Hinokitioll from the essential oil of hinoki[Chamaecyparis obtusa(Sieb. Et Zucc.) Endl.]. J. Essent. Oil Res. 10:711~712.

- Hugues Duffau. 2006. Brain plasticity: From pathophysiological mechanisms to therapeutic applications. Journal of Clinical Neuroscience 13 (2006) 885~897.

- Lee. B.I., W. Moon, and J.I. Son. 2004. Cultivation under structure (10-1). Korea National Open University Press.

- Lee S.S., S.A. Park, O.Y. Kwon, J.E. Song, and K.C. Son. 2012. Measuring range of motion and muscle activation of flower arrangement tasks and application for improving upper limb function. Korean Journal of Horticultural Science Technology. 30(4):449~462.

- Lohr, V.I. and C.H. Pearson-mins. 1996. Particulate matter accumulation on horizontal surfaces in interiors: influence of folliage plants. Atmospheric environment 30(14):2565~2568.

- Nakamura, R. and E. Fujii. 1990. Studies on the characteristics of electroencephalogram, especially of alpha rhythm inspecting plants of Pelargonium Hortorum 'Sprinter Red' and Begonia Evansiana. 造園雜誌 53(5):287~292.

- Parfitt, G. and R.G. Eston. 2005. The relationship between children's habitual activity level and psychological well-being. Acta Paediatrica. 94:1791~1797.

- Park, S.H. 2002. Pain tolerance and recovery effects of ornamental indoor plants in a stimulated hospital patient room. Kansas State Univer. MS Theses.

- Park, S.H. and R.H. Mattson. 2008. Effects of flowering and foliage plants in hospital rooms on patients recovering from abdominal surgery. HortTechnology 18(4):563~568.

- Park, S.A., A.Y. Lee, H.S. Lee, K.S. Lee, and K.C. Son. 2013a. Comparison of the metabolic costs of gardening and common physical activities in children. The Journal of Korean Society people plants environment. 16(3):120(abstr.).

- Park, S.A., A.Y. Lee, K.S. Lee, H.S. Lee, J.E. Song, B.R. Kim, K.S. Lee, K.C. Son, and C.A. Shoemaker. 2012. Metabolic equivalents of gardening tasks as a physical activity in children and adults. Korean Journal of Horticultural Science Technology. 30(Suppl. II):181(abstr.).

- Park, S.A., C.A. Shoemaker, and M.D. Haub. 2009. Physical and psychological health conditions of older adults classified as gardeners or nongardeners. HortScience. 44(1):206~210.

- Park, S.A., H.S. Lee, K.S. Lee, K.C. Son, and C.A. Shoemaker. 2013b. The metabolic costs of gardening tasks in children. HortTechnology. (In Press).

- Park, S.A., K.S. Lee and K.C. Son. 2011. Determining exercise intensities of gardening tasks as a physical activity using metabolic equivalents in older adults. HortScience. 46(12):1706~1710.

- Park, S.A., S.R. Oh, K.S. Lee and K.C. Son. 2013c. Electromyographic analysis of upper limb and hand muscles during horticultural activity motions. HortTechnology. 23(1):51~56.

- Salmon, J. and T. Shilton. 2004. Endorsement of physical activity recommendations for children and youth in Australia. Journal of Science and Medicine in Sport. 7:405~406.

- Scarmeas N., Levy G., Tang M., Manly J., Stern Y. 2001. Influence of leisure activity on the incidence of Alzheimer's disease. Neurology 57: 2236~2242.

- Strong, W.B., R.M. Malina, C.J.R. Blimkie, S.R. Daniels, R.K. Dishman, B. Gutin, A.C. Hergenroeder, A.

- Must, P.A. Nixon, J.M. Pivarnik, T. Rowland, S. Trost, and F. Trudeau. 2005. Evidence based physical activity for school-age youth. Journal of Pediatrics 146(6):732~737.

- Twisk, J.W.R, H.C.G. Kemper, W. van Mechelen, and G.B. Post. 1997. Tracking of risk factors for coronary heart disease over a 14-year period: A comparison between lifestyle and biologic risk factors with data from the Amsterdam growth and health study. American Journal of Epidemiology. 145(10):888~898.

- Yoon, J.W., K.C. Son, D.S. Yang, and S.J. Kays. 2009. Removal of indoor tobacco smoke under light and dark conditions as affected by foliage plants. Kor. J. Hort. Sci. Technol. 27(2):312~318.

- Williams, M.A., J.L. Fleg, P.A. Ades, B.R. Chaitman, N.H. Miller, S.M. Mohiuddin, I.S. Ockene, C.B. Taylor, and N.K. Wenger. 2002. American heart association council on clinical cardiology subcommittee on exercise, cardiac disease in the elderly (with emphasis on patients ≥ 75 years of age): An American heart association scientific statement from the council on clinical cardiology subcommittee on exercise, cardiac rehabilitation and prevention. Circulation 105:1735~1743.

- Wipfli, B.M., C.D. Rethorst, and D.M. Landers. 2008. The anxiolytic effects of exercise: A meta-analysis of randomized trials and dose-response analysis. Journal of Sport Exercise Psychology. 30:392~410.

- Wolverton, B.C. 1996. Eco-friendly house plants. Phoenix illustrated, London.

- Wolverton, B.C., A. Johnson, and K. Bounds. 1989. Interior landscape plants for indoor air pollution abatement-final report. NASA, Stennis Space Center, MS.

- Wood, R.A., R.S. Orwell, J. Tarran, F. Torpy, and M. Burchett. 2002. Potted-plant/growth media interaction and capacities for removal of volatiles from indoor air. Journal of Horticultural science & biotechnology 77:120~129.

- World Health Organization (WHO). 2013. World Health Statistics 2013.

PART 02 건강을 생각하는 원예치료

Horticultural Healing

건강을 생각하는 원예치료

●● 건강한 삶이란?

건강한 삶은 인간이 살아가면서 계속 풀어가야 할 숙제와도 같다. 과거에는 건강한 삶의 기준이 정상적인 생활을 영위할 수 있는 신체적인 면에만 국한되었다면, 최근에는 정신적인 면으로까지 확대되고 있다. 즉 건강이란, 질병이 없거나 허약하지 않은 것만 말하는 것이 아니라 신체적·정신적·사회적으로 완전히 안녕한 상태에 놓여 있는 것을 의미한다(세계보건기구 헌장).

오늘날 복잡한 사회구조 속에서 각종 스트레스, 환경오염, 유해식품 등은 현대인의 정신적·육체적·사회적 건강을 위협하고 있다. 이것은 개인적 차원에서는 개인의 신체적·정신적 건강에 영향을 미칠 수 있지만, 사회적 차원에서 볼 때는 사회구성원의 문제로까지 확대되어 사회 전체 문제로 대두될 수 있다.

이러한 시점에서 원예치료는 현대 의학의 병징을 중심으로 한 집중적 치료와는 다르게 활동을 통해 건강유지, 치료와 재활 등을 목표로 하는 예방치료, 대체치료로서 새롭게 자리매김하고 있다. 즉 원예치료는 현대의학의 증세 중심의 치료법과는 달리 전인적 치유를 행하는데 효과적인 물질적·정신적 역할을 포함하고 있으며 영적·정신적 치유와 신체적 치유가 동시에 가능한 치료방법이다.

●● 원예치료와 심신의 건강

원예치료란 식물 및 원예활동을 통해서 사회적·교육적·심리적 또는 신체적 적응력을 기르고, 이를 통해 육체적 재활과 정신적 회복을 추구하는 전반적인 활동을 의미한다. 식물 및 원예활동을 매개로 원예치료사가 전문적인 기술과 방법을 동원하여 심신을 치료하고 재활시키며 녹색의 쾌적성 및 환경을 회복시키고자 하는 것이라고 할 수 있다.

초창기 원예치료는 정신장애인이나 지적장애인을 수용하고 있는 시설에서 환경미화, 채소, 과일, 꽃 등을 생산할 목적으로 환자들의 노동력을 활용하는 것에서 시작되었다. 그후 상이군인들의 재활이나 직업훈련의 수단 등으로 확대되어 원예치료의 대상자가 정신장애인뿐 아니라 신체장애인으로까지 광범위해지게 되었다.

그러나 오늘날에는 장애의 범주가 더욱 확대되어, 정신적·신체적 장애인뿐만 아니라 일반인이라 할지라도 심리적·정신적 고통을 당하고 있는 사람이라면 누구나 원예치료의 대상이라 할 수 있다. 즉 정년퇴직자, 고령자, 고3수험생 등 복잡한 사회구조 속에서 정신적으로 스트레스를 받고 있는 사람이라면 누구나 원예치료 대상자가 될 수 있으며, 이들에게 원예치료는 매우 유익한 건강증진법이 되고 있다.

●● 원예치료의 역사

원예나 농경활동이 치료 목적으로 이용된 최초의 기록은 고대 이집트에서 환자를 정원에서 산책하게 한 문헌에서 찾아볼 수 있다. 역사적으로 식물과 원예활동의 치료효과가 밝혀지면서 미국과 유럽을 중심으로 원예치료가 발달하였다. 처음에는 정신장애인을 수용하는 시설에서 농경작업의 하나로 실시되다가 상이군인의 재활이나 직업훈련에 원예치료가 도입되었고, 그후 응용범위가 점차 확대되었다. 미국에서는 1950년대에 원예치료사 강좌가 최초로 개설되었고, 1987년에 미국원예치료협회(AHTA : American

Horticultural therapy Association)가 결성되어 지금까지 활발하게 활동을 펼치고 있다.

한편, 우리나라는 1997년 11월에 한국원예치료연구회가 창설되었고, 2001년 6월 9일 (사)한국원예치료복지협회(KHTA : Korean Horticultural Therapy & Wellbeing Association)가 창립되어 현재까지 다양하게 활동하고 연구를 진행하고 있다.

●● 원예치료의 특징

최근 의학분야에서는 전통적인 치료뿐만 아니라 원예치료와 같은 대체치료로써 미술치료, 음악치료, 운동치료, 동물치료, 오락치료, 향기치료 등이 보편화되고 있다. 이러한 여러 대체치료 가운데 원예치료는 다른 대체치료들과 구별되는 특징이 있다.

생명을 매개체로 함

원예치료는 식물, 즉 살아 있는 생명을 매개체로 하는 치료법이다. 대상자는 식물의 생장, 개화, 결실 등 변화하는 모습에서 무생물과는 다른 교감을 하게 된다. 이것은 동물을 다루는 것보다 더 손쉽고 자연스러울 수 있다. 그리고 다양한 식물과 접촉하면서 시각, 청각, 미각, 촉각, 후각의 오감을 자극하는 특징이 있다.

식물과 함께 하는 삶

상호 역동적임

원예치료는 대상자가 단순히 어떤 작업과정을 이해하고 그에 따른 행위를 수행하는 것으로 끝나는 것이 아니라 대상자와 식물의 상호작용으로 이루어진다. 대상자가 씨앗을 파종하고 물을 주면서 정성껏 관리한다면, 새싹이 나오고 꽃이 피고 열매가 맺힐 것이다. 그러나 씨앗을 파종하고 난 뒤 무관심하게 방치해둔다면, 아무런 결과도 얻을 수 없을 것이다. 즉 대상자의 행동과 관심에 따라 식물 상태가 달라지기 때문에 대상자는 그런 식물의 반응을 보면서 자부심이나 책임감을 느낄 수 있다.

편마비 환자의 원예치료

창조적 파괴가 가능

원예치료를 통해 식물을 키워 수확물을 생산하고, 그것을 이용해 만든 장식품으로 주위 환경을 개선하거나 다른 이에게 선물로 주기도 한다. 또한 장식품을 만드는 과정에서 식물을 자르고, 꽃과 잎을 따서 눌러 말리고, 열매를 따는 등 생명을 파괴하는 행위를 하게 된다. 하지만 그러한 행위가 단순히 생명파괴로 끝나는 것이 아니라 꽃, 누름꽃, 열매 등을 이용하여 다양한 창작품을 만들면서 파괴를 예술로 승화시키는 것이 가능하다.

본능적 그리움에 바탕을 둠

식물 잎의 녹색은 사람들이 생각하고 있는 낙원의 이미지와 가장 가까울 뿐만 아니라 심리적 안정과 유연성을 준다. 특히 현대인은 대부분 자연보다는 철근과 콘크리트로 둘러싸인 회색 환경에서 생활하기 때문에 본능적으로 자연을 그리워하고 있다. 원예치료는 인간 본연의 기호색인 녹색을 가까이에서 느끼고, 등한시했던 자연과 접촉할 수 있는 효과적인 방법이라 할 수 있다.

생명을 직접 돌봄

장애인은 오랫동안 가족이나 주위 사람들의 보호를 받아왔기 때문에 자신이 보호받는 존재라고 생각하며, 남에게 의존하려는 경향이 많다. 그러나 원예치료는 대상자가 직접 식물을 돌보고 키워 수확물을 얻으면서 자신도 다른 누군가를 돌볼 수 있다는 자신감을 갖게 한다.

전인적인 접근과 전문적인 접근이 동시에 가능

원예치료는 몸과 마음을 전체적으로 활용하고 의학적인 측면에서도 전문적으로 접근이 가능하며 통합적인 치료를 동시에 할 수 있는 장점이 있다.

●● 원예치료의 적용과정

원예치료 대상은 정신적·육체적 장애인뿐만 아니라, 복잡한 사회구조에서 스트레스를 받고 있는 사람, 정년 퇴직자, 고령자 등 일반인까지도 포함된다. 원예치료를 적용하는 과정에서 그 목적은 치료적, 직업 교육적, 사회적, 여가적 목적 등으로 다양할 수 있지만, 원예치료를 통해 최대한의 효과를 얻기 위해서는 계획적이고 효율적인 프로그래밍이 중요하다. 따라서 원예치료의 적용은 원예치료사가 사정 및 준비단계(assessment and preparing phase), 계획단계(planning and preparing phase), 실행단계(implementation phase), 평가단계(evaluation phase)의 순으로 구체적으로 작성하여 실시하고, 전 과정을 기록 및 논문화(documentation and publication)하는 것이 좋다.

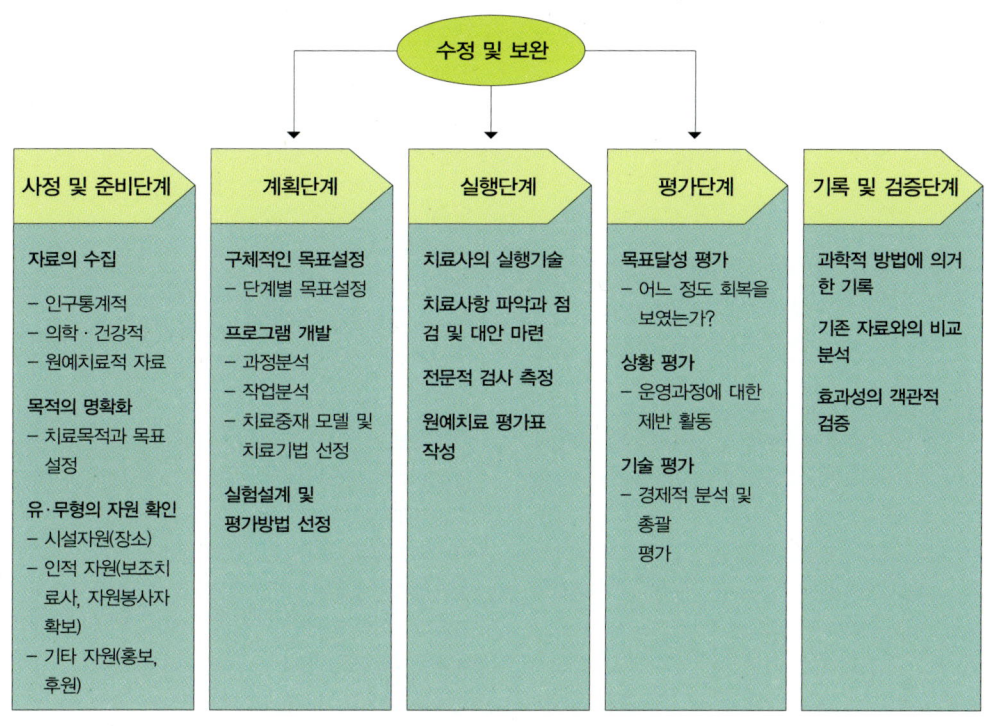

원예치료의 적용과정

●● 원예치료사란?

원예치료사(horticultural therapist)란 원예치료를 수행할 수 있는 자격을 갖춘 사람을 일컫는다. 원예치료의 의미는 식물이나 원예활동을 이용하여 사람의 정신과 육체를 좀더 건강한 방향으로 이끌어주는 것이므로, 그 일을 원만히 수행하기 위해서는 합당한 자질이 필요하다. 원예치료사는 식물의 생장과 재배에 대한 원예학적인 전문지식뿐만 아니라 인간의 심리·신체적 치료와 원활한 원예치료 프로그램 진행을 위한 재활 및 정신의학, 심리학, 상담학, 사회복지학 등에 대한 지식도 폭넓게 갖추고 있어야 한다.

그러므로 원예치료사의 교육과 양성은, 원예치료에 대한 체계적이고 합리적인 교과과정을 갖추고 있는 전문적인 교육기관에서 행한다. 국내에서는 대학이나 대학원 과정

뿐만 아니라, 각 대학 평생교육원에서 소정의 교육과정을 이수한 후 한국원예치료복지협회가 정한 전문적인 자격요건을 갖추면 원예치료사가 될 수 있다. 원예치료를 공부할 수 있는 기관은 표 27과 같다.

표 27. 한국원예치료복지협회 위탁 국내 원예치료사 과정 개설대학(2013년 8월 현재)

개설대학	연락처	개설대학	연락처
강원대학교 평생교육원	033-250-7190	상지대학교 평생교육원	033-730-0591
건국대학교 평생교육원	02-450-3266~8	서울여자대학교 평생교육원	02-970-5340
경북환경연수원	054-440-3218	원광대학교 평생교육원	063-850-5512~3
경상대학교 평생교육원	053-751-6167	인하대학교 평생교육원	032-860-8292
경희대학교 평생교육원	031-201-3377	전남대학교 평생교육원	062-530-3873~5
계명문화대학 평생교육원	053-589-7766	전북대학교 평생교육원	063-232-7373
고려대학교 평생교육원	02-3290-1461	제주대학교 평생교육원	064-752-0075
단국대학교 평생교육원(죽전)	031-8005-2613	창신대학교 평생교육원	055-250-3049
단국대학교 평생교육원(천안)	041-550-1762	충남대학교 평생교육원	042-821-5276
대구가톨릭대학교 평생교육원	053-526-3413~5	충북대학교 평생교육원	043-261-2075
목포대학교 평생교육원	061-270-1613	한경대학교 평생교육원	031-670-5416~7
배재대학교 평생교육원	042-520-5278	호남대학교 평생교육원	062-370-8114
부경대학교 평생교육원	051-629-6796		

원예치료 및 원예치료사 과정에 대해서 더 구체적인 사항을 알고 싶으면 각 대학이나 한국원예치료복지협회로 문의하면 된다.

■ 한국원예치료복지협회(02-455-0807, www.khta.or.kr)

표 28. 국내 원예치료 개설 대학원 과정(2013년 5월 현재)

건국대학교 일반대학원 환경과학과	02-450-3744
건국대학교 농축대학원 원예치료학과	02-450-3312
단국대학교 일반대학원 원예치료학과	041-550-3642

원예치료의 효과

원예치료는 치료 대상자의 특징이나 치료목적 및 목표에 따라 크게 직업적·치료적·사회적 프로그램으로 나눌 수 있는데, 그 중 치료적 프로그램은 크게 정서적 효과와 신체적 효과를 중심으로 다시 분류할 수 있다.

원예치료의 정서적 효과로는 대표적으로 심리적 안정감의 증가를 들 수 있다. 즉 녹색의 자극은 언어, 기억, 정서 기능을 담당하는 두뇌 기능의 활성에 좋은 영향을 미친다. 그뿐만 아니라 식물녹색이 인간의 활력징후인 혈압과 맥박 안정화에 기여하며, 스트레스 감소 등에도 효과가 있음이 밝혀지면서 식물을 이용한 원예치료 효과는 타당성을 더 인정받게 되었다.

실제 다양한 대상자에게 실시하고 있는 원예치료 프로그램은 식물을 통한 심리적 안정감을 주는 효과를 기반으로 한다. 학교부적응 학생의 불안과 우울 감소, 지적장애인의 사회성이나 대인관계 향상, 정신분열증 환자의 자기주장 및 사회성 향상, 노인의 삶에 대한 만족감 증가에 이르기까지 원예치료는 다양한 대상자에게 그들의 목적과 목표에 맞는 다양한 프로그램을 제공하고 있다.

또한 신체적인 면에서 본 원예치료의 효과는 신체기능이 떨어지는 대상자에게는 재활의 의미로, 일반인에게는 신체기능의 유지와 증진으로 볼 수 있다. 식물이라는 생명체를 근간으로 이루어지는 원예활동은 체내 스트레스성 호르몬 감소와 각종 질병에 대한 면역성 증가, 퇴행성 지체부자유자 교정, 소외된 노인의 건강 유지와 치매 예방 등에 효과적이라는 최근 연구결과가 있다.

실제 임상현장에서 원예치료는 신체장애인 특히 재활환자의 대·소근육의 기능적 향상, 인지기능 향상 등의 효과가 있으며, 이러한 원예활동을 통한 에너지 소모는 그들의 신체적 균형과 건강에 좀더 효과적으로 작용하게 된다는 것이 밝혀졌다. 일반인에게도 일정 시간 동안의 원예활동은 자전거를 타거나 걷는 것과 맞먹는 칼로리가 소모되어 운동 효과도 있으며, 원예활동의 수확물을 섭취하는 것은 영양면에서도 건강에 긍정적인 요인으로 작용한다.

다음 장에서 지금까지 국내 원예치료사가 전문적으로 행한 원예치료 효과를 구체적으로 알아본다. 편의상 대상자를 뇌졸중 환자, 정신분열증(조현병) 환자, 지적장애, 노인, 치매노인, 아동, 청소년으로 분류하였으며, 각 대상자별 참고 문헌에서 더 구체적이고 전문적인 정보를 얻을 수 있을 것이다.

원예치료와 뇌졸중 환자

●● 뇌졸중이란?

뇌졸중은 암, 심장질환, 교통사고 등 불의의 사고와 더불어 4대 주요 사망원인 중 하나다. 뇌에 공급되는 혈액이 감소되어 생기는 증상으로 급성적 또는 점진적으로 나타난다. 뇌졸중은 크게 혈관에서 혈액의 흐름이 막혀서 뇌조직이 망가진 허혈성 뇌졸중(뇌경색)과 혈관이 터져 뇌실질이나 다른 부위에 출혈을 일으키는 출혈성 뇌졸중으로 나눌 수 있다.

뇌졸중 환자의 4분의 3은 갑작스런 의식장애와 함께 오른쪽 또는 왼쪽 팔다리에 편마비가 발생하여 기동성, 상반신의 기능, 배설기능, 성기능 등 인체의 필수적인 신체기능이 저하된다. 또한 감각장애, 기억장애, 정서장애, 기억력 손상 때문에 심리적으로 위축되어 자아에 대한 위협과 낮은 자존감을 갖게 되며, 의사소통 제한과 함께 사회적인 모든 기능이 저하된다. 특히 심리적인 위축은 치료를 지연시킬 뿐만 아니라 심할 경우 회복에 심각한 영향을 미친다.

원예치료는 원예활동을 통해 촉각, 온·냉감각 및 통각, 운동감각(고유감각), 평형감각(전정감각), 후각, 청각, 시각 등 여러 가지 감각을 자극할 뿐만 아니라, 식물과 함께 함으로써 환자에게 정서 안정, 공격성 발산, 기분 향상, 의욕 증가 등의 효과를 줄 수 있다. 또한 환자를 수동적으로 두지 않고 능동적인 주체자로 삼으며, 재활환자에게 필요한 신체치료 측면과 더불어 심리치료 측면 등 다면적인 요소를 지니고 있다.

●● 원예치료로 심리적인 안정 찾기

의학의 발달로 뇌졸중 환자의 조기 사망률이 감소함에 따라, 뇌졸중 환자들의 재활이 관심사가 되고 있다. 재활과정에서 뇌졸중 환자의 호전 정도는 뇌손상 부위와 정도, 치료시기 등 여러 요인과 환자에 따라 다르겠지만, 대개 3개월까지는 비교적 빠르게 호전되고, 그후 2년까지도 호전될 수 있다.

이처럼 재활과정이 길어지면서 환자에게는 신체기능 장애에 따른 심리적인 갈등과 무력감, 우울증 증가, 자아존중감 감소 등 심리적 위축이 나타난다. 이러한 심리적인 면은 환자의 기능 습득, 지속적 회복, 사회생활 적응 등에 큰 영향을 미치지만, 대부분 기능상실이나 신체장애 때문에 어쩔 수 없이 생긴 것으로 가볍게 지나쳐버리기 쉽다.

흙 반죽하기

원예치료는 눈으로 보고, 코로 향기를 맡으며, 손으로 만지고, 머리를 써서 움직이는 등 많은 감각을 활용한다. 또한 자연에 대한 친밀감이 환자에게 거부감을 적게 하고, 자기가 심은 식물을 키우기 위해 식물의 생장에 맞춰 매일매일 보살피면서 균형 잡힌 삶을 유지하는 원동력이 된다.

꽃 향기 맡기

실제로 병원에 입원하고 있는 뇌졸중 후 편마비 환자들에게 주 5회, 하루에 약 30분씩 재활치료로 원예치료를 실시하고, 원예치료 실시 전과 후에 원예치료를 받은 환자와 받지 않은 환자에게 무력감, 우울, 자아존중감을 평가해보았다. 그 결과, 원예치료를 받은 환자는 원예치료를 받지 않은 환자에 비해 무력감과 자아존중감이 향상되었으며, 우울도 줄어드는 경향을 보였다.

이런 결과는 원예치료시 환자가 능동적으로 치료에 참여했으며, 녹색식물이 환자의 마음을 안정시키고 부정적인 성향을 완화시킬 뿐만 아니라 식물을 이용한 다양한 치료작업을 통해 자신감이 향상된 것이다.

원예치료는 뇌졸중 환자들의 부정적 반응인 무력감과 우울을 현저히 감소시키고, 자신감과 자부심을 증진시켜 미래에 대한 희망을 주며, 심리적 안정을 통해 지속적인 재활치료를 위한 치료동기를 부여한다는 측면에서 매우 중요하다.

●● 원예치료로 인지기능 향상시키기

편마비는 뇌의 손상부위에 따라 좌측 편마비와 우측 편마비로 나눌 수 있다. 우측 뇌는 비언어적이고, 사물에 대한 공간지각기능이 있으며, 몸의 좌측 근육과 지각능력을 관장한다. 이러한 우측 뇌가 손상되어 좌측 편마비가 생기면, 좌측 신체나 주위 환경에 대한 인식이 감소되고, 길이, 수평, 수직, 시간 흐름 등에 대한 판단장애로 판단능력이 저하되며, 자신의 신체적인 능력을 과대평가한다. 그래서 충동적으로 급하게 반응하거나 신체 손상 위험이 높으며, 집중시간도 짧아지고, 공간에 대한 기억장애를 보인다.

한편, 좌측 뇌는 말하고 읽고 쓰는 기능을 관장하는데, 분석적이며, 몸의 우측 근육과 지각능력을 관장한다. 좌측 뇌가 손상된 우측 편마비는 신체를 정상적으로 인식 가능하고, 공간에 대한 인식이 있다. 뇌손상이 심하지 않는 한 집중시간이 감소되지 않고, 할 수 없는 것에 대해 관심을 많이 보이며, 미래의 결과에도 관심이 많다. 또한 새로운 언어를 잘 기억하지 못하고, 신체적 능력에 대한 판단과 신체, 환경에 대한 지각장애가 없기 때문에 손상은 적지만, 신체활동을 매우 조심스러워해서 오히려 회복에 방해가 될 수도 있다.

트레이에 종자 파종하기

편마비가 어느 쪽에서 발생하는가는 치료 결과에 큰 영향을 미치지 않지만, 손상 부위에 따라 각기 다른 특징을 보이기 때문에 치료할 때 이를 고려해야 한다.

뇌졸중 환자의 재활 목표는 환자의 독립성을 증가시키는 데 있으며, 궁극적으로는 마비된 쪽을 이용하고 개발하기 위해 환자를 도와주는 것이다. 예를 들어 편마비의 경우, 환측 손으로 화분을 움직이지 않게 지탱하거나, 재료가 떨어지지 않게 누르고 있는 등의 책임을 부여하여 환측 부분도 프로그램에 참여할 수 있게 유도한다.

인지기능을 향상하기 위하여 식물 이름과 재배방법을 반복하여 인식시키고, 향기와 촉감을 느끼게 하며, 시각적인 자극을 준다. 또한 잔존능력을 최대한으로 활용하면서 자립을 유도하는 것이 목표이기 때문에 대상자의 수준을 고려하여 목표달성이 가능하도록 원예작업의 난이도를 조절함으로써 환자의 흥미를 유도한다.

원예치료 실시 전후에 시·지각 처리능력검사(MVPT), 인지 기능 검사(NCSE), 환자의 일상생활동작 수행능력을 측정하여 원예치료를 받은 환자와 받지 않은 환자를 비교하였다. 시·지각처리능력검사와 인지기능검사에서 원예치료를 받지 않은 환자는 향상

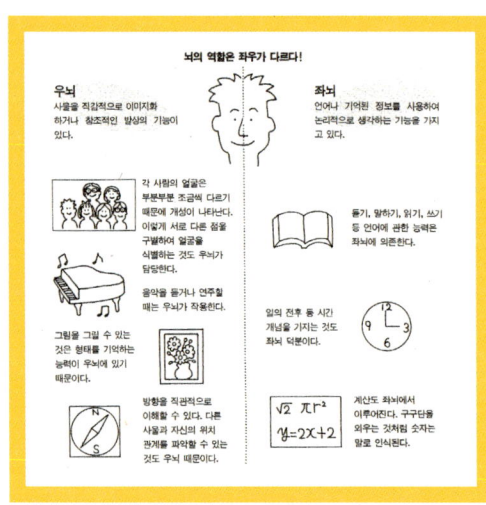

뇌의 역할은 좌우가 다르다(안도 유키오 감수, 1995)

이 없었던 반면, 원예치료를 받은 환자는 시·지각처리능력검사와 인지기능검사 중 유사성 항목에서 유의한 호전을 보였다. 또한 일상생활동작 수행능력 중 인지영역에서는 두 그룹 모두 향상이 있었으나, 원예치료를 받은 환자가 그렇지 않은 환자에 비해 더 호전을 나타냈다. 이러한 결과는 원예치료가 주기적인 식물관리로 식물의 변화에 따라 시간의 흐름을 인식하도록 하고, 환자 주변의 상황변화를 의식할 수 있도록 하는 데 도움이 될 뿐 아니라, 다양한 식물의 이름을 익히면서 단어사용 범위가 넓어지게 되어 이들의 시·지각, 사고 기능이 향상된 것으로 보인다.

원예치료는 뇌졸중 환자를 회복시키기 위한 작업치료나 물리치료 등 타 재활치료와 더불어 인지적·신체적 기능의 회복에도 도움이 될 것으로 보이며, 특히 운동효과뿐만 아니라 재활운동에 충분한 동기부여가 될 것으로 보인다.

아픈 손을 이용한 꽃 자르기

참고 문헌

- 김수연. 2000. 원예치료가 뇌졸중 후 편마비 환자의 기능적 재활에 미치는 영향. 건국대학교 대학원 석사학위논문.
- 김은경. 2000. 뇌졸중 환자의 재활에 미치는 원예치료의 효과. 건국대학교 농축대학원 석사학위논문.
- 박여원. 2001. 원예치료 프로그램이 주간노인보호센터 뇌졸중 노인의 신체·심리 및 사회적 증진에 미치는 영향. 건국대학교 농축대학원 석사학위논문.
- 안도 유키오 감수. 1995. 《인체의 신비》. 고려원미디어.
- 오은경. 2002. 원예치료가 주간보호센터에서 뇌졸중 후 편마비 및 퇴행성관절염 어르신의 우울과 자아존중감에 미치는 영향. 건국대학교 농축대학원 석사학위논문.
- 이상미. 2002. 뇌질환 환자의 원예치료 지시이행에 영향을 미치는 요인에 관한 연구. 단국대학교 대학원 석사학위논문.
- 최자혜. 1999. 《인체의 신비》. 아침나라.
- Kim, M.Y. 2007. Effect of horticultural occupational therapy on the physical and psychological rehabilitation in hemiplegia patient after stroke. MS Diss., Seoul Natl. Univ., Seoul. Korea.

- Lee, J.S., C.H. Yi, M.Y. Jung, E.Y. Yoo, K.Y. Chang, and H.C. Kwon. 2006. The development of korean activities of daily living evaluation tools for persons with stroke in-patient by using rasch analysis. The Journal of Korean Academy of Occupational Therapy 14(2):1~18.
- Ryu, Y.S. 2009. Effects of horticultural therapy on self conception and stress coping behavior for physically handicapped persons. MS Diss., Chungnam Natl. Univ., Daejeon, Korea.

원예치료와 정신분열증(조현병) 환자

●● 정신분열증(조현병)이란?

정신분열증(조현병)은 인지, 지각, 정동, 행동, 사회활동 등 다양한 정신기능에 이상을 초래하는 주요 정신병이다. 대표 증상으로는 사고연상장애, 지각장애, 정서 및 감정 표현의 감소, 충동조절 및 행동 장애, 기억력 및 지적 능력의 장애 등이 있으며, 이는 크게 양성·음성증상으로 분류할 수 있다.

망상, 환각, 지리멸렬한 사고장애, 부적합한 감정표현 등 양성증상은 항정신병 약물에 더 잘 반응하며, 예후가 좋은 편이라고 알려져 있다. 반면, 무논리증, 감정적 둔마, 무쾌감증, 무감동, 무의욕증, 사회적 위축 등 음성증상은 약물치료에 잘 반응하지 않는 경향이 있으며, 정상적인 일상생활과 밀접한 관련이 있기 때문에 환자의 원만한 대인관계나 사회생활을 방해한다.

정신분열증은 성장기나 활동기에 발생할 확률이 높으며, 한번 걸리면 기능이 많이 퇴화될 뿐만 아니라 만성화되기 쉽다. 또한 정신분열증 환자는 대부분 병원이나 시설에서 혼자 보내는 시간이 많으므로, 타인에 대한 배려가 적고 대인관계나 사회성, 자아존중감, 자기주장력 등이 매우 낮은 편이다. 따라서 정신분열증 환자의 궁극적인 치료목표는 병치료와 동시에 사회 적응력을 키워 사회로 복귀하게 하는 것이다.

의학 발달로 항정신병 약물이 발달되어 정신분열증 치료가 가능해졌으며, 오늘날 정신분열증 치료에 약물치료가 보편화되었다. 약물치료는 급성정신병 환자의 심한 증상을 신속하고 효과적으로 조절하며, 안정단계와 유지단계의 환자에게는 호전된 증상을 유지하고 재발을 방지하는 데 이용되고 있다. 그러나 경련, 신체마비 증상 등 부작용이 문제가 되고 있다. 근래에는 여러 오락치료나 인지 행동치료 등을 약물치료와 병용하여 효과를 상승시키고 부작용을 최소화하고 있다.

다양한 정신사회적 치료 중 원예치료는 비위협적이고 비차별적인 식물을 매개로 하기 때문에 치료에 대한 환자의 거부감을 최소로 할 수 있다. 특히 식물의 다양한 생육과정은 정신병이 만성화되어 감정이 둔마된 환자의 호기심을 자극하여 치료에 참여하도록 동기를 부여하고, 환자에게 책임감과 자신감을 갖게 한다. 또한 집단 내에서 원예활동을 하면서 자연스럽게 타인과 비언어적인 교류가 이루어지고, 집단 내에서 개인의 의사를 전달할 수 있으며, 타인의 의견을 존중하고 서로 의견을 조절하면서 함께 작업함으로써 사회화를 꾀할 수 있다.

●● 원예치료로 사회 적응력 키우기

정신분열증은 발병 후 서서히 진행되기 때문에 대부분 만성화 과정을 밟게 되고, 그 동안 원래 가지고 있던 적응능력이나 문제해결능력을 사용하지 않게 되면서 사회생활에서 필요한 기능들이 퇴화된다. 특히 만성정신분열증 환자들은 질병의 특수성 때문에 스트레스에 매우 취약하고, 대처기술이 빈약하며, 의존성이 강하고, 경쟁관계 속의 직업활동 유지나 대인관계에 어려움을 느끼게 된다.

꽃바구니 만들기

또한 자기주장 능력이나 대인관계 기술이 결핍된 환자들은 지역사회 내에서 원만한 생활을 유지하기가 어렵게 된다. 예를 들면 타인과 효과적으로 상호작용을 해서 그들의 정서적·사회적·생리적 욕구를 만족시킬 필요가 있으나, 사회기술과 의사소통이 결핍되어 있기 때문에 이러한 욕구를 충족시키지 못한다. 그래서 타인과 관계에서 만족감이 차단되고, 외로움과 좌절감을 느끼며, 우울과 고립감을 경험하게 되어 결국 환자들의 삶의 질(the quality of life)이 그만큼 감소되는 결과를 초래한다.

기관에 거주하는 만성정신분열증 환자를 대상으로 원예치료를 실시하고, 원예치료 실시 전과 후에 인간관계 측정지, 자아존중감척도, 사회행동척도, 간이정신건강진단지(SCL-90R), 원예활동평가표로 원예치료를 받지 않은 환자와 원예치료를 받은 환자를 비교하였다. 그 결과, 원예치료를 받지 않은 환자는 향상이 없었으나, 원예치료를 받은 환자는 원예치료 실시 후 자아존중감과 인간관계가 유의하게 향상되었으며, 간이정신건강진단지 중 불안, 우울, 대인예민성 항목에서 매우 호전되었다. 사회행동척도에서는 비언어적인 의사소통과 대화 내용이 증진되었다. 또한 원예활동 중 참여성과 자아개념, 주체성에서 유의한 차이를 보였다.

표 29. 원예치료를 통한 자아존중감과 대인관계 변화

항목	원예치료 실시 전	중간평가	원예치료 실시 후	차이
자아존중감	0.57	2.42	3.08	***
대인관계	79.66	74.04	82.38	*

(*는 통계적으로 유의한 향상이 있었음을 나타내고, ***는 매우 유의한 향상이 있었음을 나타낸다(엄수진, 2001)).

이러한 원예치료 연구를 토대로 시설에 거주하는 만성정신분열증 환자에게 집단사회화 모델을 근거로 세 단계로 계획한 원예치료 프로그램을 실시하였다.

첫 번째 단계는 원예의 기초지식을 제공하고, 종자파종, 잔디인형, 포푸리 주머니 만들기 등 개인 활동을 통해 원예에 대한 흥미를 유발시키며 자신감과 성취감을 갖도록 했다.

화분 만들어 식물심기

두 번째 단계는 물병 꽃 싸기, 지주 세우기 등 2인 1조 작업을 하면서 환자들이 서로 도움을 주고받으며, 활동 중 개인 의사를 전달하거나 타인과 의견을 교환할 수 있게 했다. 또한 프레임 짜기, 콩액자 만들기 등 개별 작업으로 전체적인 작품을 구성하여 집단 내 구성원으로서 소속감을 주고, 긍정적인 경험을 공유할 수 있게 했다.

숯부작 공동작품

세 번째 단계에서는 숯부작, 꽃나무 만들기, 공동꽃꽂이 등 대그룹 활동을 중심으로 작업 중 각자 역할을 분담해서 환자 자신이 책임감을 가질 수 있도록 하였고, 활동하는 그룹 형태를 소수에서 다수로 구성하였으며, 다양한 성향의 환자들이 그룹 내에서 다양하게 상호작용할 수 있게 하였다.

원예치료 실시 전후에 양성음성증후군척도(PANSS), 사회행동척도, 자기주장척도, 대인관계척도로 나누어 원예치료를 실시하지 않은 환자와 위의 세 단계로 계획한 원예치료를 실시한 환자를 평가하여 비교하였으며, 단계적 원예치료를 실시한 환자는 각 단계가 끝난 후 자기주장척도와 대인관계척도로 평가하여 변화양상을 살펴보았다.

그 결과, 원예치료를 실시하지 않은 환자는 모든 항목에서 향상이 없었으나, 단계적 원예치료를 실시한 환자는 사회행동척도 중 대화기술항목, 자기주장, 대인관계 중 만족감과 민감성 항목에서 유의한 향상이 있었다. 또한 각 단계별 평가에서 단계가 진행됨에 따라 대인관계와 자기주장에서 치료효과가 향상되었음이 나타났다.

원예치료는 식물을 통해 심리적 안정을 찾고, 활동에서 생산된 채소, 과일, 꽃이나 자기가 만든 작품을 통해 자신감을 회복하며, 만족감과 성취감을 갖게 한다. 또한 동료, 자원봉사자, 치료사와 함께 그룹 활동을 하면서 원예를 매개로 의사소통이 가능하고, 자신의 의견을 표현하거나 타인의 의사를 존중하는 등 긍정적인 대인관계가 형성된다.

원예치료는 긍정적인 경험을 공유함으로써 공동체 의식을 갖게 되고 각자의 일을 나누어 진행하면서 책임감과 리더십도 경험하게 되는데, 이러한 과정에서 자립심과 독립심을 키울 수 있다. 또한 타인과 상호작용해 환자의 정서적·사회적·생리적 욕구를 만족시킬 수 있으며, 사회적응 및 사회복귀를 가능하게 한다.

참고 문헌

- 김선영. 2007. 정서향상 모델을 도입한 원예치료가 만성정신분열증 환자의 대인관계 변화에 미치는 영향. 건국대학교 농축대학원 석사학위논문.
- 김혜상. 2003. 원예치료가 만성정신분열증 환자의 우울정도·자아존중감 및 대인관계 향상에 미치는 영향. 목포대학교 대학원 석사학위논문.
- 민성길. 2001. 《최신정신의학》. 일조각.
- 엄수진. 2001. 원예치료가 만성정신분열증 환자의 자아존중감 및 사회성 향상에 미치는 영향. 건국대학교 대학원 석사학위논문.
- 조문경. 2003. 원예치료 프로그램의 단계적 적용이 만성정신분열증 환자의 자기주장 및 대인관계 향상에 미치는 영향. 건국대학교 대학원 석사학위논문.
- Chu, K.J. 2007. Effects of horticultural therapy on anxiety and self-esteem for patients with schizophrenia. MS Diss., Sungsan Hyo. Univ., Incheon, Korea.
- Han, I.J. 2005. Effect of horticultural therapy program on mental symptomatic relief and rehabilitation of schizophreniacs. PhD. Diss., Catholic Univ., Daegu Korea.
- Jang, S.D. 2007. Effect of horticulture therapy program on relief of symptoms in chronic schizophrene. PhD. Diss., Gyeongsang Univ., Jinju, Korea.
- Kim, Y.H. 2007. Horticultural therapy effects that affect the emotions, social behavior and mandala of the chronic schizophrenic disorder patients. MS Diss., Dankook Univ., Chunan, Korea.
- Ko, S.S. 2010. Effects of emotional supporting horticultural therapy on the social support and

problem-solving ability in the chronic schizophrenia patients. MS Diss., Dankook Univ., Chunan, Korea.

- Lee, H.R. 2007. Effect of five senses stimulating horticultural therapy on the mental social function of schizophrenic patients. MS Diss., Catholic Univ., Daegu, Korea.
- Lee, K.S. 2006. Effects of horticultural therapy on self care, interpersonal relationship and sociality of chronic schizophrenia patients. MS Diss., Chungnam Natl. Univ. Daejeon, Korea.
- Seo, S.A. 2000. The effectiveness of group therapy by social worker for chronic mental patients in an asylum or an institution. MS Diss., Taegu Univ., Kyungbuk, Korea.

원예치료와 지적장애

●● 지적장애란?

지적장애는 지적 기능이 평균 이하인 동시에 의사소통, 자기관리, 가정생활, 사회성 기술, 지역사회 활용, 자기지시, 건강과 안전, 기능적 학업교과 등 실제 적응기술 영역과 여가 작업기술 영역에서 적응하는 데 두 가지 또는 그 이상 제한성이 있는 것이다. 지적장애는 일반적으로 18세 이전에 나타나는 발달장애를 의미한다.

다운증후군, 페닐케톤뇨증, 약체증후군 등과 같은 유전적 요인과 두뇌손상, 약물남용, 영양실조 등 환경적 요인, 사회적·교육적 요인으로 지적 발달이 불완전하거나 지체되어 사회적응이 곤란한 상태에 이른 것으로, 적응행동에 결함이 있을 뿐만 아니라 일반지능이 평균수준에 미치지 못한다.

학습특성을 살펴보면, 주의집중시간이 짧고, 주의집중 범위가 좁고 산만하여 중요한 자극 특성의 변별에 어려움이 많고, 특히 단기기억에 어려움이 있다. 또한 지적 능력이 낮고 자극상황에 지식이나 기술을 적용하는 능력에 결함을 보여 학업성취도가 낮으며, 언어장애가 많다. 따라서 자신의 직업을 얻고 자신을 지탱해 나갈 수 있지만 개인적이고, 사회행동을 나타낼 수 있는 능력이 부족하기 때문에 지적장애인 스스로 사회적응력을 높이는 동시에, 이들을 배려하는 작업환경이 마련되어야 한다.

●● 원예치료로 사회·심리·정서적 행동 향상과 부적응 행동 감소

지적장애인의 궁극적인 재활목표는 직업재활을 통한 생활의 자립으로, 직업을 얻음으로써 자신과 가족의 생활자원을 획득하고 자기실현을 이룰 뿐만 아니라 사회발전에도 기여하는 것이다. 특히 장애인의 경우, 직업을 가지면 개인의 이익뿐만 아니라 인간다운 생활을 할 수 있고, 이를 통해 자존감을 찾을 수 있으며, 의존적인 생활에서 벗어나 독립적인 생활이 가능해진다. 이들에게 직업재활이란, 정신적·신체적 장애를 극복하고 기능을 향상시켜 활동적인 삶을 다시 얻도록 하는 것이다.

그러나 지적장애인은 대부분 소극적인 성격으로 자신이 변하기 위해 노력하기가 어렵고, 흥미와 경험의 범위가 좁으며, 학습 및 사회화 과정에서 거듭되는 실패 경험이 있어 위축되어 있거나 자신감을 상실하여 힘든 일을 만나면 쉽게 포기한다. 또한 정서불안, 좌절, 소외 등 부정적인 심리상태가 잠재되어 있어 이것이 부적절한 행동이나 부적응 행동의 원인이 될 수 있고, 효과적으로 사회에 적응하는 데 많은 문제를 야기하고 있다.

원예치료는 언어적인 지시에만 의존하지 않고 치료사와 대상자가 상호작용하며, 주변인과 협조하여 능동적이고 주체적으로 활동을 할 수 있기 때문에 지적장애인에게 새로운 활동에 대한 두려움보다는 친근감을 느낄 수 있게 한다. 특히 식물을 통해 심리적으로 안정될 수 있으며, 작품을 만들거나 완성한 후 다른 사람에게 소개하는 과정에서 자신의 의사를 당당하게 표현할 수 있는 기회가 된다.

친구와 식물심기

특수학급에 있는 지적장애 고등학생들을 대상으로 원예치료를 실시하고, 치료 전후에 자아존중감과 불안 측정지로 원예치료를 받은 학생과 받지 않은 학생을 평가하였다. 원예치료를 받지 않은 학생은 불안과 자아존중감에서 유의한 차이가 없었으나, 원예치료를 받은 학생은 원예치료가 장기간 지속될수록 불안이 감소하고 자아존중감이 향상되었다. 또 다른 연구에서는 원예치료 후 울음, 흥분, 울화 등 부적

콩액자 만들기

응 행동이 매우 줄어들었고, 상동적 행동과 과잉행동, 일탈행동도 유의하게 감소되었다. 이는 학교에서 자신감을 잃거나 실패에 대한 두려움으로 불안을 느끼는 지적장애 학생들에게 원예치료를 해서 자신감을 심어주고, 다양하게 경험할 수 있도록 하여 참여성을 증가시켰으며, 전시회에서 자신의 작품이 인정받을 수 있는 기회를 제공하여 자아존중감이 향상된 결과이다. 집에서는 가족과 같이 식물을 기르면서 가족관계를 회복하고, 학교에서는 친구들과 식물을 가꾸면서 대인관계와 사회화 기능이 향상되었다.

●● 원예치료로 준비하는 직업재활

지적장애인의 재활은 그들의 연령에 적합한 행동, 사고, 감정을 갖도록 도와주는 것이며, 이를 위한 교육원칙은 정신연령이 낮더라도 이들 역시 발달단계를 거치므로 각자의 발달단계에 맞게 교육해야 한다는 것이다. 따라서 병리적이거나 신체적인 장애 외에 부수적으로 발생하는 성격적 결함을 가능한 한 없애고, 가지고 있는 능력을 충분히 발휘하게 하여 좀더 나은 사회인으로 자립하게 하는 것이다. 즉 성인으로 성장하는 데 필요한 생활을 경험할 수 있게 하여 궁극적으로는 독립된 성인으로서 직업인을 키우는 것이다.

원예치료는 비위협적인 환경에서 묘목 밭, 온실 꾸미기 등 직업기본 기술을 습득할

수 있으며, 반복 훈련을 해서 원예업종으로 전업도 가능하다. 지적장애인은 대부분 눈-손 조정, 신경 근육 조정, 손의 민첩성이 평균 이하다. 삽목이나 이식, 접시정원, 자연소재를 이용한 공예품 만들기 등은 개인이 이러한 영역에서 신체적으로 가능성이 충분히 있음을 알려주는 것이다.

또한 식물은 다양한 색, 질감, 모양새가 있어서 식물의 특성을 쉽게 배울 수 있고, 식물 각 부분의 이름을 익히면서 어휘력을 향상시킬 수 있다. 삽수, 분갈이, 씨뿌리기 등의 활동은 수 개념을 익히는 데 좋으며, 식물을 기르고 관리하면서 새로운 기술을 개발하고 자기를 조절할 수 있다. 특히 원예분야는 지적장애인의 고용영역으로 확대되고 있으며, 미국은 직업 훈련과정에서 원예를 많이 이용하고 있다.

소근육 발달과 소일거리로 활용 가능한 원예활동을 익힐 수 있는 실내활동과, 식물의 생육환경과 생육기간을 고려하여 식물을 채집하고 도구를 이용할 수 있는 실외활동으로 구성된 원예치료 프로그램을 지적장애인에게 실시하였다. 원예치료 실시 전후에 원예활동에서 사회적 행동관찰기록과 원예작업 평가를 실시하여 비교하였다. 그 결과 대부분 작업하면서 자신의 욕구를 충족했고, 작업수행 과정에서 완성했다는 만족감과 자신감을 보였다.

직업재활에 관한 다른 연구에서는 사회성숙도, 사회연령, 사회지수 모두 원예치료 후 증가하였으며, 작업평가에서 작업에 대한 숙련도와 능률성이 모두 호전되었다.

원예치료 프로그램은 식물을 접하면서 식물의 생육과정에 따라 유사한 작업을 반복훈련함으로써 작업에 대한 숙련도와 적응력을 향상시킨다. 따라서 원예치료는 지적장애인의 직업재활에 중요한 요소인 자신감 배양, 사회성 증진, 불안이나 긴장상태 극복, 긍정적인 사고의 배양을 돕고, 직

온실관리 및 찻집운영

업수행능력과 직업인으로서 자질을 향상시키며, 사회 참여와 재활치료 교육을 제공하는 데 매우 적절한 접근 방법이다.

참고 문헌

- 강정순. 1998. 원예활동이 정신지체아동의 적응행동에 미치는 영향. 공주대학교 대학원 석사학위논문.
- 고언희. 2000. 원예치료가 정신 및 지체장애인의 재활에 미치는 영향. 건국대학교 농축대학원 석사학위논문.
- 금은정. 2002. 원예치료가 성인 정신지체장애인의 사회성숙도 및 작업평가에 미치는 영향. 건국대학교 농축대학원 석사학위논문.
- 김남은. 2004. 경도-중도 정신지체인을 위한 원예활동 수행능력평가도구의 개발. 건국대학교 대학원 석사학위논문.
- 김보영. 2010. 지적장애아동의 주의집중력과 사회성 향상을 위한 Skinner의 행동수정이론에 기초한 원예치료. 건국대학교 농축대학원 석사학위논문.
- 김재현. 2001. 정신지체장애인을 대상으로 한 집단원예치료의 효과성에 관한 연구. 한림대학교 사회복지대학원 석사학위논문.
- 남오철. 1998. 정신지체장애인의 직업재활모델에 관한 연구. 강남대학교 대학원 석사학위논문.
- 노기보. 2000. 정신지체장애인의 직업재활을 위한 원예치료 프로그램 개발에 관한 연구. 한일장신대학교 기독교사회복지대학원 석사학위논문.
- 이동원. 2001. 원예활동이 중도 정신지체학생의 위축행동 개선에 미치는 효과. 부산대학교 교육대학원 석사학위논문.
- 이선자. 2007. 화훼장식기능훈련을 이용한 원예치료가 정신지체인의 작업수행능력 향상 및 직업재활에 미치는 영향. 건국대학교 농축대학원 석사학위논문.
- 정성혜. 1991. 원예식물이 정신박약자의 정신건강에 미치는 영향. 고려대학교 대학원 석사학위논문.
- 정수연. 2010. 가족탄력성에 기초한 원예치료가 장애아동 가족의 가족적응 향상에 미치는 영향. 건국대학교 농축대학원 석사학위논문.
- 정희진. 2002. 원예치료가 고등학교 정신지체학생의 자아존중감 및 불안에 미치는 영향. 건국대학교 석사학위논문.
- 제의숙. 2001. 원예치료가 주간보호 정신지체청소년의 사회·심리·정서적 특성 및 부적응 행동에 미치는 영향. 서울시립대학교 산업대학원 석사학위논문.
- 조현구. 2001. 원예치료가 정신지체학생의 적응행동에 미치는 영향. 동아대학교 교육대학원 석사학위논문.
- 주병식. 2013. 지적장애학생의 직업적응력 증진을 위한 수경재배 프로그램의 적용. 건국대학교 농축대학원 석사학위논문.
- 차명진. 2009. Multimodal 사회기술 훈련을 도입한 원예치료가 지체부자유아의 사회성 변화에 미치는 영향. 건국대학교 농축대학원 석사학위논문.
- Ahn, J.Y. 2007. Effect of horticultural therapy on hand function and quality of life of the crippled

- disordered persons in the group home. MS Diss., Catholic Univ., Daegu, Korea.
- Bang, G.H. and J.H. Kim. 2004. The effect of horticultural therapy on the maladjusted behavior of children with mental retardation. Agricultural Education Human Resource Development 49~68.
- Cho, H.G. 2006. Effects of horticultural therapy program on the vocational rehabilitation of mentally retarded adults. MS Diss., Dong-A Univ., Pusan, Korea.
- Han, C.S. 2007. The effect of horticultural therapy on the self-concept of students with intellectual disability. MS Diss., Daegu Univ., Daegu, Korea.
- Kang, J.S. 1998. The Effects of horticultural activities on the adaptive behavior on children with mental retardation. MS Diss., Kongju Univ., Kongju, Korea.
- Kim, J.H. 2005. A study on effects of gardening therapeutic program on adaptive behavior changes of the mentally retarded. MS Diss., Honam Univ., Gwngju, Korea.
- Kim, J.H., M.K. Cho, H.S. Park, S.H. Joo, and K.C. Son. 2008. Effects of horticultural therapy based on soical skill on the improvement of interpersonal relationship and sociality of women with mental retardation. Kor. J. Hort. Sci. Technol. 26(1):81~89.
- Kwon, Y.H. 2006. Effect of horticultural therapy on the changes of mentality, sociality of mental disorder persons. MS Diss., Seoul Natl. Univ., Seoul.
- Lee, S.J., S.J. Um, J.E. Song, and K.C. Son. 2007. Effect of horticultural therapy using the floral decoration training on the improvement of occupational performance ability and vocational rehabilitation in mentally retarded. J. Kor. Soc. Hort. Sci. 25(4):474~484.
- Moon, S.J. and Y.I. Kim. 2005. The effects of a horticultural program on improving the horticulture job performance and manual skills of adolescents with mental retardation. J. of Special Educ. 6(2):117~136.
- Shim, E.M. 2007. The effect of horticultural therapy on the adaptive behavior of mentally retarded children. MS Diss., Seoul Natl. Univ., Seoul.
- Shim, Y.E. 2008. Effect of horticultural therapy program for improvement of work adjustment skill in people with mental retardation. MS Diss., Dankook Univ., Chunan, Korea.

원예치료와 노인

●● 노인이란?

생활수준이 향상되면서 영양이 좋아지고 건강관리가 개선되었다. 또한 현대 의학이 발달하면서 평균수명이 연장되었다. 출산율과 사망률이 낮아지면서 사회에서 노인인구 비율이 점차 높아져, 우리나라 역시 고령화 사회로 진입하고 있다.

노인이란 허약, 무기력, 생리적 기능의 쇠퇴 등 신체적·심리적·사회적인 면에서 노화 과정에 있는 사람이다. 노인은 신체구조상 몸의 균형을 유지하는 평형감각이 떨어지고, 근육의 질량이 저하되며, 뼈 구조 내 골밀도가 낮아져 골절이 쉽게 일어난다. 또한 신체 각 부분 신경의 통증이 증가하고, 운동하는 데 제한을 받기 때문에 골격, 근육, 피부도 빠르게 퇴화한다.

이러한 신체적 노화로 소외와 고립, 일상생활의 통제 불능, 지난 세월에 대한 회한 등 우울성향이 증가하게 된다. 또한 과거로 거슬러 올라가 지난날을 회상하며 자기 인생에 의미를 부여하고 죽음을 준비하는 경향이 있으며, 중년기 이후에는 살아온 시간을 계산하기보다 앞으로 남은 시간을 계산하는 식으로 시간을 보는 태도가 바뀌는 등 심리적인 변화도 보인다.

대부분 퇴직 후 가정이나 사회에서 자신의 역할을 상실하게 되고, 자녀가 결혼으로 분가하거나 배우자와 결별하여 가족을 잃은 상실감과 고립감을 느끼며, 경제적인 능력이 없어지면서 생활환경이 변하고 여가시간이 많아지게 된다. 특히 핵가족이 늘어나면서 자녀가 부모를 잘 돌보지 않아 병원이나 양로원, 복지시설에 거주하는 등 사회적인 변화를 주변에서 빈번히 볼 수 있다.

노인 원예치료는 노인에게 소일거리를 제공하고 경제적인 도움을 주며, 여생을 즐겁게 보내고 사회활동을 가능하게 하는 데 필요한 건강유지가 그 목적이며, 유용한 여가 선용 방법이다. 실내에서 움직임이 적은 생활을 하는 노인에게 땅을 일구거나 제초 작업을 하면서 자연스럽게 전신운동이 가능하고, 이를 통해 주기적으로 건강을 관리할 수 있으며, 나이가 들수록 단독 취미생활을 즐기는 노인에게 식물을 통해 자연을 접하는 기회가 될 수 있다. 또한 바깥에서 활동하는 시간이 많아지면서 관심이 비슷한 또래들과 자연스럽게 대화할 수 있는 사회적 상호작용의 기회를 마련하여 노인이 느낄 수 있는 소외감과 고립감을 극복할 수 있다.

●● 원예치료로 노인의 신체적 기능 퇴화를 늦춘다

신체적 기능이 퇴화된 노인에게 낙상이나 골절 사고가 빈번히 발생한다. 특히 겨울철 미끄러운 곳에서 넘어지면 외상성 뇌손상의 원인이 될 수 있으며, 가벼운 골절로 끝난다고 하더라도 활동에 제약을 받기 때문에 신체적인 불편뿐만 아니라 심리적으로 영향을 많이 받게 된다.

나이가 들면서 관절 움직임이 굳어지고, 근육활동 능력이 감퇴되어 신체의 전반적인 균형이 흐트러지며, 근골격계가 변화되어 몸의 균형을 유지하는 평형감각이 떨어지고, 뼈의 밀도가 낮아지기 때문에 노인

쌈채소 가꾸기

은 곧잘 떨어지거나 넘어져 다치게 된다(낙상).

　낙상을 예방하기 위해서는 규칙적인 운동이 필요하며, 정지상태에서 하는 운동보다는 몸을 움직이는 운동과 밀기, 걷기와 같은 체중이동 운동이 특히 균형감 향상에 도움이 된다. 또한 노인의 무릎과 발목관절 근육을 강화시켜 하지근력을 강화하는 운동이 필요하다. 결국 근육을 다양하게 움직이고, 규칙적으로 운동하여 신체적 기능을 유지하는 것이 낙상을 예방하고, 그에 따른 우울, 불안 등 심리적인 문제를 예방할 수 있는 바람직한 방법이다.

　원예활동은 운동경기에서 승부를 가리는 것과는 달리 경쟁적이지 않으며, 가벼운 운동을 하는 것보다 칼로리가 많이 소모되고, 신체기능을 향상하는 운동이다. 또한 원예활동에도 움직임이 적은 것에서 많이 움직여야 하는 것까지 여러 형태가 있어 노인의 신체적 기능 정도에 따라 적절하게 난이도를 조절할 수 있다. 실내와 실외에서 다양하게 이루어지는 원예치료는 장소에 따른 제한 때문에 활동의 종류와 특성이 각기 다르다.

　실내 원예치료 프로그램은 수경재배, 물병 꽃 싸기, 잔디인형 만들기, 압화, 꽃꽂이 등 다양한 소재로 구성되며, 대부분 앉아서 양손을 이용하여 작업하고 섬세한 손동작이 필요하다. 또한 실외 원예치료 프로그램은 근력, 균형 및 협응운동이 필요한 밭갈이, 씨뿌리기, 잡초 뽑기, 비료주기, 수확하기 등 주로 신체활동을 많이 하게 구성된다.

　노인보호시설에 거주하는 노인에게 실내와 실외 원예치료 프로그램을 구분하여 각각 실시하였다. 원예치료 프로그램 실시 전과 후에 일상생활 동작, 척추의 관절운동범위, 손근력, 균형감각 등 신체적 기능을 측정하여 비교해보면, 원예치료를 받지 않은 노인은 시간 경과 후 신체적인 기능이 퇴화하였으나, 실내 원예치료 프로그램을 실시한 노인은 원예치료가 진행될수록 일상생활 동작지수와 손의 근력이 유의하게 증가하였으며, 특히 일상생활 동작지수 중 자기관리와 의사소통 항목에서 유의한 증가를 보였다(표 30 참조).

　또한 실외 원예치료 프로그램을 실시한 노인은 척추관절운동범위 중 허리를 펼 수 있는 각도와 양손의 근력이 유의하게 증가되었고, 일상생활 동작지수 중 자기관리, 이동,

운동 영역에서 유의하게 호전되었다(표 31 참조).

    실내 원예치료 프로그램은 주로 양손을 이용한 작업이므로, 이를 통해 손의 촉각과 미세동작이 좋아지며, 손의 소근육을 활용하여 평소 스스로 해야 하는 일에 도움이 된다. 또한 조용한 환경에서 노인들이 같이 모여 작업하면서 자연스럽게 대화를 많이 하고 각자 만든 결과물을 전시함으로써 대화능력과 자신감이 증진된다. 대동작을 위주로 모든 신체의 전반적인 움직임이 필요한 실외 원예치료 프로그램은 비교적 장거리를 걷고, 직접 씨를 뿌리고 호미나 쟁기 같은 도구를 운반하고 사용하는 작업이 주를 이루기 때문에, 상·하체 및 몸통 모든 관절의 능동적 관절운동과 근력강화에 효과적이다. 이러한 야외 작업은 유연성과 근력, 민첩성 향상에도 도움이 된다.

표 30. 실내 원예치료군의 신체적 기능 효과

항목	원예치료 실시 전	원예치료 실시 20주 후	차이
허리 굽히기	18.0	22.0	ns
허리 펴기	7.1	9.5	ns
일상생활 동작지수	116.3	120.7	*
근육 수축력(오른쪽)	100.0	162.7	*
근육 수축력(왼쪽)	83.0	128.7	*

표 31. 실외 원예치료군의 신체적 기능 효과

항목	원예치료 실시 전	원예치료 실시 20주 후	차이
허리 굽히기	18.1	22.3	ns
허리 펴기	7.3	12.3	*
일상생활 동작지수	118.6	122.3	*
근육 수축력(오른쪽)	90.9	198.7	*
근육 수축력(왼쪽)	88.2	142.6	*

(ns는 원예치료를 하기 전후에 항목에서 향상된 차이가 없었음을 의미하며, *는 통계적으로 유의한 차이가 있었음을 의미한다(강석정, 2001).)

●● 원예치료로 삶의 질을 높인다

　요즘은 조기퇴직, 명예퇴직 등으로 사회에서 일찍 은퇴한 노인들이 가정에서도 많은 권한을 자녀에게 위임하기 때문에 여가시간이 많다. 이들은 적어도 정년퇴직 후 20년 이상 생활하게 되는데, 대부분 노동과 근면이 지배적인 가치관에서 성장하거나 여가나 휴식, 즐거움 등이 배제된 삶을 살아왔기 때문에 시간의 여유가 생겨도 여가를 만족스럽게 활용하지 못한다.

　또한 사회적으로 아무런 역할을 부여받지 못한 채 가정과 사회에서 자신의 역할상실에 직면하게 된다. 그래서 자신의 생활에 만족하지 못하고, 사회적 관계망이 축소되어 심리적 위축과 우울이 야기되는 경우가 많다.

　시설에 거주하거나 자녀들의 독립과 배우자의 사망으로 오랜 시간 단독생활을 하는 노인들은 다른 사람과 교류할 때 역할 분담, 이해관계 대립, 사생활 침해 등으로 갈등을 겪게 되어 불안과 우울이 가중된다.

　노인의 젊었을 때의 생활습관과 경험이 노년기 삶에 중요한 영향을 미치는데, 대부분 농경사회 때 유년기를 보낸 우리나라 노인들은 논밭 가꾸기나 꽃이나 채소 기르기 등을 주변에서 쉽게 접할 수 있었다. 이러한 원예 경험이 여가활동에 익숙하지 않은 노인들에게 여가활동에 참여하는 동기가 될 수 있다. 또한 원예활동을 하면서 소일거리가 되고 공동작업으로 구성원들과 자연스럽게 어울리는 기회를 늘려, 소외나 고립감을 극복하고 공동생활에 적극적으로 참여하도록 도울 수 있다.

　시설에 거주하는 독거노인에게 원예치료를 실시하고, 원예치료 프로그램 실시 전과 후에 공동체 의식과 생활만족도를 조사하여 비교해보았다. 원예치료 실시 초기에는 노인들에게 익숙한 채소재배 위주로 원예치료 프로그램을 진행하여 자연스럽게 다른 사람들과 공동작업을 하도록 유도하였다.

　원예치료 후기에는 원예치료 프로그램에 참여한 노인들의 선호도를 조사하여, 선호하는 꽃 소재를 이용하였으며, 이를 통해 프로그램 참여도가 높아지며 활동에 대한 만족도가 높아질 수 있도록 하였다.

그 결과, 원예치료를 받지 않은 노인에 비해 원예치료 그룹에서 공동체 의식이 매우 유의하게 향상되었으며, 생활만족도 역시 원예치료를 받은 노인 그룹에서 향상되었다.

독립적으로 생활하던 노인들이 원예치료 프로그램이라는 공동작업을 하게 됨으로써, 식물을 매개로 하여 의견을 교환하며, 공동작업 과정에서 각자의 역할을 인정하고 서로 의지하게 된 것이다. 또한 자신이 선호하는 소재를 사용한 활동에 참여함으로써 다양한 욕구를 충족하고, 원만한 대인관계가 형성되어 생활만족도 역시 향상시킨다. 이로써 궁극적으로는 노인의 삶의 질이 향상된다고 볼 수 있다.

원예치료는 사회와 가정에서 역할을 상실하고, 우울과 불안 등 심리적으로 위축상태에 있는 노인에게 자신감과 적응력을 갖게 하여 변화하는 사회에 적극적으로 참여할 수 있도록 하는 발판을 마련해준다.

참고 문헌

- 강석정. 2001. 노인에서 원예요법이 신체적 기능에 미치는 효과. 연세대학교 대학원 의학과 석사학위논문.
- 김욱균. 2012. 허약노인의 스트레스 감소와 건강관련 삶의 질 향상을 위한 의미요법을 적용한 단기집중 원예치료. 건국대학교 농축대학원 석사학위논문.
- 손기철 외. 1999. 《원예치료》. 중앙생활사.
- 송금자. 2007. 재활평가도구를 활용한 원예치료가 치매노인의 인지 및 상지기능의 변화에 미치는 영향. 건국대학교 농축대학원 석사학위논문.
- 유혜숙. 2001. 원예치료가 시설거주노인의 균형감, 민첩성, 손기능에 미치는 영향. 건국대학교 농축대학원 경제작물재배학과 석사학위논문.
- 이은영. 2011. 자기효능이론을 적용한 원예치료 및 생활체조가 저소득층 독거노인의 건강과 생활만족도 향상에 미치는 영향. 건국대학교 농축대학원 석사학위논문.
- 정재은. 2001. 노인의 원예활동참여에 따른 여가 및 생활만족도의 관계. 고려대학교 대학원 원예과학과 석사학위논문.
- 조미경. 2002. 원예치료가 독거노인의 공동체의식 함양과 생활만족에 미치는 영향. 대구가톨릭대학교 대학원 원예과학과 석사학위논문.
- 조원근. 2013. 한국 노인의 삶의 질 향상을 위한 복지원예의 활용. 건국대학교 대학원 박사학위논문.

- 한정숙. 2001. 원예치료가 시설노인의 삶의 질 및 우울에 미치는 영향. 삼육대학교 대학원 간호학과 석사학위논문.
- 황미현. 2011. 여가능력모델에 기초한 원예복지 프로그램이 경로당 노인의 여가활동과 삶의 질 향상에 미치는 영향. 건국대학교 농축대학원 석사학위논문.
- Im, H.J., K.H. Kim, and J.H. Kim. 2008. The effects of horticultural therapy on the depression, interpersonal relationships, and ADL of elderly people living in facilities. Gerontological Social Work Study of Korea 40:125~146.
- Jeong, H.Y. 2009. The Effect of horticultural therapy program based upon theory of REBT on the depression and self-esteem of the elderly in facilities. MS Diss., Mokpo Natl. Univ., Mokpo, Korea.
- Kim, Y.H. 2006. The effects of a horticulture therapy on the changes of sociality of the institutionalized elderly. MS Diss., Sangju Natl. Univ., Daegu, Korea.
- Lee, E.S. 2004. Effect of group horticultural activities as a leisure on the isolation and life satisfaction of the solitude elderly female. MS Diss., Korea Univ., Seoul, Korea.
- Lee, Y.H., G.J. Lee, G.S. Han, C.H. Kim, S.J. Yoon, and Y.K. Lee. 2001. Physical functioning assessment of community-dwelling older persons: scale development and validation. Ajou Univ., College of Medicine. Department of Preventive medicine.
- Lee, Y.J. 2009. Effect of horticultural therapy on the changes of brain waves and hand function of the elderly patient for hospital. MS Diss., Korea Univ., Seoul, Korea.
- Lewis, C.A. 1976. People-plant interaction: Human perspectives in horticulture, HortScience 11:4~5.

원예치료와 치매노인

●● **치매란?**

치매는 성장기에 정상적인 지식수준을 유지하다가 후천적으로 인지기능이 손상되거나 인격의 손상 및 변화가 발생하는 증후군이다. 치매는 일단 정상적으로 성숙한 뇌가 외상이나 질병 등 외부요인에 의해 기질적으로 손상 및 파괴되어 전반적으로 지능, 학습, 언어 등 인지기능과 고등정신기능이 감퇴되고, 이로 인해 사회적·직업적 기능 또는 타인과 관계를 유지하는 기능을 상실하는 복합적인 임상증후군을 말한다. 치매는 크게 알츠하이머형 치매와 혈관성 치매, 기타 질병에 의한 치매, 분명치 않은 치매로 분류할 수 있으며, 알츠하이머형 치매와 혈관성 치매의 유병률이 높다.

치매노인의 주요 특징은 기억력 장애, 지남력 상실, 주·야간 배회, 반복적인 질문, 판단력 장애, 없는 사실을 꾸며서 말하는 작화, 성격 변화, 언어장애, 시·공간 능력장애, 실행능력 장애, 행동장애, 추상적 사고의 장애, 정신병적 증상, 신체적 합병증 등이라 할 수 있다. 그래서 치매노인은 목욕, 옷 갈아입기, 식사하기, 앉기, 외출하기, 화장실 이용 등 일상생활을 하는 데 제한을 받는 경우가 있다. 또한 치매노인은 역할상실, 건강 악화와 부양 및 보호문제, 사회적·심리적 고립과 소외, 만성적 불쾌감, 불안상태, 우울, 혼란, 감정변화, 피해의식, 과거와 현실의 혼동 등에 빠진다.

치매환자는 유병기간이 평균 6년 이상으로 길며, 여러 가지 비정상적인 언행과 건강

상태를 보이면서 부양가족은 물론 이웃에게 많은 부담을 초래하지만, 이들을 돌볼 시설은 매우 미흡해서 대부분 치매노인의 간병과 보호는 가정에서 이루어지고 있다. 치매환자에 대한 부양과 그에 따른 부담 감소, 사회적 지지도 중요하지만, 그보다 더 중요한 것은 치매환자 스스로 사회에 적응할 수 있도록 약화된 기능을 강화하는 것이다.

●● 원예치료로 치매노인의 사회 적응력 강화

치매노인의 사회 적응력을 강화하기 위해서는 타인과의 효과적인 상호작용을 통해 그들의 다양한 욕구, 즉 인지적·정서적·사회적·신체적 욕구를 충족시켜야 한다. 그러나 그들에게는 사회적인 기술이 결여되어 있기 때문에 이러한 욕구가 충족되지 못하고 있으며, 다양한 방법을 활용하여 타인과 효과적으로 상호작용을 하도록 도움을 주어야 한다.

원예치료는 전문적으로 시행되는 프로그램을 통해 자연과 더불어 생활하며 느끼고, 식물과 정원을 가꾸는 과정에서 상호친밀감을 증진시키는 의료적인 처치의 하나다. 원예치료의 목적은 언어 및 사고기능을 강화해서 환자 생활의 많은 부분에 영향을 주고, 새로운 태도 습득, 잃어버린 기능에 대한 대처능력을 개발해 치료성과를 증진하는 것이다. 또한 환자들은 자신감과 자부심을 증진시킬 뿐만 아니라 장래에 대한 희망을 가지고 창의력과 자아표현능력을 계발하게 된다. 신체적으로는 원예활동을 수행함으로써 소근육과 대근육을 기능적으로 향상시킬 수 있다.

치매노인에게 원예치료를 실시하였을 때, 심리적인 측면에서 우울 감소와 자아존

수경재배

수확한 채소 다듬기

중감 향상에 유의한 호전이 있었다. 이를 바탕으로 치매노인의 사회 적응력 향상을 위해 세 단계로 계획한 원예치료를 실시하고, 원예치료 실시 전후에 인지기능 검사, 자아존중감, 우울, 감정의 균형평가, 일상생활 동작수행능력평가 등 인지적·정서적·신체적인 기능을 각각 평가하여 원예치료 효과를 비교하였다.

첫째 단계는 원예에 대한 흥미를 높이기 위해 채소파종, 수경재배 등 치매노인이 과거에 즐겨했던 원예활동으로 구성하였으며, 이를 통해 원예치료에 쉽게 적응하고, 정서적 안정을 추구하는 데 초점을 두었다.

둘째 단계는 치매노인이 꽃모종 심기, 채소 모종 옮겨심기와 같이 과거에 경험했던 활동과 압화 만들기, 포푸리 만들기와 같은 새로운 활동을 적절히 혼합하여 활동에 대한 흥미를 잃지 않게 하면서 새로운 식물을 접하게 함으로써 호기심 유발 및 정서적 안정을 도모하고, 식물에 대한 인지기능을 향상시키며, 여러 활동을 통해 소근육과 대근육을 고루 활용할 수 있는 프로그램으로 구성하였다.

셋째 단계는 치매노인의 사회 적응력을 더욱 향상시키기 위해 접시정원 만들기, 조화 브로치 만들기 등 좀더 섬세하면서 흥미로운 작품을 만드는 데 초점을 두었다. 또한 전시회 준비를 통해 성취감도 높이면서 창조력 향상, 주의 집중력과 인지기능 향상, 소근육과 대근육 발달, 협동심 발휘 등 사회 적응력을 한층 높이는 데 초점을 두었다.

그 결과, 원예치료 실시 후 인지기능이 매우 향상되었으며, 특히 채소파종과 모종심기, 꽃을 이용한 활동 등이 치매노인의 수개념, 어휘력, 기억력, 판단력 향상에 매우 효과적이었다. 정서적인 면에서는 우울이 감소하였고, 자아존중감과 감정균형의 정도가 매우 향상되었다. 일상생활 동작수행능력(ADL) 평가를 통한 신체적인 면은 뚜렷한 기능의 향상은 없었으나, 치매노인들이 대부분 시간이 경과함에 따라 기능이 퇴화되는 것과 비교할 때 기능이 퇴화되지 않고 유지되는 경향을 보였다.

원예치료 중 식물 이름을 반복하여 학습하며, 식물 재배법을 인지하고, 식물의 잎·줄기·뿌리 등을 관찰하여 상한 부분을 제거하며, 식물을 심는 위치나 배치 장소를 스스로 결정하는 등의 활동은 수개념과 어휘력, 기억력, 판단력 및 시·공간 지남력 등 인지적인 기능을 강화시킨다. 또한 식물의 성장을 직접 관찰하고, 원예치료 프로그램을 스스로 마무리하게 함으로써 불안과 우울, 무력감을 감소시키고, 자신감과 성취감을 주어 자아존중감을 향상시킨다.

사회적으로는 식물과 관련된 질문과 답변을 하면서 타인과 대화할 기회가 늘어나고, 프로그램에서 공동작업을 하면서 서로 돕게 하여 타인과 접촉하는 빈도를 높인다. 그리고 자신이 만든 작품을 중요한 사람에게 선물하게 함으로써 사회적 기능을 강화한다. 마지막으로 물주기, 화단이나 텃밭 가꾸기, 작은 물건 집기, 조화 등을 소근육과 대근육을 향상시키는 활동으로 프로그래밍하여 신체적 기능의 강화에 도움이 되도록 한다.

참고 문헌

- 곽혜란 외. 2002. 《노인을 중심으로 엮은 원예치료의 이론과 실제》. 서울여자대학교 출판부.
- 손기철 외. 2004. 《치매예방 및 인지재활 프로그램》. 서현사.
- 송금자. 2007. 재활평가도구를 활용한 원예치료가 치매노인의 인지 및 상지기능의 변화에 미치는 영향. 건국대학교 농축대학원 석사학위논문.
- 여창호. 2002. 원예활동이 치매노인의 인지적·정서적 기능향상에 미치는 영향. 동의대학교 행정대학원 석사학위논문.
- 윤숙영. 2002. 원예치료가 치매노인의 인지능력 향상과 우울 감소에 미치는 영향. 대구가톨릭대학교 디자인대학원 석사학위논문.
- 이상훈. 1999. 원예치료가 치매노인의 우울과 자아존중감에 미치는 영향. 건국대학교 농축대학원 석사학위논문.
- 조문경. 2008. 치매환자의 인지기능 및 행동심리증상 향상을 위한 비약물적 치료로서의 원예치료. 건국대학교 대학원 박사학위논문
- 황인옥. 2002. 원예치료 프로그램 적용을 통한 치매노인의 사회 적응력 강화전략에 관한 연구. 부산대학교 대학원 박사학위논문.

- Choi, K.S. 2006. A study on the effect of horticultural therapy on the depression and the activity of daily living in elders with dementia. MS Diss., Sungsan Hyo. Univ., Incheon, Korea.
- Chon, S.Y. 2008. Effect of horticultural therapy on the small muscles and emotional stability of senile dementia for long-term. MS Diss., Wonkwang Univ., Iksan, Korea.
- Hwang, I.O. 2002. A study on a strategy for strengthening the social adaptation of the dementia aged through horticultural therapy. PhD. Diss., Pusan Natl. Univ., Pusan, Korea.
- Jang, S.Y. 2009. A study on improvement of dementia symptoms through horticultural therapy : The senile demeatia persons at Senior Citizen Daycare Center. MS Diss., Korea Univ., Seoul Korea.
- Kang, M.H. 2005. Effects of horticultural intervention program on cognition, emotion, communication and problematic behavior in older adults with Alzheimer. PhD. Diss., Chungnam Natl. Univ., Daejeon, Korea.
- Kim, K.J. 2004. Effect of horticultural therapy on the changes of depression and self-esteem of demented old adults. MS Diss., Honam Univ., Gwangju, Korea.
- Lee, S.H., E.A. Im, M.K. Cho, and K.C. Son. 2007. Effect of horticultural therapy on the changes of depression and self-esteem of demented old adults. J. Kor. Soc. for Plants, People, and Environment 10(4):40~47.
- Yun, S.Y. 2008. Effect of the application of horticultural therapy based on pincus' theory of rehabilitation practice on demented elders' daily activity functions and physiological changes. PhD. Diss., Catholic Univ., Daegu, Korea.

원예치료와 아동

●● 아동은?

아동은 크게 학령기 전 아동과 학령기 아동으로 나눌 수 있으며, 연령별 발달과정에 따라 각기 다른 인지적·정서적·행동적 특징이 있다. 그러나 각 발달단계의 아동에게 공통적인 점은 아동의 인지적·정서적·행동적 특징이 자라는 과정에서 주변 환경의 영향을 많이 받는다는 것이다.

아동은 연령이 낮을수록 시간을 대부분 같이 보내는 부모, 가족의 영향을 많이 받는다. 그러나 가족이 점차 핵가족이 되고 여성의 구직 기회가 증가하면서 가족 구성원 중 특히 어머니와 교류하는 시간이 매우 부족해졌으며, 이혼율이 증가하여 부모 중 한쪽 또는 양쪽과 함께 살지 않는 결손 가정이 늘어나고 있다. 이처럼 아동이 받는 스트레스 증가와 아동에 대한 관심 부족은 아동의 우울, 불안, 과잉행동 증가와 주의집중 저하로 이어진다.

밭에서 채소 수확하기

열매로 장식품 만들기

아동이 유치원이나 학교에 들어가면서 관심의 대상은 가족에서 또래로 확대된다. 또래집단에서 아동은 정서적으로 안정될 수 있는 사회적 지지를 받으며, 자신 이외의 사람에 대한 이해나 사회규칙을 이해할 수 있다. 그러나 사회적으로 문제가 되고 있는 집단따돌림, 지나친 경쟁관계 등 왜곡된 또래관계는 아동의 정서적 부적응뿐만 아니라, 대인관계에 필요한 사회적 기술을 습득할 기회마저 빼앗아 성인이 되어서의 대인관계나 자존감 등에 부정적인 영향을 미친다.

땅을 파면서 맡는 신선한 흙냄새, 나무에서 흩날리는 꽃잎이나 낙엽 모습, 발가락 사이에 닿는 잔디의 간지러운 감촉 등 자연을 통한 감각적 체험은 시각적 영상을 내면화함으로써 정신적 조작기능을 구조화하고, 이를 바탕으로 지식을 구성하고 인성을 발달시키는 데 도움을 준다.

아동이 직접 채소를 기르고 수확하는 것은 호기심을 유발하고 편식을 줄이며, 씨앗을 심고 가꾸는 활동은 식물이 싹을 틔우고 꽃을 피우는 식물의 생애를 경험할 수 있는 자연학습의 기회가 된다. 또한 이 과정에서 식물을 돌보는 활동적 참여와 함께 자신을 돌보고 다른 또래와 긍정적인 관계를 형성하는 계기가 된다.

●● 아동의 주의집중력을 기르자

학령전 또는 학령기 아동에게서 흔히 나타나는 주의력 결핍과 산만함, 과잉행동, 충동성 등은 새로운 상황에 대한 부적응 행동이지만, 부모의 관용적인 태도와 교사의 이해부족 등으로 지나쳐버리는 경우가 많다. 오랫동안 집중하지 못하고 적절한 행동을 통제하지 못하며, 과제를 마치기가 어렵고 쉽게 지루해 하는 등의 주의력집중 결핍행동은 진단과정에서 주의력결핍 과잉행동장애(ADHD : Attention Deficit Hyperactivity Disorder)라는 독립적인 장애로 구분된다.

ADHD 아동은 주의집중력이 결핍되어 질문이 끝나기 전에 불쑥 대답하거나, 차례로 주고받기에 어려움을 겪으며, 다른 사람을 방해하는 등 생각 없이 행동하여 충동통제에 문제가 있다. 또한 긴 시간 동안 가만히 앉아 있지 못하며, 앉아서도 몸을 비비꼰다거나 허락 없이 자리를 이탈하여 앞뒤로 왔다갔다 하고 다른 아동을 괴롭히며, 팔다리를 끊임없이 움직이는 등 과잉행동을 보이기도 한다.

아동이 좋아하는 프로그램(잔디인형 만들기)

또한 자기가 원하는 것에 대한 집착이 커서 게임에 지면 화를 내기도 하고, 상대방을 공격하기도 한다. 그래서 유치원이나 학교에서 순조롭게 적응하지 못하고, 때때로 또래들에게 거부당하게 되며, 주위에서 '나쁜 아이' '문제아' 등으로 인식되어 자연히 '나는 못된 아이' '나는 아무것도 못하는 아이' 등과 같이 낮은 자아상을 형성하게 되고, 인지발달이 자연히 다른 아동들보다 지연되므로 때때로 '바보' 라는 소리를 듣게 된다.

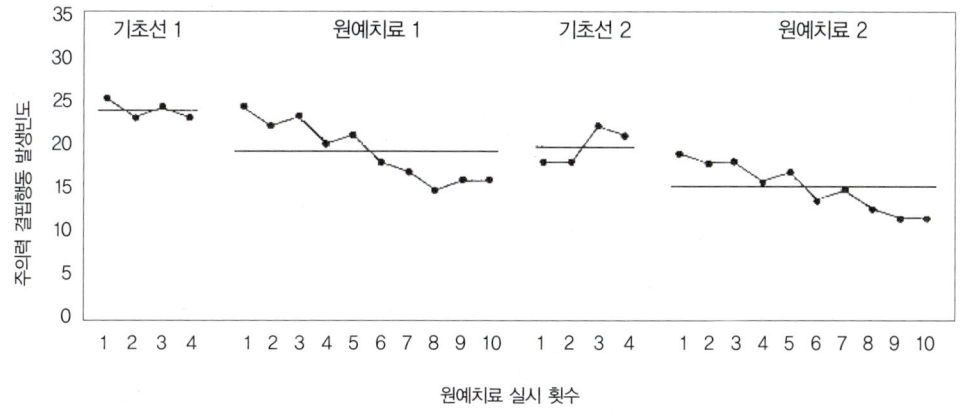

ADHD 아동의 주의력결핍행동의 시각적 변화

4회 동안 아동 행동을 관찰해 기초선을 검사하고, 원예치료를 실시하는 동안 주의력을 관찰하였다. 원예치료가 진행될수록 주의력 결핍행동의 발생빈도가 감소했다. 10회기의 원예치료가 끝난 후, 다시 기초선을 조사하여 안정상태에서 원예치료 실시를 반복하였으며, 이때의 결과도 처음의 결과와 동일했다(김주창, 2003).

원예치료는 주변에서 흔히 보던 식물을 이용한 다양한 활동을 통해 아동의 호기심을 유발하여 집중력을 향상시키고, 탐구심을 갖게 한다. 또한 약물치료나 인지치료 등을 받는 ADHD 아동에게 치료를 받는다는 부담을 줄여주고, 자연스럽게 녹색식물을 접하게 해 정서적 안정을 준다. 식물을 돌보는 데 따르는 책임감과 함께 성취감을 갖고, 식물을 기르는 과정에서 아동의 문제행동이나 과잉행동으로 인한 실패나 식물의 자연치유력 등을 경험하면서 또래와 긍정적인 관계를 형성하며 아동의 과잉행동을 줄인다.

주의력결핍증후군 심각도 점수 중 주의력결핍 항목에서 중간 이상의 심각도 점수를 나타내는 아동에게 원예치료를 실시하였고, 원예치료 실시 전에 사회성숙도 검사와 지능검사, ADHD증후군 심각도 검사를 해서 아동의 발달 및 행동특성을 파악하였다. 원예치료 프로그램은 아동의 정서적 안정과 사회성 향상, 주의 조절능력과 협동심 향상 등을 목적으로 계획되었으며, 아동의 호기심을 유발하기 위해 손에 닿으면 잎을 오므리는 미모사나 생장속도가 빠른 잔디 등의 소재를 사용하였다.

원예치료 실시 전에 관찰을 통한 기초선을 조사한 후 10주의 원예치료를 실시하였고, 치료가 끝나고 안정단계에 들어간 다음 이를 반복했다. 주의력결핍행동 분류표에 근거한 표적행동을 관찰해보니 원예치료 후 ADHD 아동의 주의력 결핍행동 발생 빈도수가 감소되었으며(그래프 참조), 특히 원예활동 과정에서 책상이나 의자를 흔드는 선택적 주의력 결핍행동이나 마음대로 자리를 이탈하는 지속적 주의력 결핍행동, 바른 대답을 피하거나 과제물을 파괴하는 주의력 조절능력 결핍행동이 긍정적으로 변하였다. 이는 비교적 쉬운 활동으로 구성된 원예활동이 아동들에게 적절한 동기를 부여했으며, 자기표현의 기회를 통해 능동적으로 활동에 참여할 수 있었고, 단기간의 프로그램이 집중력 지속시간이 짧은 아동에게 즉각적인 만

교실 내 실내정원

족감과 성취감을 줄 수 있었기 때문이다.

교실 안에 실내정원을 설치하고, 실내정원에 있는 식물을 관리하는 약간의 원예활동만으로도 학기가 진행될수록 초등학교 아동의 문제행동이나 과잉행동, 주의 산만, 대인관계에서 느끼는 어려움이 유의하게 감소하였다. 또한 집단 내 괴롭힘 역시 줄어들었다. 이는 식물이 다칠까봐 조심스럽게 다루고, 자기가 물을 주는 식물이 얼마나 자랐는지 살피며, 이것을 다른 아동과 의사소통의 매개로 사용함으로써 가능했다.

참고 문헌

- 구자율. 2003. 초등학교 교실 내 실내정원의 도입이 집단괴롭힘과 주의집중에 미치는 영향. 건국대학교 대학원 석사학위논문.
- 김성실. 2013. 초등학생의 또래관계 및 또래지위 향상을 위한 학교 텃밭활동 프로그램. 건국대학교 농축대학원 석사학위논문.
- 김주창. 2003. 원예활동이 ADHD 아동의 주의력결핍행동 변화에 미치는 영향. 부산대학교 교육대학원 석사학위논문.
- 김지연. 2011. 유치원 환경교육과정에 기초한 원예복지 프로그램이 유아의 친환경태도 향상에 미치는 영향. 건국대학교 농축대학원 석사학위논문.
- 남선자. 2009. 유치원 교육과정에 기초한 주말 원예활동 프로그램이 어머니의 양육태도 및 유아 탐구생활영역에 미치는 영향. 건국대학교 농축대학원 석사학위논문.
- 박명숙. 2001. 유치원아동의 정서 및 학습에 미치는 원예치료의 효과. 대구가톨릭대학교 디자인대학원 석사학위논문.
- 손효정. 2012. 유아의 채소편식 감소와 정서지능 향상을 위한 컬러푸드 채소활용 원예활동. 건국대학교 농축대학원 석사학위논문.
- 송영란. 2003. 원예치료가 시설 아동들의 행동발달 및 정서함양에 미치는 영향. 대구가톨릭대학교 대학원 석사학위논문.
- 유미리. 2010. 자기표현훈련을 도입한 원예치료가 유아의 일상적 스트레스 감소 및 유아교육기관 적응 향상에 미치는 영향. 건국대학교 농축대학원 석사학위논문.
- 육미라. 2003. 원예치료가 결손가정 아동과 정상가정 아동의 자아존중감 및 사회성 향상에 미치는 영향. 건국대학교 농축대학원 석사학위논문.
- 이순옥. 2004. 원예치료가 어머니-자녀간의 의사소통 향상에 미치는 영향. 건국대학교 대학원 석사학위논문.
- 이진철. 2012. 유치원 주변환경과 텃밭환경에 따른 유아의 정서지능 및 과학적 탐구능력의 향상. 건국대학교 농축대학원 석사학위논문.

- 조동순. 2013. 초등학생의 친사회성 향상을 위한 원예동아리 활동. 건국대학교 농축대학원 석사학위논문.
- 지현경. 2013. 원예활동이 초등학교 저학년 학생의 다중지능과 자아개념에 미치는 영향. 건국대학교 농축대학원 석사학위논문.
- 최근철. 2002. 주의력결핍 과잉행동장애 아동의 원예치료 사례연구. 강남대학교 교육대학원 석사학위논문.
- 최영애. 2000. 아동을 위한 원예치료 프로그램 개발과 효과에 관한 연구. 건국대학교 농축대학원 석사학위논문.
- Hwang, C.M. 2007. Effect of horticulture therapy program on ego-identity and self-esteem of middle school students. MS Diss., Kyungbouk Natl. Univ., Daegu, Korea.
- Jeong, A.K. 2009. Effect of horticultural activities on self-esteem and sociality for children of low-income groups. MS Diss., Chungnam Natl. Univ., Daejeon, Korea.

원예치료와 청소년

●● 청소년과 스트레스

청소년기는 그 이전의 발달단계에서 성취된 모든 것을 통합하고 주체성을 형성하는 단계이다. 이 시기는 생물학적·심리적·사회적 변화가 가장 큰 시기로, 다른 시기에 비해 스트레스를 더 많이 받고, 스트레스에 적절하게 적응하지 못했을 때에는 몸과 마음의 질병이나 부적응 행동이 나타난다. 또한 청소년에 대한 사회의 여러 가지 새로운 요구들, 성적이나 대학 등 진학에 대한 과도한 주변의 기대 등을 통해 청소년이 겪는 신체적·심리적·사회적 스트레스는 청소년의 심리적 갈등과 부적응을 더 크게 하는 요인이 되고 있다.

특히 우리나라 청소년은 지나친 대학입시 위주의 교육제도와 학교 수업 이외에 과외나 학원수강 등 틀에 짜인 일정에 따른 반복적인 생활 때문에 친한 친구관계를 유지하는 것도 힘들고 친구조차 경쟁상대로 볼 수밖에 없다. 또한 능력 이상을 기대하는 부모나 가족 때문에 가정 내에서도 정서적으로 안정되기 어렵다. 이 때문에 발생되는 스트레스가 심리적, 신체적인 증상으로 나타나 만성적인 피로감이나 우울증, 두통이나 소화불량과 같은 신경성 질병 등을 호소하기도 하며, 모든 일에 의욕을 상실하기도 한다. 또한 성적과 진로문제에서 오는 부담과 갈등을 견디지 못하고 가출이나 비행, 약물 남용, 자살 등과 같은 문제행동을 보이기도 한다.

청소년들의 스트레스를 줄이기 위해 다양한 의학적 치료방법이 동원되고 있지만, 스트레스는 생활환경이나 태도, 감정, 대인관계, 가정환경, 생활정도 등 복합적인 요인 때문에 발생하기 때문에 획일적인 치료가 어렵다. 또한 스트레스는 두통, 소화불량, 근육통, 감염성 질병, 심장혈관질병, 천식 등과 같은 신체적인 증상과 불안, 우울, 공포, 분노 등 다양한 심리적인 증상으로 발전해서 나타나는데, 외부환경 요소보다 개인 성향에 따라 받아들이는 정도가 다르기 때문에 개인의 심리적 부담과 문제를 해소하는 것이 가장 중요하다.

●● 원예치료는 스트레스를 줄인다

식물은 바라보고만 있어도 마음에 안정을 주어 긴장을 풀게 하고, 두뇌의 기능을 활성화해 안정감과 느긋하고 행복한 느낌을 줄 뿐만 아니라 스트레스를 줄여준다. 또한 식물은 실내공기를 깨끗하게 하고, 온도와 습도를 조절하여 쾌적한 환경을 조성하기 때문에 건강에 좋다.

이러한 식물을 이용한 원예치료는 식물을 공유할 수 있는 공통된 경험을 통해 또래와 동질성을 느끼게 하고, 서로 도와주고 함께 작품을 완성하는 과정에서 협동심, 책임감을 길러준다. 또한 자기가 만든 작품을 친구나 가

수확의 기쁨

족에게 선물함으로써 사회성을 향상시키고, 활동 중에 치료사와 청소년, 청소년과 청소년, 청소년과 가족, 선생님 등 다른 사람과 상호작용하여 자신의 문제에 대한 해결책을 찾거나 정보를 교환할 수 있다.

공기정화 능력과 온도, 습도 조절능력이 입증되고 관엽식물의 이미지를 평가해 선호도가 높았던 식물을 선정하여 고등학교 교실에 실내정원을 조성했다. 교실에 설치된 실내정원은 식물이 자라면서 시간이나 계절의 변화를 느낄 수 있게 하여 학생들의 관심을 유발하고, 자연적인 느낌과 안정감을 주어 호감을 갖게 하는 녹시율 30%를 고려하여 디자인하였다. 또 안정된 느낌이 들면서 자연적인 이미지를 줄 수 있도록 식물과 실내가구를 적절히 배치하였다.

실내정원 설치 전과 중간·기말고사 후의 스트레스와 스트레스로 체내 분비가 촉진되는 호르몬 코티졸(cortisol) 수치, 신체증상 체크리스트, 지각·결석·조퇴 등의 횟수와 양호실 방문 횟수를 보고 건강상태를 조사하였다. 또한 실내정원 설치 전과 설치 후 1주일 간격으로 온·습도와 실내 먼지 등 교실 환경을 조사하였다.

그 결과, 실내정원을 설치하지 않은 반의 학생들은 시험 때문에 받는 스트레스가 증가되었지만 실내정원을 설치한 반 학생들은 스트레스와 코티졸이 눈에 띄게 감소하였다. 지각·결석·조퇴 등의 횟수와 양호실 방문 횟수 역시 실내정원을 설치한 반 학생들이 실내정원을 설치하지 않은 반에 비해 낮았으며, 온·습도와 분진량은 실내정원이 설치된 교실에서 온도는 더 낮고, 습도는 더 높으며, 먼지 양은 더 적은 것으로 나타났다.

식물이 공기정화와 온·습도를 조절해서 환경 변화와 정서

공동마을 꾸미기

안정에 긍정적인 효과가 있다는 연구를 바탕으로, 교실에 설치한 실내정원과 원예치료사를 통해 학생들을 지지해준, 즉 학생들을 격려해주고 동의해준(지지적 원예치료) 학생들의 스트레스 감소에 미치는 영향을 조사하였다. 실내정원만 있는 그룹과 지지적 원예치료만 실시한 그룹, 교실에 실내정원이 있으며 지지적 원예치료를 실시한 그룹, 둘 다 없는 그룹, 총 네 그룹으로 나누어 스트레스 측정지, 사회적 지지 측정지, 우울 측정지를 사용한 평가를 해서 각 그룹을 비교했다.

그 결과, 교실 내 정원의 유무에 관계없이 지지적 원예치료를 실시한 그룹에서 대인관계, 가정, 자신, 환경문제 항목의 스트레스가 감소하였다. 지지적 원예치료를 실시한 그룹에서 사회적인 지지항목이 유의하게 향상되었으며, 우울은 교실에 실내정원이 있고 지지적 원예치료를 실시한 그룹에서 점차 감소하였다. 이러한 결과를 통해서 실내정원과 원예치료가 사회적 지지감을 높이고 청소년의 우울과 스트레스 감소에 효과적임을 알 수 있었다.

참고 문헌

- 구달완. 2002. 허브향을 도입한 원예치료가 중학생의 우울증상 증후군에 미치는 영향. 순천향대학교 산업정보대학원 석사학위논문.
- 김양숙. 2010. 해결중심상담을 적용한 원예치료가 결손가정 청소년의 학교생활적응 향상에 미치는 영향. 건국대학교 농축대학원 석사학위논문.
- 김영옥. 2001. 원예치료가 청소년의 정신건강과 스트레스에 미치는 영향. 건국대학교 농축대학원 석사학위논문.
- 남선미. 2003. 중학생을 대상으로 한 원예치료 적용. 서울여자대학교 대학원 석사학위논문.
- 박소영. 2004. 교실 내 정원이 실내환경 개선 및 고등학생들의 스트레스 감소에 미치는 효과. 건국대학교 대학원 석사학위논문.
- 송진수. 2004. 지지적 원예치료와 실내정원이 고등학생의 스트레스 감소에 미치는 영향. 건국대학교 대학원 석사학위논문.
- 윤흥식. 2010. REBT 집단상담을 도입한 원예치료가 학교생활 부적응 중학생의 충동성 감소와 자아존중감 향상에 미치는 영향. 건국대학교 농축대학원 석사학위논문.
- 정영애. 2011. 자기결정력증진 모델을 적용한 원예치료가 학습부진 중학생의 학업성취도 향상에 미치는 영향.

건국대학교 농축대학원 석사학위논문.
- 정은석. 2010. 원예치료 활동이 중학생의 가상공간 자기효능감의 감소와 인터넷 중독 예방에 미치는 영향. 건국대학교 농축대학원 석사학위논문.
- Kang, D.G. 2005. The effects of horticultural therapy on vocational high schoolers' ego-identity formation and psychological welll-being. MS Diss., Changwon Natl. Univ., Changwon, Korea.

PART 03 기능성 실내식물 15가지

Horticultural Healing

기능성 실내식물 15가지

지금까지 여러 책에서 많은 실내식물들이 소개되었지만, 그것은 주로 생태적 특성 또는 재배 및 관리 측면에 관한 것이었다. 여기에서는 식물-인간-환경 연구결과를 토대로 실내 온열환경이나 공기질 개선과 같이 기능성을 지닌 식물을 15종 선정하였으며, 더불어 각 식물로 가능한 실내 디자인에 대해서 기술하였다. 앞으로 실내에 식물을 도입할 때는 우선 기능성이 있는 식물을 중심으로 배치하고, 그 다음 모양과 질감, 디자인 및 조경 측면을 고려하여 다른 식물과 함께 배치하면 좋을 것이다.

선발된 15종은 특별한 언급이 없는 한,

① 실내에서 반양지나 반그늘에 두면 어디에서나 적응을 잘 하는 실내식물이며,

② 겨울철 야간 온도가 10℃ 이하로 내려가지 않으면 계절에 상관없이 잘 유지되는 식물이며,

③ 기존에 많이 이용하던 인공 배양토나 피트모스 배지 외에 하이드로볼 수경재배에서도 잘 자라는 식물이다.

실내식물은 대부분 아열대와 열대원산 식물이며, 그들이 식생하는 곳의 기후는 햇볕은 반양지 정도고, 온도는 따뜻하고, 습도는 높은 편이다. 따라서 열대우림과 우리나라 기후의 차이를 고려하여, 여름철의 강한 광선을 반드시 피해야 하고, 반면에 겨울철에는 가능한 한 밝은 곳에 두는 것이 좋다. 또한, 겨울철에는 실내의 상대습도가 매우 낮

기 때문에 분무기를 이용해서 자주 식물체와 그 주위에 물을 뿌려주어 상대습도를 높이는 것이 중요하다.

하이드로볼 수경재배시에는 식물의 상태를 보고 하는 것이 아니라 수위계를 보고 적절히 물을 보충해주면 된다. 그러나 인공 배양토나 피트모스 배지에서는 식물의 상태나 표토의 건조상태를 보아 적절히 관수해야 한다.

실내식물을 관리할 때 비료는 시중에서 판매하는 액비를 구입하여 지시에 따라 희석해서 주면 된다. 단, 실내에 빛이 부족하다면 비료농도는 줄여야 하고 주는 간격은 늘여야 한다. 대체로 봄철에서 가을철까지는 7~10일 만에 한 번 정도 주면 좋고, 겨울철에는 온도도 낮아지고 광도 부족하며 뿌리활동이 약해지므로 거의 주지 않는 것이 좋다.

이 장에서 소개하는 식물은 지금까지 연구한 결과에 기초하여 그 기능성이 밝혀진 식물만을 기술하였다. 현재 기능성 식물이 각광을 받고 있으므로 연구가 거듭될수록 앞으로 더 많은 실내식물이 기능성 식물로 선정될 것으로 생각한다.

1 관음죽

과 야자과(Palmae) | **학명** *Rhapis excelsa* | **영명** Lady palm | **원산지** 중국 남부

■ 특성

상록성 관목으로 15~30cm 정도 길이의 손바닥 모양으로 광택이 나는 잎(부채꼴 모양으로 5~8개로 갈라진 엽편을 가짐)이 있다. 직립성이고 땅속에 있는 마디에서 포기가 갈라지는 줄기가 있다. 꽃은 연한 황색으로 피며 암나무와 수나무가 따로 있지만 암꽃 나무에는 암꽃과 더불어 양성 꽃도 섞여 있어 암꽃 나무만으로도 결실이 된다. 관음죽은 관엽식물 중 관리하기가 쉬운 식물로서 병충해가 거의 발생하지 않는다. 그늘과 추위에도 잘 견디지만 생장속도가 느리다. 관음죽과 비슷한 식물로는 종려죽(*R. humilis*)이 있는데 구별하기가 어렵다. 관음죽은 종려죽에 비해 엽편수가 적고 엽편폭이 넓고 억세며, 줄기를 싼 섬유질은 종려죽에 비해 엉성하다.

■ 실내 디자인

실내식물의 고전적인 종이다. 일반적으로 소형종은 비교적 강건하기 때문에 현관이나 거실 입구에 잘 어울린다. 청색, 황토색, 적갈색 등 전통적인 색채의 화분이 잘 어울린다. 관음죽은 저광에서도 잘 견디고 생육속도가 느리기 때문에 구석진 자리에 두어도 좋다. 그러나 잎끝이 다른 물체에 자주 닿으면 상하기 때문에 조심해야 하며 배양토가 마르지 않도록 주기적으로 물을 주어야 한다.

🟨 기능성

관음죽은 병충해가 거의 없으며 어디에서나 잘 자란다. 실내공기질을 개선하는 데 좋은 식물로 특히 암모니아와 클로로포름(chloroform)을 제거하는 데 효과적이어서 화장실 같은 곳에 두면 좋다. 또한 이산화탄소 제거율이 높기 때문에 환경이 열악한 사무실에 두는 것도 좋다.

🟨 궁금해요

질문 _ 잎끝이 갈색으로 변했어요.

대답 _ 봄부터 잎끝이 갑자기 갈색이 되는 것은 겨울 추위가 원인이다. 그 부분을 잘라내면 더 진전되지 않는다. 원래 추위를 많이 타는데 겨울에 5℃ 정도 저온에 두게 되면 추위에 뿌리가 상해서 봄이 되어도 잎끝이 갈색으로 변한다. 한편, 저면관수나 수경재배 또는 상면관수시 비료분이 잎끝에 축적되면 잎끝이 타들어갈 수도 있다. 이럴 때도 잎끝을 잘라준다.

2 네프롤레피스

과 고사리과(Polypodiaceae) | **학명** *Nephrolepis exaltata* 'Bostoniensis' | **영명** Boston Fern, Sword Fern
원산지 아열대, 타이완, 열대 원산종의 원예품종

■ 특성

특이하고 우아한 자태로 빅토리아시대 때에 이미 일반화되어 지금까지 거실이나 침실, 휴게실 등 실내공간에서 대부분 사용되고 있다. 깃 모양의 잎은 60~150cm까지 자라며 나이가 듦에 따라 아취형으로 굽어 매달리는 모양이 된다.

실내에 신선한 느낌의 운치를 준다. 네프롤레피스 엑살타타(*N. exaltata*) 중에서 미국 보스턴에서 만들어진 'Bostoniensis'가 가장 널리 알려져 있다. 외관상 보기 좋게 기르기 위해서는 공중습도를 일정하게 유지해주어야 하기 때문에 주의를 기울여야 잘 키울 수 있는 식물이다.

■ 실내 디자인

가장 좋은 환경은 습도가 높고 약간 시원하며 광도가 약한 곳이다. 인기가 많고 대중적인 관엽식물이지만 세밀한 잎을 싱싱하게 유지할 수 있는 장소를 실내에서 찾기가 어렵다. 특히 공중걸이 화분으로 공중에 걸었을 경우 식물체의 잎에 다량의 물을 주면 빨리 잎이 처지고 볼륨감이 없어 보인다. 그러나 물이 흘러내릴까 우려하여 소량의 물을 주면 빨리 시들어서 잎이 갈색으로 변한다. 침실이나 부엌에 두기에 적합한 식물이며, 공중걸이나 대좌 위에 놓으면 매우 시원스럽고 우아하다. 특히 고가구와 함께 배치하면 매우 고풍스런 환경을 연출할 수 있다.

기능성

이 식물은 아디안텀(Adiantum)과 마찬가지로 겨울철에 실내 상대습도를 측정하는 일종의 지표식물로 이용할 수 있다. 이 식물체가 마르지 않고 건강하게 유지된다면 그 실내습도는 사람들이 지내기에도 적절하다고 생각할 수 있다. 이 식물은 관수만 적절한 시기에 해주면 증산작용이 매우 활발하고, 실내 휘발성 유기물질 중 포름알데히드를 제거하는 데 매우 효과적이어서 실내에 꼭 필요한 식물이다.

궁금해요

질문 _ 실내에 두었는데 잎이 누렇게 변했어요.
대답 _ 공중습도가 지나치게 낮아 생긴 것으로, 분무기를 이용해서 주기적으로 물을 뿌려주고 주위에도 분무해준다.

질문 _ 구입해서 2년이 지나도록 건강하게 키웠는데 잎이 갑자기 누렇게 되었어요.
대답 _ 식물이 오래되어 2년 전의 잎이 쇠약해진 것이므로 낡은 잎을 가위로 조심해서 잘라준다. 화분 안에 뿌리가 너무 많이 차서 생긴 것이므로 봄이나 여름에 식물을 뽑아서 분갈이를 하거나 포기나누기를 해준다.

3 대나무야자

과 야자(palmae) | **학명** *Chamaedorea erumpens (seifrizii)* | **영명** Bamboo palm (Reed palm)
원산지 멕시코, 중앙아메리카

■ 특성

황야자와 같은 느낌을 주지만, 대나무야자는 줄기의 마디가 대나무와 비슷해서 붙여진 이름이다. 곧게 자라고 옆으로는 덜 퍼지며 소엽이 넓다. 실내광선에서도 충분히 기를 수 있고 이국적이어서 가정에서나 상업적으로 많이 이용한다. 병충해에 저항성이 높아 황야자 대신 사용하기도 한다. 한편, 뿌리 부분의 생장이 빈약하기 때문에 몇 년 동안 분갈이를 할 필요가 없다. 한편, 갈대야자(reed palm)는 대나무야자에 비해 소엽이 좁으며, 강한 광선을 좋아한다.

■ 실내 디자인

황야자와 마찬가지로 넓은 곳에 포인트로 두는 것이 좋다. 그러나 황야자처럼 늘어지는 맛이 적기 때문에 좀 딱딱하고 강직한 느낌을 준다. 대나무나 나무로 만든 가구나 소품과 함께 두면 더욱 매력적이다.

■ 기능성

황야자와 마찬가지로 증산량이 매우 높다. 특히 겨울철 실내습도가 낮은 경우에 이 식물을 두고 규칙적으로 관수하면 실내습도를 정상상태(40~60%)로 높일 수 있다. 벤젠, 트리클로로에틸렌, 포름알데히드 같은 휘발성 유기물질을 제거하는 데 탁월하다.

이 식물은 황야자와 더불어 최고의 친환경 식물에 속한다.

■ 궁금해요

질문 _ 잘 관리하는데도 응애나 깍지벌레가 있는 것 같아요.

대답 _ 지나치게 건조하게 유지하였기 때문이다. 주기적으로 분무해주고, 가끔씩 잎을 닦아주는 것이 좋다. 줄기 끝을 자르면 생장점이 사라져 더 자라지 않기 때문에 조심해야 한다.

4 드라세나

과 용설란과(Agavaceae) | **학명** *Dracaena fragrans* 'Massangeana', *Dracaena dermensis* 'Janet Craig'
영명 Corn plant(Janet Craig) | **원산지** 에티오피아, 기니아, 나이지리아

■ 특성

드라세나 맛상게아나는 실내의 밝지 않는 곳에서도 잘 자라며, 옥수수 잎과 비슷하여 옥수수 식물이라고도 한다. 성장하면 목본성 줄기가 되며, 잎은 항상 줄기의 끝부분에서 나오는 특징이 있다. 우리나라에서는 흔히들 '행운목'이라고 한다. 가끔씩 향긋한 향기를 내는 꽃이 핀다.

한편, 드라세나 '자넷 크레이그'는 국내에서 흔한 와네키(Warneckii)의 변종으로 잎이 짙은 녹색이며 좁은 마디에서 밀생한다. 약한 광선에서 별다른 관리 없이도 잘 자란다. 그러나 약한 광선에 오래 두면, 새로 나오는 잎 폭이 좁아지게 된다.

■ 실내 디자인

'맛상게아나'는 잎 중간에 노란색 띠가 들어가 잎색과 잎 모양이 개성이 있다. 굵은 줄기가 직립하기 때문에 장식하기에 좋고, 전반적으로 수경재배도 잘된다. '맛상게아나'가 두각을 나타낸다면, '자넷 크레이그'는 바탕을 이루는 식물로 적절하다. 두 식물 다 거실이나 홀, 휘발성 유기물질을 많이 방출하는 공장이나 사무실 등에 두면 좋다.

🟧 기능성

　기능성 측면이나 모든 면에서 평균 이상의 점수를 줄 수 있는 좋은 실내식물이다. '맛상게아나'는 휘발성 유기물질 중 포름알데히드를, '자넷 크레이그'는 트리클로로에틸렌을 제거하는 데 탁월하다.

🟧 궁금해요

질문 _ 한 장소에 오래 두었더니 새로 나온 잎이 누렇게 변했어요.
대답 _ 이런 현상은 온도가 높을수록 많이 나타난다. 식물의 뿌리가 잘 발달되지 않은 상태에서 염이 지나치게 많은 물을 사용할 때 나타나는 현상이다.

질문 _ 잎끝이 타들어 가요.
대답 _ 지나치게 건조하기 때문이다. 공중습도를 높여주는 것이 좋다.

5 벤자민 고무나무

과 뽕나무과(Moraceae) | **학명** *Ficus benjamina* | **영명** Weeping fig | **원산지** 인도, 미얀마, 열대아프리카

■ 특성

고무나무속 식물은 유액(Milky sap)을 가지고 있으며, 대부분 기근(aerial root)을 가지고 있다. 벤자민 고무나무는 열대 관엽식물 중에서 가장 일반적인 식물로 주로 분화로 사용되며, 잎이 작고 성장함에 따라 가지는 우아하게 늘어진다. 한편, 줄기는 오래되면 공중 뿌리를 낸다. 건조한 환경에 강하며, 빛을 좋아하는 식물이기 때문에 가능한 한 밝은 곳에 둔다. 어린잎이 황색인 '골드러시'와 가장자리에 넓은 백색무늬가 들어간 '스타라이트' 등의 원예품종이 많이 애용된다. 잎이 좁고 긴 *F. longifolia* 'Alii'(하와이 언어로 왕이라는 뜻)가 최근 들어 인기를 끌고 있다.

벤자민 고무나무

■ 실내 디자인

실내, 쇼핑센터, 로비 등 어디에서나 볼 수 있는 아름다운 식물로 결점이라면 움직이면 몸살을 심하게 한다는 것이다. 특히 환경이 다른 장소에 옮겨가게 되면 잎이 떨어지는 현상이 발생한다. 그러나 쉽게 회복되기 때문에 걱정할 필요는 없다. 흰 나무줄기와 밝은 녹색 잎의 대조가 아주 매력적이다. 한편 벤자민 분에 잎이 적고 늘어지는 스킨답서스, 아이비 또는 푸밀라 등을 함께 심으면 독특한 시각적 효과를 얻을 수 있을 뿐만 아니라 공기질도 효과적으로 개선할 수 있다.

알리품종

기능성

벤자민 고무나무는 휘발성 유기물질 중 포름알데히드, 자일렌(xylene), 벤젠, 질소화합물, 오존을 제거하는 데 효과적이다. 또한 잎은 적지만 전체적으로 볼 때 엽면적이 다른 식물에 비해 넓기 때문에 낮 동안에 많은 양의 이산화탄소를 제거함으로써 공기정화에 좋다. 벤자민 고무나무에 비해 '알리' 품종은 모양새가 특이하고 증산작용이 뛰어나서 앞으로 유망한 실내식물이다. '알리'는 생장속도가 느리고, 아래로 처지는 형태를 지녀 실내에서 더 멋을 낼 수 있다.

궁금해요

질문 _ 갑자기 잎이 떨어져 가지만 남았어요.

대답 _ 빛 환경이 다른 장소에 이동하거나, 구입 후 실내에 1~2년 두게 되면 자주 발생하는 현상이다. 그렇지만 낙엽이 생기더라도 나무가 시들고 죽지는 않는다. 겨울에 이러한 현상이 생기면 배용토가 마르지 않도록 하고 봄을 기다려 번식시킨다.

6 산세베리아

과 용설란과(Agacaceae) | **학명** *Sansevieria trifasciata* | **영명** Snake plant, Mothe-in-law's tongue
원산지 열대 서부아프리카, 인디아

■ 특성

다른 식물과 함께 두면 독특한 대조를 이룬다. 이 식물은 별로 신경을 쓰지 않아도 잘 자라며, 병충해가 거의 없어 누구나 쉽게 기를 수 있는 식물이다. 폭이 4~5cm 정도이고 높이는 1m까지 자란다. 특히 재미있는 것은 번식할 때 포기나누기를 하면 잎 가장자리에 있는 노랑색의 반입이 그대로 유지되나, 잎을 잘라 용토에 꽂는 삽목(잎꽂이)으로 번식하면 반입이 사라지고 잎 전체가 녹색으로 변한다. 또한 흰색의 꽃이 피면 은은한 향기와 꿀샘이 맺히는 것을 볼 수 있다. 과거에는 기호도가 높지 않았으나, 최근 들어 기능성이 알려지면서 실내에서 선호하는 식물이 되고 있다.

■ 실내 디자인

이 식물은 강한 광선뿐만 아니라 낮은 광선에도 잘 적응한다. 따라서 광선에 관계없이 적절한 장소에 둘 수 있다. 단, 지나치게 물을 많이 주거나 너무 추운 곳(10℃ 이하)에 두면 제대로 자라지 못한다. 오래되면 지하경에서 싹이 많이 나오지만, 처음에는 여러 개를 합식하여 풍성하게 보이도록 하는 것이 좋다. 잎의 색깔이 비교적 수수하기 때문에 화분은 단순한 소재나 색채를 사용한다. 금속성의 원통 화분 커버 등을 사용하면 세련된 인상을 준다. 키가 작은 것은 위에서 굽어볼 수 있는 장소에 두고, 키가 비교적 크고 똑바로 뻗는 형태는 측면에서 바라볼 수 있는 곳에 두는 것이 적당하다.

■ 기능성

산세베리아는 포름알데히드를 제거하는 데 효과적이다. 또한 다른 식물에 비해 음이온을 많이 내뿜고 다른 다육식물과 마찬가지로 밤에 이산화탄소를 흡수하고 산소를 발생하기 때문에 실내공기질을 개선하는 데 아주 효과적인 식물이다. 최근 일본에서 선풍적인 인기를 끌고 있다.

■ 궁금해요

질문 _ 겨울에 갑자기 식물체가 쓰러졌어요.

대답 _ 추위에 동상이 걸린 것 같다. 저온과 다습을 싫어하여 5℃ 이하가 되면 잎 뿌리가 썩어 쓰러진다. 잎을 5cm폭으로 잘라서 그늘에서 10일 정도 말린 다음, 아래쪽이 땅으로 가도록 하여 모래상에 꽂아 두면 뿌리가 나 새로운 식물체를 얻을 수 있다.

7 선인장 및 다육식물

과 선인장과(Cactaceae) | **학명** 비화옥(*Gymnocalycium baldianum*), 변경주(*Carnegia gigantean*)
과 꿩비름과 다육식물 | **학명** 크라슐라 화재(*Crassula* cv. Himaturi)

특성

선인장 및 다육식물은 환경에 적응한 결과로, 수분방출을 최소화하고 보관을 최대한으로 하기 위해서 잎이나 줄기가 다양한 모양으로 변형되었다. 적응하는 능력이 좋아 반양지 정도라면 실내 어느 곳이나 두어도 좋다.

변경주

*Carnegia*속은 개화연령에 달하면 가시는 퇴화하고 백색의 꽃이 꼭대기에서 핀다. 꽃에 양모가 있으며, 밤에 핀다. 꽃, 과실, 종자는 식용으로 이용한다.

비화옥

*Gymnocalycium*속은 생장하면서 새끼가 발생하여 함께 자라고 색은 녹색, 진한 녹색, 갈녹색에 백색가루 등의 무늬가 있는 것까지 다양하다. 가시는 가늘고 긴 것, 크고 똑바로 서는 것, 몸체를 덮으며 휘어진 것 등 다양하다. 꽃은 위쪽이나 중간 부분에서 피며 대부분 흰색계열이나 담홍색 또는 황색도 있다.

Crassula cv. Himaturi는 잎이 도톰하며 잎 가장자리에 붉은 색을 띠고 있다. 가을부터 겨울에 걸쳐 진한 적색 꽃을 피운다.

화재

■ 실내 디자인

선인장 및 다육식물이라고 하면 사막의 메마르고 건조한 이미지가 떠오르므로 장식도 그대로의 이미지가 잘 표출되도록 하는 것이 좋다. 같은 크기의 작은 선인장을 나란히 상자에 넣어도 귀엽지만, 다양한 종류의 선인장을 합식하여도 좋다.

■ 기능성

선인장이나 다육식물은 무엇보다도 일반 관엽식물과는 다른 형태의 광합성을 한다. 즉 식물은 대부분 낮 동안에 이산화탄소를 흡수함과 동시에 산소를 배출하고, 밤 동안에 이산화탄소를 배출한다(C_3식물이라고 부름). 반면에 선인장이나 다육식물과 같은 식물은 야간에 이산화탄소를 흡수함과 동시에 산소를 배출하고, 낮 동안에 이산화탄소를 배출하게 된다. 따라서 이러한 식물을 일반 실내식물과 함께 두면 실내공기를 지속적으로 정화시킬 수 있다. 또한, 아직 검증되지는 않았지만 휘발성 유기물질도 제거할 것으로 추측된다.

■ 궁금해요

질문 _ 표면에 주름이 지고 갑자기 약해졌어요.

대답 _ 선인장은 뿌리가 썩기 시작하면 갑자기 약해지고 쭈글쭈글해진다. 주요 원인은 용토가 너무 오래되었거나, 물을 너무 많이 주었거나, 비료를 과도하게 주었기 때문이다. 또 여름에 비료를 준다든지 물을 자주 주게 되면 뿌리가 썩어 여름이 끝날 무렵부터 쇠약하게 되므로 이런 것은 가을이 되면 옮겨심기를 하고 용토도 새로운 것으로 바꾸는 것이 좋다.

8 스파티필룸

과 천남성과(Araceae) | **학명** *Spathiphyllum spp.* | **영명** White anthurium, peace lily | **원산지** 열대아메리카

■ 특성

실내에 두기 뛰어난 상록 다년초로 자태가 아름답고 낮은 빛에서도 잘 견디며, 아름다운 꽃이 피기 때문에 실내식물로 가장 선호하는 식물이다. 수경재배를 해도 생육이 좋고 증산량과 기능성이 높아서 실내용으로 최적이다. 잎은 배양토 표면에서 많이 나오고 잎자루에는 긴 잎집이 있다. 꽃차례에는 백색 또는 녹색의 불염포(spathe)가 있어서 장기간 아름답게 핀다. 이 불염포는 꽃이 아니라 잎이 변형된 것이며, 실제 꽃은 육수(spadix)에 많이 붙어 있다. 물을 좋아하므로 마르면 금방 물을 준다.

■ 실내 디자인

녹색 잎과 흰 불염포의 대조가 매력일 뿐만 아니라 잎 부분의 형태가 좋아 그것만으로도 감상가치가 충분하다. 중·대형 화분은 탁자에 두고 감상하거나 작은 것은 책상이나 가구에 가까이 두고 아름다움을 즐긴다. 작은 화분은 꽃과 맞추어서 화분커버를 사용하든지 다른 관엽식물과 모아심기를 해도 좋다. 그러나 빛이 지나치게 부족하면, 웃자라서 초세가 흐트러지기 때문에 어느 정도 빛이 항상 있어야 한다.

■ 기능성

수경재배에도 적당하고, 증산량이 매우 높아 실내 온열환경을 조절하는 데 꼭 필요한 식물이다. 휘발성 유기물질 중 알코올, 아세톤, 트리클로로에틸렌, 벤젠, 포름알데히드, 질소산화물, 이산화황, 오존 등을 제거하는 데 효과적이다. 특히 최근 들어서는 실내 오존제거율도 높은 것으로 나타나 실내에 둘 수 있는 최고의 실내기능성 식물이다. 부엌의 가스렌지 옆은 '조리시 발생하는 냄새', 다양한 휘발성 물질 발생, 낮은 광도를 고려하면 스파티필름을 두기에 최적 장소이다. 그 외에도 실내에 가능하면 많이 두는 것이 좋다.

■ 궁금해요

질문 _ 식물은 아주 잘 자라는데 꽃이 피지 않아요.

대답 _ 원인은 광부족이다. 내음성이기 때문에 1년 정도 실내에 방치해두어도 시들지 않고 잎도 진한 녹색이나 꽃이 피지 않으며, 아무리 비료를 주어도 꽃이 피지 않는다. 겨울을 제외하고 1주일의 반은 약한 빛을 받게 하여 양분을 만들게 하고 나머지 반은 적당한 방에서 키우면 꽃이 나온다.

9 싱고니움

과 천남성과(Araceae) | **학명** *Syngonium podophyllum* | **영명** Arrowhead vine | **원산지** 중앙아메리카

■ 특성

잎이 화살촉 모양이며, 실내에서 풍성한 녹색을 즐길 수 있는 대표적인 실내식물이다. 빛이 약한 곳에서도 잘 자라지만, 줄기가 보기 싫게 길어지며 잎의 무늬가 사라지는 경향이 있다. 또한 덩굴성이기 때문에 성장하면 습기가 있는 표면에 쉽게 부착하는 기근(aerial root)이 있다.

■ 실내 디자인

풍요로운 잎이 매력적이므로 위에서 내려다볼 수 있는 곳에 둔다. 해고에 붙여서 벽면에 두거나 걸어두는 화분으로 만들 수도 있다. 약한 빛에도 잘 자라기 때문에 사무실을 장식하는 식물로 좋다. 발근이 비교적 쉬워서 잘라낸 줄기를 컵 등에 꽂아 수경재배도 쉽게 할 수 있다. 수경재배할 때는 하이드로볼 배지뿐만 아니라 유리구슬 등으로 식물을 고정하면 더 시원한 느낌을 준다. 작은 식물은 테라리움의 소재로도 적당하다.

■ 기능성

낮은 광에서도 잘 자라고 녹색 잎이 많기 때문에 원예치료 식물로 적당하다. 작업하면서 자연스럽게 볼 수 있는 곳에 두면 피로와 스트레스가 훨씬 감소된다. 증산작용이 매우 좋으며 포름알데히드, 벤젠, 톨루엔, 자일렌과 같은 실내 휘발성 물질도 많이 제거하기 때문에 실내식물로 적당하다.

■ **궁금해요**

질문 _ 잘 자라다 여름에 잎이 시들더니 쇠약해졌어요.

대답 _ 무더위로 갑자기 식물이 쇠약해지면 뿌리가 썩은 것이다. 강한 빛을 싫어하는 싱고니움은 여름의 직사광선을 받으면 잎이 갈색으로 되지만 늘어지지는 않는다. 만약 축 처졌다면 뿌리가 상한 것이다. 그 이유는 과도한 비료 사용 또는 화분 내에 물이 빠지지 않고 남아 있기 때문이다. 당장 식물을 화분에서 뽑아 배양토를 전부 버리고 오래된 잎도 잘라서 깨끗이 정리한 뒤 다시 심는다. 이 경우에는 한 치수 작은 화분에 넣고 새로운 배양토에 심는다.

10 아이비 / 헤데라

과 두릅나무과(Araliaceae) | **학명** *Hedera helix* | **영명** English ivy | **원산지** 아시아, 유럽, 북아프리카

■ 특성

헤데라는 아이비의 전통적 이름이며, 일반적으로 'English ivy'라고 부른다. 지금까지 수많은 변종이 육성되어 잎 모양과 색이 다양한 아이비를 볼 수 있다. 아이비는 기르기 쉽고 실내환경에 쉽게 적응한다. 그러나 일반적으로 고온에서는 잘 적응  하지 못한다. 아이비는 전형적으로 3~5개 정도의 돌출된 각을 이루는 덩굴성이기 때문에 다양한 표면에 부착될 수 있는 기근(aerial root)을 가지고 있다. 또한 어린잎과 다 자란잎의 형태가 서로 다르며, 성엽이 더 둥그스름하고 길다. 한편 'Algerian ivy'(*H. canariensis*)라는 종도 상업적으로 많이 재배된다.

■ 실내 디자인

내한성이 좋기 때문에 주로 현관 주위에 놓고 바깥에도 심을 수 있다. 덩굴성을 살려서 지주에 붙여 소담하게 만드는 것도 좋고, 와이어 등으로 조형을 만들어 아치형이나 동물형 등 여러 가지 조형으로 만들어 즐길 수 있다. 중·대형 식물의 기부에 심어 입체감을 준다든지 전체 균형을 이루게 하는 등 보조식물 역할을 한다. 물론 걸어놓고 즐기는 것도 좋다. 그렇지 않은 경우는 아트리움이나 로비의 실내정원에 지피식물로 사용되거나 다른 큰 식물의 분지피용으로 활용되기도 한다. 품종이 매우 많기 때문에 다양한 품종을 함께 사용하여 색다른 이미지를 형성할 수 있다.

기능성

아이비는 실내 기능성이 매우 좋은 식물로 증산량이 많지 않지만 휘발성 유기물질 중에서 특히 벤젠과 포름알데히드 그리고 트리클로로에틸렌(trichloroethylene)를 제거하는 데 효과적이다. 실내를 녹색으로 풍성하게 만드는 식물로 꼭 두어야 할 식물 중 하나다.

궁금해요

질문_ 덩굴이 자라자 동시에 아래 잎이 떨어져요.

대답_ 수분부족이거나 옮겨심기를 하지 않아 뿌리가 꽉 찼기 때문이다. 수분부족일 때는 덩굴 끝을 자르고 물을 많이 주면 새싹이 나와서 모양이 좋아진다. 덩굴 자르기는 겨울에는 하지 않는 것이 좋다. 3년 이상 옮겨심기를 하지 않았을 때는 겨울이 아니면 바로 옮겨심기를 한다. 이때 길게 자란 덩굴을 반으로 자르고, 묵은 배양토의 3분의 2는 버리고 새 배양토를 넣어 심는다.

11 시서스

과 포도과(Vitaceae) | **학명** *Cissus rhombifolia* | **영명** Grape ivy, Venezuela treevine
원산지 멕시코, 콜롬비아, 브라질, 서인도 제도

특성

아이비처럼 덩굴성 식물로서, 일반적으로 멕시코 담쟁이라고 부른다. 짙은 녹색의 광택이 나는 잎은 3장의 마름모꼴 모양의 작은 잎으로 나누어져 있으며, 잎가에 큰 결각이 있다. 잎자루와 줄기는 짙은 갈색을 띠며, 덩굴손이 있어 다른 식물체에 잘 매달린다. 어떤 환경에서도 잘 자라기 때문에 누구나 키우기 쉬운 식물이다.

실내 디자인

이 식물은 잎이 풍성하고 줄기가 덩굴성으로, 음지에서도 강건하게 잘 자란다. 공중걸이용 화분에 심어 자투리 공간에 봉을 설치하여 벽면에 걸어두어 장식할 수 있다. 최근에는 백화점, 공공기관, 지하역사 등 다양한 실내공간에 식물을 화분으로 장식할 뿐만 아니라 벽면녹화 형태로 도입되고 있다. 시서스와 같이 줄기가 늘어지거나 덩굴성 식물들을 주로 벽면녹화용 식물로 이용한다.

기능성

NASA에서 선정한 공기정화식물 중 하나로서, 실내 어느 장소에서나 잘 자란다. 특히 오존에 민감한 식물로서, 노출된 시간이 길수록 작은 검은 반점이 점점 커져 육안으로 확인이 가능하다. 복사기, 팩시밀리, 레이저프린터 등을 많이 사용하는 사무실에 시서

스를 두면 오존 경보장치 역할을 할 수 있을 것이다.

궁금해요

질문 _ 잎에는 끈적끈적한 액체가 묻어 있고, 잎자루와 줄기 사이에 하얀 솜털이 있어요.

대답 _ 식물 주변이 지나치게 건조하면 자주 발생하는 가루깍지벌레의 흔적이다. 식물 주위를 자주 분무해주거나, 알코올을 묻힌 솜으로 닦아주면 된다. 식물 전체에 발생할 경우에는 1주일에 2~3회 정도 샤워기로 씻어주면 유충을 감소시키는 효과가 있다. 건조할 때 자주 발생하는 진딧물, 가루깍지벌레, 응애 등은 난황유를 만들어 잎과 줄기에 분무를 1주일에 2회 정도 해주면 효과적으로 제거된다.

12 인도고무나무

과 뽕나무과(Moraceae) | **학명** *Ficus elastica*(robusta) | **영명** Rubber plant
원산지 인도, 미얀마, 열대아프리카

■ 특성

고무나무속 식물은 열대 지방 어디에서나 볼 수 있는 식물로, 빅토리아시대부터 사용되어 지금도 여전히 인기가 있는 식물종이다. 열대 원산이지만 다른 식물에 비해 낮은 온도나 낮은 광도에 대한 저항성이 크다. 가지는 갈색이며, 자르면 유액이 나온다. 유액은 독성이 있기 때문에 피부가 약한 사람은 비닐장갑을 끼고 만지는 것이 좋다. 잎은 붉은 탁엽에 쌓여 나오며, 잎이 자라면 저절로 탁엽이 떨어진다.

■ 실내 디자인

화분커버는 중량감이 있는 것을 고르고, 진한 색의 바구니, 토기나 금속(구리, 스테인리스) 등이 잘 어울린다. 실내장식에서 고전적인 느낌이 들도록 하며, 전체적으로 차분한 실내 분위기에 잘 어울린다. 잎의 먼지는 물수건 등으로 닦아준다. 방 전체에 식물을 많이 장식하여 즐기는 것도 좋으나 오히려 큰 식물 하나를 포인트로 하면 의외로 산뜻하게 정리된다. 그러나 용기에 따라 같은 식물이라도 다르게 보이므로 거실과 잘 조화되는 것을 선택한다. 실내에서는 가능하면 밝은 곳에 둔다. 특히 먼지가 많이 나는 사무실 창가에 두면 좋다.

🟨 기능성

고무나무는 다른 식물에 비해 실내 미세분진을 제거하는 데 효과적이며, 휘발성 유기물질 중 특히 포름알데히드를 제거하는 데 좋다. 현재 별로 선호되지 않지만, 이 식물의 기능성을 고려할 때 반드시 필요한 실내식물이다.

🟨 궁금해요

질문 _ 나무가 너무 자라서 잘 쓰러져요.

대답 _ 실내에 내버려둔 채 손질하지 않은 탓이다. 고무나무는 빛이 부족한 곳에 두면 너무 웃자라게 되는데 나무줄기는 빛이 비치는 방향으로 기울어지는 성질이 있다. 겨울에는 그렇다 하더라도 초여름에서 가을까지는 되도록 실외에서 직사광을 오래 받게 하며 키워야 한다.

13 파키라

과 물밤나무과(Bambacaceae) | **학명** *Pachira aquatica* | **영명** water chestnut, Guiana chestnut
원산지 열대아메리카, 멕시코

■ 특성

물밤나무라고 부르기도 한다. 줄기는 벽오동과 비슷하지만, 밑부분은 갈색으로 곤봉처럼 굵어져서 고목(古木)과 같은 느낌이 난다. 묘목일 때 여러 주를 머리 땋듯이 한데 꼬아서 키우기도 한다. 약한 광선에서도 잘 견디나 빛이 지나치게 부족하면 줄기의 마디와 잎자루가 길어져 엉성해진다.

■ 실내 디자인

강한 생명력을 느끼게 하는 모습이 매력적이므로 넓은 공간에서 대담한 수형을 즐기는 것이 좋다. 대개 나무의 정단부를 잘라서 판매하는 것이 많으므로 공간에 꼭 맞은 것을 구입하면 오래 생장하기 곤란하다. 식물 잎이 부채 모양으로 특이하고 이국적이다. 빛이 약한 곳에서도 잘 견디기 때문에 밝은 곳에는 아레카야자를 놓는다면 좀 어두운 곳에는 파키라를 배치하는 것이 좋다. 뿌리가 약하기 때문에 식물체에 부딪히지 않도록 조심해야 한다.

■ 기능성

증산작용이 높아 실내 습도유지에 좋은 식물이다. 광이 약한 곳에서도 광합성을 잘하지만 이산화탄소 농도가 높은 곳에서도 광합성률이 높기 때문에 공기가 탁한 실내에 두면 공기를 정화하는 데 매우 좋다. 암모니아를 제거하는 효과도 있어 기능성 실내식물로 추천할 만하다.

■ 궁금해요

질문 _ 구입할 때는 재미있는 모습이었으나 지금은 키만 잔뜩 자랐어요.

대답 _ 생육기에 빛이 부족했거나 나무의 소질에 따른 것이라 생각한다. 종자번식과 삽목번식을 비교해보면 종자로 키운 것은 밑둥치가 더 많이 굵어진다. 또 구입 후 손질도 중요한데, 빛을 충분히 받은 나무는 밑둥이 굵어지고, 계속 실내에서 재배한 것은 가늘어진다. 늦은 봄부터는 실외에 내놓고 직사광선을 받게 한다.

14 황야자

과 야자과(Palmae) | **학명** *Chrysalidocarpus lutescens* | **영명** Yellow Palm, Areca Palm, butterfly palm
원산지 마다가스카르, 열대·아열대 지역

■ 특성

줄기가 노란색을 띠어 황야자라고도 부르며, 가장 인기 있는 야자다. 학명의 chrysalidocarpus는 '황금색 열매'라는 뜻이며, lutescens는 '노랗게 되는'이라는 의미다. 외관이 이국적이고 아름다울 뿐만 아니라 생육속도가 빨라 양분만 충분히 주면 계속 새 잎이 생겨나 아름다운 수형을 유지할 수 있다. 멋진 수형 때문에 조금 넓은 장소이면 어디에서나 키울 수 있다. 빛을 좋아하나 강한  빛은 싫어하므로 여름의 직사광선은 피하되, 실내 밝은 곳에 두는 것이 좋다. 물 속에 들어 있는 고농도 염에 민감하며, 특히 불소가 들어간 물은 싫어한다.

■ 실내 디자인

생장이 빨라 구입시 적당한 크기라 할지라도 얼마 후엔 방을 가득히 채워버리게 된다. 기본적으로 거실에 두는 식물의 키는 천장 높이의 80% 이내인 것이 바람직하다. 그 이상이 되면 공간에 압박감을 주기 때문이다. 잎이 옆으로 벌어지기 때문에 통로에 배치하기보다는 넓은 장소에 배치하여 이국적인 느낌이 들도록 한다. 만약 넓은 욕실에 창이 있다면 그곳에 두어도 좋다. 욕실에 황야자를 두면 편안한 분위기를 만들어주고 열대 해변을 경험할 수도 있다. 거실이 넓다면 창가 쪽이 이 식물을 두기에 최적 장소이다. 키가 크면 아래 부분에 스킨답서스나 아이비를 함께 심으면 훨씬 아름답게 보인다.

🟨 기능성

황야자는 증산량이 많아 실내습도를 조절하는 최적의 식물이다. 약 1.8m 정도의 황야자는 증산작용으로 하루 동안에 1리터 정도의 수분을 방출한다. 또한 다양한 휘발성 유기물질을 제거하는 데 뛰어난 식물이다. 체내에 염이 축적되면 잎으로 이동시키고, 일정량 이상의 염이 축적되면 잎이 죽는다. 최근 들어 황야자는 최고의 환경친화적 식물(eco-friendly houseplant)로 자리매김하고 있다.

🟨 궁금해요

질문 _ 잎 여러 곳에 갈색반점이 붙어 있어요.

대답 _ 깍지벌레 때문이다. 지나치게 건조하거나 약해지면 이러한 해충이 붙는다. 이 해충은 식물의 수액을 빨면서 번식하므로 식물체가 빨리 쇠약해진다. 발견 즉시 안 쓰는 칫솔이나 손으로 문질러 깍지벌레를 제거한다.

15 꽃이 있는 분화식물

• **포트멈**(Pot mum)

과 국화과(Compositae) | **학명** *Chrysanthemum morifolium* | **영명** Florist's mum | **원산지** 중국, 일본

• **거베라**

과 국화과(Compositae) | **학명** *Gerbera jamesonii* | **영명** Gerbera daisy | **원산지** 남아프리카

■ 특징

두 식물의 화색은 다양하고 늦여름과 가을에 걸쳐 즐길 수 있는 식물이다. 화색이 다양하기 때문에 녹색 관엽식물과 함께 놓으면 포인트 식물로 감정을 한껏 고양하거나 기분을 전환할 수 있다. 실내에서 가능한 한 빛이 많은 곳에 두며 밤에는 서늘한 장소가 좋다.

■ 실내 디자인

다른 관엽식물과 함께 적절히 배치하면 초점이 될 수 있다. 다양한 화색을 이용해서 포인트를 줄 만한 곳에 놓으면 좋다.

■ **기능성**

두 식물은 관엽식물을 제외하고는 꽃피는 분화 중에서 기능성이 가장 뛰어난 식물이다. 증산작용이 활발하고 포름알데히드, 벤젠, 암모니아 등을 제거하는 데 효과가 뛰어나다. 실험결과 녹색 관엽식물과 더불어 꽃이 피는 분화를 함께 배치할 때 만성적 불안감이 감소되고 스트레스 상태의 심신을 회복하는 데 매우 효과적인 것으로 밝혀졌다.

중앙생활사 Joongang Life Publishing Co.
중앙경제평론사 | 중앙에듀북스 Joongang Economy Publishing Co./Joongang Edubooks Publishing Co.

중앙생활사는 건강한 생활, 행복한 삶을 일군다는 신념 아래 설립된 건강·실용서 전문 출판사로서
치열한 생존경쟁에 심신이 지친 현대인에게 건강과 생활의 지혜를 주는 책을 발간하고 있습니다.

실내식물 사람을 살린다: 손기철 교수의 실내식물 힐링법〈최신 개정판〉

초판 1쇄 발행 | 2004년 7월 15일
초판 8쇄 발행 | 2007년 10월 17일
개정초판 1쇄 발행 | 2009년 3월 25일
개정초판 3쇄 발행 | 2012년 3월 20일
개정2판 1쇄 발행 | 2014년 1월 7일
개정2판 5쇄 발행 | 2021년 6월 16일

지은이 | 손기철(KiCheol Son)
펴낸이 | 최점옥(JeomOg Choi)
펴낸곳 | 중앙생활사(Joongang Life Publishing Co.)

대   표 | 김용주
편   집 | 한옥수·백재운
디자인 | 박근영
마케팅 | 김희석
인터넷 | 김회승

출력 | 케이피알   종이 | 한솔PNS   인쇄 | 케이피알   제본 | 은정제책사

잘못된 책은 구입한 서점에서 교환해드립니다.
가격은 표지 뒷면에 있습니다.
ISBN 978-89-6141-117-2(13590)

등록 | 1999년 1월 16일 제2-2730호
주소 | ⑨04590 서울시 중구 다산로20길 5(신당4동 340-128) 중앙빌딩
전화 | (02)2253-4463(代) 팩스 | (02)2253-7988
홈페이지 | www.japub.co.kr 블로그 | http://blog.naver.com/japub
페이스북 | https://www.facebook.com/japub.co.kr 이메일 | japub@naver.com

♣ 중앙생활사는 중앙경제평론사·중앙에듀북스와 자매회사입니다.

Copyright ⓒ 2004 by 손기철

이 책은 중앙생활사가 저작권자와의 계약에 따라 발행한 것이므로 본사의 서면 허락 없이는
어떠한 형태나 수단으로도 이 책의 내용을 이용하지 못합니다.

도서주문 : www.japub.co.kr 전화주문 : 02) 2253-4463

※ 이 도서의 국립중앙도서관 출판시도서목록(CIP)은 서지정보유통지원시스템 홈페이지(http://seoji.nl.go.kr)와
국가자료공동목록시스템(http://www.nl.go.kr/kolisnet)에서 이용하실 수 있습니다.(CIP제어번호: CIP2013024749)

중앙생활사에서는 여러분의 소중한 원고를 기다리고 있습니다. 원고 투고는 이메일을 이용해주세요.
최선을 다해 독자들에게 사랑받는 양서로 만들어 드리겠습니다. 이메일 | japub@naver.com